Andreas Hofmeier

Vergleichen und Aggregieren von partiellen Ordnungen

Andreas Hofmeier

Vergleichen und Aggregieren von partiellen Ordnungen

Südwestdeutscher Verlag für Hochschulschriften

Impressum / Imprint

Bibliografische Information der Deutschen Nationalbibliothek: Die Deutsche Nationalbibliothek verzeichnet diese Publikation in der Deutschen Nationalbibliografie; detaillierte bibliografische Daten sind im Internet über http://dnb.d-nb.de abrufbar.

Alle in diesem Buch genannten Marken und Produktnamen unterliegen warenzeichen-, marken- oder patentrechtlichem Schutz bzw. sind Warenzeichen oder eingetragene Warenzeichen der jeweiligen Inhaber. Die Wiedergabe von Marken, Produktnamen, Gebrauchsnamen, Handelsnamen, Warenbezeichnungen u.s.w. in diesem Werk berechtigt auch ohne besondere Kennzeichnung nicht zu der Annahme, dass solche Namen im Sinne der Warenzeichen- und Markenschutzgesetzgebung als frei zu betrachten wären und daher von jedermann benutzt werden dürften.

Bibliographic information published by the Deutsche Nationalbibliothek: The Deutsche Nationalbibliothek lists this publication in the Deutsche Nationalbiliografie; detailed bibliographic data are available in the Internet at http://dnb.d-nb.de.

Any brand names and product names mentioned in this book are subject to trademark, brand or patent protection and are trademarks or registered trademarks of their respective holders. The use of brand names, product names, common names, trade names, product descriptions etc. even without a particular marking in this works is in no way to be construed to mean that such names may be regarded as unrestricted in respect of trademark and brand protection legislation and could thus be used by anyone.

Coverbild / Cover image: www.ingimage.com

Verlag / Publisher:
Südwestdeutscher Verlag für Hochschulschriften
ist ein Imprint der / is a trademark of
OmniScriptum GmbH & Co. KG
Heinrich-Böcking-Str. 6-8, 66121 Saarbrücken, Deutschland / Germany
Email: info@svh-verlag.de

Herstellung: siehe letzte Seite /
Printed at: see last page
ISBN: 978-3-8381-3714-8

Zugl. / Approved by: Passau, Universität Passau, Diss., 2012

Copyright © 2013 OmniScriptum GmbH & Co. KG
Alle Rechte vorbehalten. / All rights reserved. Saarbrücken 2013

Zusammenfassung

Das Vergleichen und Aggregieren von Informationen ist ein zentraler Bereich in der Analyse von Wahlsystemen. In diesen müssen die verschiedenen Meinungen von Wählern über eine Menge von Kandidaten zu einem möglichst gerechten Wahlergebnis aggregiert werden. In den meisten politischen Wahlen entscheidet sich jeder Wähler durch Ankreuzen für einen einzigen Kandidaten. Daneben werden aber auch Rangordnungsprobleme als eine Variante von Wahlsystemen untersucht. Bei diesen bringt jeder Wähler seine Meinung in Form einer totalen Ordnung über der Menge der Kandidaten zum Ausdruck, wodurch seine oftmals komplexe Meinung exakter repräsentiert werden kann als durch die Auswahl eines einzigen, favorisierten Kandidaten. Das Wahlergebnis eines Rangordnungsproblems ist dann eine ebenfalls totale Ordnung der Kandidaten, welche die geringste Distanz zu den Meinungen der Wähler aufweist. Als Distanzmaße zwischen zwei totalen Ordnungen haben sich neben anderen Kendalls Tau-Distanz und Spearmans Footrule-Distanz etabliert.

Durch moderne Anwendungsmöglichkeiten von Rangordnungsproblemen im maschinellen Lernen, in der künstlichen Intelligenz, in der Bioinformatik und vor allem in verschiedenen Bereichen des World Wide Web rücken bereits bekannte, jedoch bislang eher wenig studierte Aspekte in den Fokus der Forschung. Zum einen gewinnt die algorithmische Komplexität von Rangordnungsproblemen an Bedeutung. Zum anderen existieren in vielen dieser Anwendungen unvollständige „Wählermeinungen" mit unentschiedenen oder unvergleichbaren Kandidaten, so dass totale Ordnungen zu deren Repräsentation nicht länger geeignet sind.

Die vorliegende Arbeit greift diese beiden Aspekte auf und betrachtet die algorithmische Komplexität von Rangordnungsproblemen, in denen Wählermeinungen anstatt durch totale Ordnungen durch schwache oder partielle Ordnungen repräsentiert werden. Dazu werden Kendalls Tau-Distanz und Spearmans Footrule-Distanz auf verschiedene nahe liegende Arten verallgemeinert. Es zeigt sich dabei, dass nun bereits die Distanzberechnung zwischen zwei Ordnungen ein algorithmisch komplexes Problem darstellt. So ist die Berechnung der verallgemeinerten Versionen von Kendalls Tau-Distanz oder Spearmans Footrule-Distanz für schwache Ordnungen noch effizient möglich. Sobald jedoch partielle Ordnungen betrachtet werden, sind die Probleme **NP**-vollständig, also vermutlich nicht mehr effizient lösbar. In diesem Fall werden Resultate zur Approximierbarkeit und zur parametrisierten Komplexität der Probleme vorgestellt. Auch die Komplexität der Rangordnungsprobleme selbst erhöht sich. Für totale Ordnungen effizient lösbare Varianten werden für schwache Ordnungen **NP**-

vollständig, für totale Ordnungen **NP**-vollständige Varianten hingegen liegen für partielle Ordnungen teilweise außerhalb der Komplexitätsklasse **NP**. Die Arbeit schließt mit einem Ausblick auf offene Problemstellungen.

Danksagung

Das Verfassen einer Doktorarbeit ist ein langer und oft schwieriger Prozess, der nie alleine bewältigt wird. Deshalb ist es mir an dieser Stelle ein besonderes Anliegen, mich bei einigen Personen für ihre Unterstützung zu bedanken.

Als erstes möchte ich meinem Doktorvater Professor Dr. Franz Josef Brandenburg meinen Dank aussprechen. Er hat bereits in meiner Zeit als Student meine Neugier an algorithmischen Fragestellungen geweckt und mir im Anschluss die Möglichkeit zur Forschung in diesem Gebiet gegeben. Während meiner Zeit als wissenschaftlicher Mitarbeiter an seinem Lehrstuhl lenkte er mein Interesse auf Rangordnungsprobleme und unterstützte mich bei meiner Arbeit auf diesem Gebiet in jeder erdenklichen Weise. Nicht zuletzt ermöglichte er mir die Teilnahme an mehreren internationalen Konferenzen. Sehr herzlich bedanken möchte ich mich an dieser Stelle auch bei Professor Dr. Rolf Niedermeier für die Übernahme des Zweitgutachtens.

Weiterhin bin ich meinen Kollegen Christopher Auer, Dr. Christian Bachmaier, Dr. Wolfgang Brunner, Andreas Gleißner, Kathrin Hanauer, Christof König, Marco Matzeder und Josef Reislhuber sehr dankbar für viele wertvolle Diskussionen. Mein besonderer Dank gebührt dabei Andreas Gleißner für seine unermüdliche Bereitschaft zur Zusammenarbeit, aus der viele neue, wertvolle Ideen für die vorliegende Arbeit hervorgegangen sind. Sehr dankbar bin ich auch Luise Wiegand für ihre Hilfe bei der Literaturrecherche.

Bedanken möchte ich mich vor allem auch bei meiner Frau Shenja und meinen Eltern Max und Brigitte Hofmeier für ihren Rückhalt und ihre Unterstützung, auf die ich mich beim Schreiben dieser Arbeit stets verlassen konnte. Besonders Shenja hat mir mit viel Liebe und Zuspruch durch manche schwere Phase geholfen und dadurch viel dazu beigetragen, diese Arbeit zum Abschluss zu bringen.

Andreas Hofmeier

Inhaltsverzeichnis

Danksagung	i
Inhaltsverzeichnis	iii
1 Einleitung	**1**
1.1 Einführung	1
1.2 Grundlegende Definitionen	8
1.2.1 Grundbegriffe	8
1.2.2 Ordnungen	9
1.2.3 Operationen auf Ordnungen	11
1.2.4 Metriken auf totalen Ordnungen	15
1.2.5 Distanzen auf allgemeineren Ordnungen	15
1.3 Problemstellungen der Arbeit	19
1.3.1 Verwendete Komplexitätsklassen	19
1.3.2 Distanzprobleme und Rangordnungsprobleme	22
1.3.3 Feedback-Arc-Set-Probleme	23
2 Verwandte Arbeiten	**25**
3 Grundlagen	**39**
3.1 Distanzen auf allgemeinen Ordnungen	39
3.1.1 Alternative Sichtweise auf Distanzprobleme	39
3.1.2 Die Verallgemeinerungen einer Distanz auf totalen Ordnungen	40
3.1.3 Distanzen, Distanzmaße und Metriken	42
3.2 Erweiterung und Anpassung der Ergebnisse von Fagin et al.	44
3.3 Beziehungen zwischen den Distanzen	57
3.4 Auswirkung der Komplexität von Distanzproblemen	60

4 Distanzprobleme unter Kendalls Tau-Distanzen 63
4.1 Komplexität 63
4.2 Approximierbarkeit 78
4.3 Parametrisierte Komplexität 84
4.4 Zusammenfassung 90

5 Distanzprobleme unter Spearmans Footrule-Distanzen 93
5.1 Komplexität 93
5.2 Approximierbarkeit 111
5.3 Parametrisierte Komplexität 112
5.4 Zusammenfassung 118

6 Rangordnungsprobleme unter Kendalls Tau-Distanzen 121
6.1 Komplexität 122
6.2 Zusammenfassung 124

7 Rangordnungsprobleme unter Spearmans Footrule-Distanzen 127
7.1 Komplexität 127
7.2 Approximierbarkeit 133
7.3 Zusammenfassung 134

8 Ausblick 137
8.1 Zukünftige Arbeiten 137
8.2 Zusammenfassung 142

Abbildungsverzeichnis 145

Definitionsverzeichnis 147

Literaturverzeichnis 149

1
Einleitung

1.1 Einführung

Die Suche nach einem guten oder sogar dem besten Wahlsystem ist vermutlich genauso alt wie der Gedanke der Demokratie selbst und hat von der Philosophie bis hin zur Mathematik verschiedenste wissenschaftliche Fachrichtungen über Jahrhunderte hinweg beschäftigt. Selbst in der jüngeren Vergangenheit dauert die Suche an. So wurden in 27 westlichen Demokratien in der Zeit von 1945 bis 1990 rund 70 verschiedene Wahlsysteme angewandt [Lij94]. Das wesentliche Kriterium für die Güte eines Wahlsystems ist dabei die Frage, wie exakt das Ergebnis der Wahl die Meinungen der Wähler repräsentiert. Dabei zeigen sich selbst in den Wahlsystemen der westlichen Demokratien Schwächen. So ist es im deutschen Bundestagswahlrecht möglich durch weniger Zweitstimmen mehr Mandate zu gewinnen oder durch mehr Zweitstimmen Mandate zu verlieren [Dec11]. Bei der Wahl zum Präsidenten der Vereinigten Staaten von Amerika trat im Jahr 2000 sogar der Fall ein, dass der Kandidat, der im offiziellen Wahlergebnis der Federal Election Commission [Com01] mehr Stimmen als jeder andere Kandidat auf sich vereinigen konnte, die Wahl nicht gewann.

Es stellt sich nun die Frage, wie sich die informelle Eigenschaft eines Wahlsystems, in seinem Wahlergebnis die Meinungen der Wähler gut zu repräsentieren, formal definieren lässt. Hierzu existiert eine Vielzahl vernünftig erscheinender Kriterien, beispielsweise die Bedingung der Nicht-Diktatur, der Nicht-

Manipulierbarkeit oder das Condorcet-Kriterium. Die Forschung auf dem Gebiet der Wahlsysteme erhielt eine neue Richtung als Arrow [Arr50] und später Gibbard [Gib73] und Sattertwaithe [Sat75] zeigten, dass kein Wahlsystem existieren kann, welches alle diese Kriterien erfüllt, und damit die Suche nach dem einen, besten Wahlsystem als aussichtslos darstellten.

Ein zusätzliches formales Kriterium zur Güte von Wahlsystemen wurde 1989 durch eine Arbeit von Bartholdi et al. [BTT89b] eingeführt, die vorschlugen, Wahlsysteme auch aufgrund ihrer algorithmischen Komplexität zu bewerten. In derselben Arbeit wurde gezeigt, dass das Problem, einen Wahlsieger im Wahlsystem nach Kemeny [Kem59] zu bestimmen, **NP**-hart ist. Das Kriterium der Komplexität gewann nochmals an Bedeutung, als Dwork et al. [DKNS01a] zeigten, dass die Problemstellung von Wahlsystemen zu vielen Problemstellungen im Bereich des World Wide Web, speziell in der Metasuche, der Bekämpfung von Spam in Suchmaschinenergebnissen, der Multi-Kriterien-Suche, der Ähnlichkeitssuche und der Mustererkennung Parallelen aufweist. Anwendungsmöglichkeiten von Wahlsystemen fanden sich wenig später auch im maschinellen Lernen und in der künstlichen Intelligenz, im Datenbankbereich und auch beispielsweise in der Biologie.

An dieser Stelle setzt die vorliegende Arbeit an. Wahlsysteme werden als Rangordnungsprobleme formuliert, in denen die Meinungen von Wählern zu einem Wahlergebnis in Form einer totalen Ordnung aggregiert werden. Als Teilproblem ergeben sich Distanzprobleme, also die Frage nach der Ähnlichkeit zweier Wählermeinungen. Die Arbeit untersucht nun diese Distanzprobleme und Rangordnungsprobleme im Hinblick auf ihre Komplexität.

Im Folgenden sollen zunächst die verschiedenen Parameter der betrachteten Distanzprobleme und Rangordnungsprobleme genauer betrachtet und motiviert werden.

(Partielle) Ordnungen als Wählermeinungen: Damit ein Wahlsystem in seinem Wahlergebnis die Meinungen der Wähler gut repräsentieren kann, ist es essentiell, diese Meinungen überhaupt möglichst exakt zu kennen. Hierfür eignet es sich, diese als Ordnungen über der Menge der Kandidaten darzustellen. Dies soll nun am Beispiel einer fiktiven Wahl kurz motiviert werden. Obwohl das Beispiel als politische Wahl formuliert ist, kann es leicht auch auf andere Anwendungen in den Bereichen des World Wide Web oder im Sport übertragen werden.

Man stelle sich das folgende Szenario vor. Es soll ein politisches Amt besetzt werden. Dazu soll der Amtsträger aus einer Menge von Kandidaten durch

1.1. Einführung

direkte Wahl bestimmt werden. Die Reihenfolge der restlichen Kandidaten im Wahlergebnis ist ebenfalls relevant, da beispielsweise die Besetzung von Stellvertreterposten anhand des Wahlergebnisses entschieden werden soll. Es stehen die Kandidaten aus Tabelle 1.1 zur Wahl.

Tabelle 1.1. Die Kandidaten des Wahlbeispiels

Kandidat	Partei	Ausrichtung	Schwerpunkte
A	"die Bären"	demokratisch, konservativ	Umwelt, Bildung
B	"die Bären"	demokratisch, konservativ	Umwelt
C	"die Bären"	demokratisch, konservativ	Wirtschaft
D	"die Adler"	demokratisch, liberal	Umwelt, Bildung
E	"die Adler"	demokratisch, liberal	Umwelt
F	"die Adler"	demokratisch, liberal	Wirtschaft
G	"die Schlangen"	radikal	Wirtschaft, Bildung
H	"die Schlangen"	radikal	Umwelt

Angenommen die Wahl wird durch Mehrheitsentscheid (*plurality vote*) durchgeführt, d. h. jeder Wähler entscheidet sich für einen Kandidaten und die Rangfolge der Kandidaten im Wahlergebnis ergibt sich aus der Anzahl der Stimmen, die jeder Kandidat auf sich vereint. Es stellt sich nun aber die Frage, ob durch die Auswahl nur eines Kandidaten die Meinung eines Wählers bereits hinreichend bekannt ist.

Ein Wähler habe sich beispielsweise für Kandidat A entschieden. Das bedeutet, er bevorzugt A gegenüber den Kandidaten B bis H. Letztere sind für ihn damit gleichwertig. Es ist fraglich, ob dieser Sachverhalt tatsächlich der vollständigen Meinung des Wählers entspricht. Ein Wähler mit demokratischer Grundeinstellung würde vermutlich die demokratischen Kandidaten B bis F den radikalen Kandidaten G und H vorziehen. Ein Anhänger der "Bären" würde wohl die Kandidaten B und C den Kandidaten D bis H vorziehen. Aus der tatsächlichen Meinung des Wählers wird also nur ein einziger Aspekt herausgegriffen, während seine restliche Meinung unbekannt und unberücksichtigt bleibt.

Es erscheint also sinnvoller, die Meinung des Wählers in Form einer totalen Ordnung über der Menge der Kandidaten einzuholen. Jedoch ergibt sich auch hier ein Nachteil. Durch die Vollständigkeit der totalen Ordnung muss der Wähler für jedes Paar von Kandidaten die Entscheidung treffen, welchen er bevorzugt (und dabei die Transitivität und die Zyklenfreiheit seiner Präferenzen beachten). Während der Mehrheitsentscheid also davon ausgeht, dass ein Wähler bis auf seinen Favoriten alle Kandidaten gleich stark präferiert, wird nun davon ausgegangen, dass ein Wähler überhaupt keine zwei Kandidaten gleich stark präferiert. Auch dies muss jedoch keineswegs der Fall sein. Ein demokratisch eingestellter Anhänger der "Adler" wird wohl die Kandidaten D bis F den Kandidaten A bis C und diese wiederum den Kandidaten G und H vorziehen. Innerhalb der Kandidaten D bis F entspricht es aber unter Umständen tatsächlich seiner Meinung, dass diese drei Kandidaten für ihn gleichwertig sind. Ein anderer Wähler möchte die Kandidaten vielleicht nur in die Kategorien "gut", "normal" und "schlecht" einteilen, ohne sich innerhalb einer Kategorie weiter festzulegen. Ein politisch enttäuschter Wähler möchte vielleicht seinem Protest dadurch Ausdruck verleihen, dass er alle Kandidaten als gleich gut bzw. schlecht einstuft. Hier liegt es nahe, die Meinungen der Wähler anhand von schwachen Ordnungen zu erheben, also beinahe totalen Ordnungen, die jedoch Unentschieden zulassen. Bekannt sind diese bereits aus dem Sport, wo beispielsweise geteilte i-te Plätze oftmals im Regelwerk vorgesehen sind.

Unter Umständen wird jedoch die Meinung eines Wählers auch durch eine schwache Ordnung nicht exakt dargestellt. Beispielsweise ist es möglich (oder vermutlich sogar die traurige Realität), dass ein Wähler gar nicht alle Kandidaten kennt, die ihm zur Auswahl stehen. Häufig wird dieses Problem einfach dadurch gelöst, dass davon ausgegangen wird, dass ein unbekannter Kandidat am wenigsten präferiert wird. Ein Wähler, der beispielsweise Kandidat C nicht kennt, aber den "Bären" nahe steht, würde diesen aber vermutlich immer noch den Kandidaten der anderen Parteien vorziehen. Weiterhin kann der Fall eintreten, dass ein Wähler Kandidaten bewusst für unvergleichbar hält. Die Meinung eines Wählers kann beispielsweise eine vollständige Reihenfolge der Kandidaten mit Schwerpunkt in Umweltfragen und eine vollständige Reihenfolge der Kandidaten mit Schwerpunkt in Wirtschaftsfragen enthalten. Da er beide Bereiche für wichtig hält, möchte er zwischen diesen beiden Gruppen von Kandidaten keine weiteren Präferenzen festlegen, da er nicht "Äpfel mit Birnen" vergleichen möchte. Hier kommen zu den Unentschieden also noch Unvergleichbarkeiten hinzu und es liegt nahe die Meinung des Wählers durch partielle Ordnungen zu modellieren, die genau dies zulassen und nur die Transitivität und die Zyklenfreiheit der Präferenzen fordern.

Insgesamt können also die Meinungen eines Wählers mit Hilfe von partiellen Ordnungen exakter modelliert werden, wenngleich sich sicher noch Argumente finden würden, auch diese noch weiter zu verallgemeinern. An dieser Stelle sei noch angemerkt, dass im deutschen Wahlrecht tatsächlich seit Langem der Vorschlag existiert, einen Wähler neben seinem Favoriten (Partei) noch zumindest einen zweitplatzierten Kandidaten auswählen zu lassen [Jes85]. Hintergrund ist hier jedoch die Vermeidung des Verlustes der Stimme, wenn der Favorit unter der 5%-Hürde bleibt.

Kendalls Tau-Distanz und Spearmans Footrule-Distanz: Die Rangordnungsprobleme erhalten nun die Meinungen der Wähler in Form von Ordnungen und bilden daraus ein Wahlergebnis in Form einer totalen Ordnung. Es liegt offensichtlich nahe als Wahlergebnis eine derjenigen totalen Ordnungen zu wählen, die die Summe der Distanzen zu den Meinungen der Wähler minimiert. Es stellt sich also die Frage, wie sich die Distanz zwischen zwei Ordnungen überhaupt messen lässt. Zur Bestimmung der Distanz zwischen totalen Ordnungen bzw. Permutationen über der Menge der Kandidaten existieren bereits eine Vielzahl von Möglichkeiten. In der vorliegenden Arbeit werden aus diesen Kendalls Tau-Distanz und Spearmans Footrule-Distanz herausgegriffen. Kendalls Tau-Distanz zwischen zwei totalen Ordnungen ist die Anzahl der Paare von Kandidaten, die in den beiden Ordnungen in unterschiedlicher Reihenfolge auftreten. Spearmans Footrule-Distanz (auch L_1-Norm) summiert dagegen über alle Kandidaten die Differenzen zwischen ihren Positionen in den beiden totalen Ordnungen auf.

Für die Wahl von Kendalls Tau-Distanz spricht zunächst einmal eine Vielzahl von wünschenswerten statistischen Eigenschaften (siehe [KG90] für eine ausführliche Betrachtung). Weiterhin erfüllt das Kemeny-Wahlsystem, welches auf Kendalls Tau-Distanz aufbaut, beweisbar als einziges das Condorcet-Kriterium und ist gleichzeitig neutral und konsistent [YL78]. Ein Wahlsystem erfüllt das Condorcet-Kriterium, wenn derjenige Kandidat, der von der Mehrheit der Wähler allen anderen Kandidaten gegenüber im paarweisen Vergleich bevorzugt wird, die Wahl definitiv gewinnt. Obwohl nicht immer ein solcher Kandidat existieren muss, gilt das Condorcet-Kriterium als eines der wichtigsten Kriterien für ein Wahlsystem. Die Konsistenz eines Wahlsystems ist wie folgt definiert. Wenn zwei Wahlen mit Mengen von Wählern K_1 und K_2 dieselbe Menge von Wahlsiegern ergeben, dann sind diese auch die Sieger in der Wahl mit den Wählern $K_1 \cup K_2$. Ein Wahlsystem heißt neutral, wenn das Vertauschen zweier Wählermeinungen keinen Einfluss auf das Wahlergebnis hat. Die Vorteilhaftigkeit von Kendalls Tau-Distanz lässt sich auch daran erkennen, dass die Güte vieler heuristischer Verfahren anhand von Kendalls Tau-Distanz zwischen der berechneten und der optimalen Lösung bewertet wird (siehe z. B. [DKNS01a]). Nicht zuletzt ist Kendalls Tau-Distanz in der Praxis weit verbreitet.

Spearmans Footrule-Distanz wird aufgrund fehlender statistischer Eigenschaften oft abgelehnt [KG90], ist jedoch in der Praxis aufgrund ihrer Einfachheit und ihrer Intuitivität ebenfalls weit verbreitet. Da sie sich nur um einen konstanten Faktor von Kendalls Tau-Distanz unterscheidet [DG77] und Problemstellungen mit ihr teilweise effizienter berechenbar sind als mit Kendalls Tau-Distanz [DKNS01a], hat sie sich auch als Näherungslösung für Problemstellungen mit Kendalls Tau-Distanz bewährt.

Insgesamt gesehen sind also die beiden Distanzen, die in der vorliegenden Arbeit betrachtet werden sollen, jeweils sowohl theoretisch als auch praktisch relevant und weit verbreitet.

Verallgemeinerungen von Distanzen auf partielle Ordnungen: Es stellt sich nun die Frage, wie sich Kendalls Tau-Distanz und Spearmans Footrule-Distanz auf partielle Ordnungen übertragen lassen. In der vorliegenden Arbeit wird dies auf Grundlage der Menge der totalen Erweiterungen einer partiellen Ordnung durchgeführt. Eine totale Erweiterung einer partiellen Ordnung ist dabei eine totale Ordnung, die ihr nicht widerspricht. Die Menge der totalen Erweiterungen einer partiellen Ordnung (eines Wählers) wird dabei als die Menge der für ihn akzeptablen Kompromisse aufgefasst.

Es werden nun die Minimal-, die Maximal-, die Zentral- und die Hausdorff-Version von Kendalls Tau-Distanz bzw. von Spearmans Footrule-Distanz zwischen zwei Wählern (partiellen Ordnungen, Mengen von totalen Erweiterungen) betrachtet. Diese wurden für schwache Ordnungen teilweise bereits studiert [Cri85], unter anderem auch im Zusammenhang mit Rangordnungsproblemen [FKM+06, Ail10a].

Haben zwei Wähler eine minimale Distanz von k, so beträgt die Distanz (Kendalls Tau-Distanz bzw. Spearmans Footrule-Distanz) zwischen dem besten, d. h. dem ähnlichsten, Paar von Kompromissen genau k. Haben sie dagegen eine maximale Distanz von k, so hat das schlechteste, d. h. das unähnlichste, Paar eine Distanz von k. Haben sie eine Hausdorff-Distanz von k, so hat jeder Kompromiss eines Wählers einen besten Partner in der Menge der Kompromisse des anderen Wählers innerhalb einer Distanz von höchstens k. Haben sie eine zentrale Distanz von k, so gibt es zumindest für einen Wähler einen Kompromiss, dessen schlechtester Partner sich innerhalb einer Distanz von k befindet.

Die Minimalversion einer Distanz bewertet die Übereinstimmungen der beiden Wähler (partiellen Ordnungen, Mengen von totalen Erweiterungen). Existiert ein Kompromiss, der für beide Wähler akzeptabel ist, so beträgt die minimale Distanz zwischen den beiden null. Dies erscheint als eine vernünftige Eigenschaft, denn wenn beide Wähler sich auf einen Kompromiss einigen können, sollte keine Distanz zwischen ihnen bestehen.

Die Hausdorff-Version einer Distanz bringt als einzige der vier Verallgemeinerungen die Eigenschaft einer Metrik mit sich, wenn es sich bei der Distanz um eine Metrik handelt. Dies ist in vielen speziell mathematischen Anwendungen gewünscht, besonders deshalb, weil eine Metrik die Dreiecksungleichung erfüllt.

Die Maximalversion einer Distanz bewertet die Widersprüche zwischen zwei Wählermeinungen. Sie bringt den Vorteil mit sich, dass sie in einigen Fällen mit der Hausdorff-Version der Distanz zusammenfällt, jedoch deutlich intuitiver ist als diese. Dies wird in der vorliegenden Arbeit genutzt, indem Beweise für die Maximalversion einer Distanz geführt und dann auf ihre Hausdorff-Version übertragen werden.

Die Minimalversion, die Maximalversion und die Hausdorff-Version einer Distanz lassen sich jeweils mit zwei Quantoren ausdrücken. Die Zentralversion einer Distanz stellt die vierte Möglichkeit dar, die durch zwei Quantoren angegeben werden kann. Sie ist gleichzeitig eine eingeschränkte Version des 1-Zentrumsproblems (siehe [MS84] für eine Übersicht), einem Problem aus der algorithmischen Geometrie mit Anwendungsmöglichkeiten beispielsweise im Bereich der Standortplanung.

Die vorliegende Arbeit modelliert also Wahlsysteme als Rangordnungsprobleme, in denen die Meinungen von Wählern in Form von totalen Ordnungen, schwachen Ordnungen, Intervallordnungen oder partiellen Ordnungen über der Menge der Kandidaten vorliegen. Gesucht ist ein Wahlergebnis in Form einer totalen Ordnung, welche die Summe der Distanzen zu den Wählermeinungen minimiert. Als Distanz zwischen totalen Ordnungen werden Kendalls Tau-Distanz und Spearmans Footrule-Distanz verwendet, welche in naheliegender Weise durch die Minimal-, die Maximal-, die Zentral- und die Hausdorff-Version von Kendalls Tau-Distanz bzw. Spearmans Footrule-Distanz auf allgemeinere Ordnungen erweitert werden. Als Teilproblem des Rangordnungsproblems ergibt sich das Distanzproblem, in welchem die Distanz zwischen zwei Ordnungen gesucht ist. Die Arbeit untersucht nun diese Distanzprobleme und Rangordnungsprobleme im Hinblick auf ihre Komplexität. Dabei wird festgestellt, dass Distanzprobleme für alle betrachteten Distanzen effizient lösbar sind, solange nur schwache Ordnungen gegeben sind. Sobald jedoch partielle Ordnungen gegeben sind, stellen sich die Distanzprobleme allesamt als **NP**-vollständig bzw. **coNP**-vollständig dar. In diesem Fall werden die Probleme weiterhin auf ihre

Approximierbarkeit und ihre parametrisierte Komplexität hin untersucht. Die Komplexität der Rangordnungsprobleme ändert sich durch Verallgemeinerung der gegebenen Ordnungen ebenfalls. Für totale Ordnungen effizient lösbare Varianten werden für partielle Ordnungen **NP**-vollständig, für totale Ordnungen **NP**-vollständige Varianten liegen teilweise nicht mehr in der Komplexitätsklasse **NP**.

Die Arbeit ist dabei wie folgt aufgebaut. Im weiteren Verlauf dieses Kapitels werden die notwendigen Grundbegriffe der Arbeit eingeführt und Rangordnungsprobleme und Distanzprobleme formal definiert. In Kapitel 2 werden verwandte Arbeiten aufgelistet. Kapitel 3 stellt bekannte und neue, grundlegende Ergebnisse vor, die in den weiteren Kapiteln Verwendung finden. In Kapitel 4 und Kapitel 5 werden die Distanzprobleme unter den Verallgemeinerungen von Kendalls Tau-Distanz und Spearmans Footrule-Distanz betrachtet. Entsprechend untersuchen Kapitel 6 und Kapitel 7 Rangordnungsprobleme unter den Verallgemeinerungen von Kendalls Tau-Distanz und Spearmans Footrule-Distanz. Die Arbeit schließt mit einer Zusammenfassung und einem Ausblick in Kapitel 8.

1.2 Grundlegende Definitionen

In diesem Abschnitt werden die grundlegenden Begriffe der Arbeit eingeführt. Neben einigen Grundbegriffen aus der Graphentheorie werden die betrachteten Ordnungen und einige Operationen auf diesen definiert. Anschließend werden Kendalls Tau-Distanz und Spearmans Footrule-Distanz auf totalen Ordnungen eingeführt und verschiedene Möglichkeiten, sie auf allgemeinere Ordnungen zu übertragen, betrachtet.

1.2.1 Grundbegriffe

Zunächst werden einige benötigte Grundbegriffe aus der Graphentheorie eingeführt. Die Definitionen finden sich in dieser oder ähnlicher Form in praktisch allen Büchern über Graphentheorie, beispielsweise in [Har69, Die97, Bol98].

Ein *Graph* G ist ein geordnetes Paar (V, E). Dabei sind V und E endliche Mengen, von denen V als *Knoten(menge)* und E als *Kanten(menge)* von G bezeichnet wird. Die Kantenmenge E besteht dabei entweder aus ungeordneten Paaren von Knoten, d. h. $E \subseteq V^{(2)}$, oder aus geordneten Paaren von Knoten, d. h. $E \subseteq V \times V$. Im ersten Fall heißt G *ungerichteter Graph*, im zweiten Fall *gerichteter Graph*. Für eine Kante $e = \{x, y\} \in E$ eines ungerichteten Graphen heißen die Knoten x und y *Endknoten* von e. Für eine Kante $e = (x,y) \in E$ eines gerichteten Graphen heißt x *Startknoten* und y *Zielknoten* von e. Sowohl in ungerichteten als auch in gerichteten Graphen werden x und y als zueinander *adjazent* bezeichnet. Weiterhin sind x und y zu e *inzident*. Falls $x \neq y$ für alle Kanten $\{x,y\} \in E$ bzw. $(x,y) \in E$ gilt, so spricht man von einem *schleifenfreien* Graphen. Alle in dieser Arbeit verwendeten Graphen sind schleifenfrei, deshalb wird auf diesen Zusatz im Folgenden verzichtet.

Ein ungerichteter Graph $G = (V, E)$, für den $\{x,y\} \in E$ für alle $x,y \in V$ mit $x \neq y$ gilt, wird als *vollständiger Graph (über $|V|$ Knoten)* bezeichnet und mit $K_{|V|}$ notiert. Ein gerichteter Graph, für den entweder $(x,y) \in E$ oder $(y,x) \in E$ für alle $x,y \in V$ mit $x \neq y$ gilt, heißt *Turniergraph (über $|V|$ Knoten)*. Es ist zu beachten, dass in der Literatur auch gewichtete Turniergraphen existieren, die zusätzlich eine Gewichtsfunktion auf den Kanten besitzen, und in denen es möglich ist, dass sowohl $(x,y) \in E$ als auch $(y,x) \in E$ gilt.

Sei $G = (V, E)$ ein ungerichteter Graph. Dann heißt ein Graph $G' = (V', E')$ *(von V' induzierter) Subgraph* von G, wenn $V' \subseteq V$ und $E' = \{\{x,y\} : \{x,y\} \in E \land x \in V' \land y \in V'\}$ gilt. Analog dazu existieren auch Subgraphen von gerichteten Graphen, die jedoch in dieser Arbeit nicht benötigt werden.

Sei $G = (V, E)$ ein gerichteter Graph. Ein *Pfad in G von x_1 nach x_t* ist eine Menge von Knoten $P = \{x_1, x_2, \ldots, x_t\} \subseteq V$ für die $(x_i, x_{i+1}) \in E$ für $1 \leq i \leq t-1$ gilt. Wenn zusätzlich noch $(x_t, x_1) \in E$ gilt, dann spricht man von einem *Zyklus (der Länge t)*. Falls alle Knoten in P paarweise verschieden sind, so spricht man auch von einem *einfachen Pfad bzw. Zyklus*. Alle in dieser Arbeit verwendeten Pfade und Zyklen sind einfach, deshalb wird auf diesen Zusatz im Folgenden verzichtet. Ein gerichteter Graph, der keinen Zyklus besitzt, heißt *zyklenfrei*. Ein Zyklus der Länge drei wird auch als *Dreieck* bezeichnet. Analog zum Pfad und zum Zyklus existieren in ungerichteten Graphen Wege und Kreise. Diese werden in der vorliegenden Arbeit jedoch nicht benötigt.

Ein gerichteter Graph $G = (V, E)$ heißt stark zusammenhängend, wenn für alle $x, y \in V$ ein Zyklus Z existiert, so dass $x, y \in Z$ gilt. Als *starke Zusammenhangskomponente in G* wird eine maximale Teilmenge $V' \subseteq V$ bezeichnet, so dass für alle $x, y \in V'$ ein Zyklus Z existiert mit $x, y \in Z$. Ein stark zusammenhängender Graph besitzt also nur eine starke Zusammenhangskomponente.

1.2.2 Ordnungen

Ein Teil der Eingabe der in dieser Arbeit betrachteten Problemstellungen sind Ordnungen. Um welche Ordnungen es sich handelt, ist dabei ein entscheidender Parameter der Probleme. Im Folgenden werden nun die betrachteten Ordnungen eingeführt.

Sei R eine binäre Relation über einer Grundmenge bzw. Domäne $\mathcal{D}$. Für $x, y \in \mathcal{D}$ wird $x \prec_R y$ geschrieben, wenn $(x, y) \in R$ ist, und $x \not\prec_R y$, wenn $(x, y) \notin R$ ist. Aufgrund des Ursprungs der hier behandelten Probleme werden die Elemente der Domäne auch als *Kandidaten* bezeichnet. Mit $\mathcal{A}, \mathcal{B}, \mathcal{C}, \mathcal{E}, \mathcal{F}, \ldots$ werden Teilmengen der Domäne notiert.

Eine binäre Relation κ ist eine *strikte partielle Ordnung*, wenn sie *irreflexiv*, *asymmetrisch* und *transitiv* ist, d. h. wenn für alle $x, y, z \in \mathcal{D}$ gilt $x \not\prec_\kappa x$, $x \prec_\kappa y \Rightarrow y \not\prec_\kappa x$ und $x \prec_\kappa y \wedge y \prec_\kappa z \Rightarrow x \prec_\kappa z$. Alle Ordnungen in dieser Arbeit sind strikt. Der Übersichtlichkeit halber wird dieser Zusatz im Folgenden weglassen.

Die Intuition hinter $x \prec_\kappa y$ ist, dass κ x *vor* y *ordnet* bzw. y *nach* x *ordnet*, was einer Präferenz für x entspricht. Dabei heißt $x \prec_\kappa y$ eine *Vorgabe von* κ *(bezüglich x und y)*. Zwei Elemente $x, y \in \mathcal{D}$ heißen *unvergleichbar (in κ)*, wenn $x \not\prec_\kappa y \wedge y \not\prec_\kappa x$ gilt. Dies wird als $x \not\cong_\kappa y$ notiert.

Eine binäre Relation κ ist eine *Intervallordnung*, wenn eine Abbildung I von $\mathcal{D}$ in eine Menge von Intervallen existiert, wobei $I(x) = [l_x, r_x]$ ist. Für alle $x, y \in \mathcal{D}$ gilt dann $x \prec_\kappa y$, genau dann wenn $r_x < l_y$ ist. Dabei lässt sich zeigen, dass sich jede Intervallordnung repräsentieren lässt, wenn $l_x, r_x \in \mathbb{N}$ und $0 \leq l_x, r_x \leq |\mathcal{D}|$ für alle $x \in \mathcal{D}$ gilt (siehe z. B. [Fis85]).

Eine binäre Relation κ ist eine *schwache Ordnung*, wenn sie irreflexiv, asymmetrisch, transitiv und *negativ transitiv* ist, d. h. $x \prec_\kappa y \Rightarrow x \prec_\kappa z \vee z \prec_\kappa y$ gilt für alle $x, y, z \in \mathcal{D}$. Die Domäne $\mathcal{D}$ wird also in *(Rang-)Klassen* $\mathcal{B}_1, \ldots, \mathcal{B}_t$ partitioniert, so dass $x \prec_\kappa y$ ist, wenn $i, j \in \mathbb{N}$ mit $i < j$ existieren und $x \in \mathcal{B}_i$ und $y \in \mathcal{B}_j$ ist. Die Kandidaten x und y befinden sich immer dann in derselben Klasse, wenn sie unvergleichbar sind. Im Zusammenhang mit schwachen Ordnungen heißen x und y dann *unentschieden (in κ)* anstatt unvergleichbar. Dies wird als $x \cong_\kappa y$ notiert.

Eine binäre Relation τ ist eine *totale Ordnung*, wenn sie irreflexiv, asymmetrisch, transitiv und vollständig ist, wobei Letzteres bedeutet, dass für alle $x, y \in \mathcal{D}$ mit $x \neq y$ entweder $x \prec_\tau y$ oder $y \prec_\tau x$ gilt. Eine totale Ordnung τ kann also auch als Permutation der Elemente aus $\mathcal{D}$ oder als Bijektion $\tau : \mathcal{D} \to \{1, \ldots, |\mathcal{D}|\}$ betrachtet werden. Diese Sichtweise wird wann immer nötig verwendet. Für $x, y \in \mathcal{D}$ und ein $i \in \mathbb{N}$ wird $\tau(x) = i$ bzw. $\tau^{-1}(i) = x$ geschrieben, wenn x *von τ an Position i geordnet wird*. Wenn $\tau(x) = \tau(y) - 1$ gilt, dann *ordnet τ x unmittelbar vor y* bzw. *y unmittelbar nach x* bzw. *x und y direkt nebeneinander*.

Im Laufe der Arbeit werden totale Ordnungen mit τ, σ, ρ und π (gegebenenfalls mit Indizes) bezeichnet, allgemeinere Ordnungen mit κ, μ und ν. Im

Folgenden wird außerdem die Menge aller totalen Ordnungen bzw. aller schwachen Ordnungen bzw. aller Intervallordnungen bzw. aller partiellen Ordnungen über einer Domäne $\mathcal{D}$ mit $\mathbb{M}_t(\mathcal{D})$ bzw. $\mathbb{M}_s(\mathcal{D})$ bzw. $\mathbb{M}_i(\mathcal{D})$ bzw. $\mathbb{M}_p(\mathcal{D})$ notiert.

Offensichtlich entspricht eine totale Ordnung einer schwachen Ordnung, in der jede Klasse genau ein Element aus $\mathcal{D}$ enthält. Weiterhin entspricht eine schwache Ordnung einer Intervallordnung, in der zwei Intervalle entweder disjunkt sind oder in ihren Intervallgrenzen exakt übereinstimmen. Aufgrund der Transitivität der $<$-Relation auf den natürlichen Zahlen ist zuletzt jede Intervallordnung eine partielle Ordnung. Es gilt also $\mathbb{M}_t(\mathcal{D}) \subseteq \mathbb{M}_s(\mathcal{D}) \subseteq \mathbb{M}_i(\mathcal{D}) \subseteq \mathbb{M}_p(\mathcal{D})$.

Im Laufe der Arbeit werden totale Ordnungen τ über einer Domäne $\mathcal{D}$ als Permutationen der Elemente aus $\mathcal{D}$ notiert, für $\mathcal{D} = \{c_1, c_2, c_3, c_4, c_5\}$ also beispielsweise als

$$c_4 \prec_\tau c_2 \prec_\tau c_1 \prec_\tau c_5 \prec_\tau c_3$$

oder einfach durch Kommata getrennt als

$$\tau = c_4, c_2, c_1, c_5, c_3\,.$$

Zum Angeben einer schwachen Ordnung κ über $\mathcal{D}$ wird jede Klasse als Teilmenge von $\mathcal{D}$ notiert und κ selbst als totale Ordnung über den Klassen, für $\mathcal{D} = \{c_1, c_2, c_3, c_4, c_5\}$ also beispielsweise als

$$\{c_1, c_3\} \prec_\kappa \{c_5\} \prec_\kappa \{c_2, c_4\}\,.$$

Die schwache Ordnung, die überhaupt keine Vorgaben besitzt, d. h. die alle Kandidaten in einer einzigen Klasse ordnet, wird als *leere Ordnung* bezeichnet.

Für eine Intervallordnung oder eine partielle Ordnung κ über $\mathcal{D}$ werden die Vorgaben von κ einzeln angegeben. Lediglich Vorgaben, die sich aus der Transitivität der Ordnung automatisch ergeben, werden nicht explizit angegeben.

1.2.3 Operationen auf Ordnungen

In diesem Abschnitt werden einige Operationen auf totalen Ordnungen, auf schwachen Ordnungen und auf partiellen Ordnungen eingeführt, die im Laufe der Arbeit häufig verwendet werden.

Sei τ eine totale Ordnung über einer Domäne $\mathcal{D}$ und seien $x, y \in \mathcal{D}$. Für die totale Ordnung τ', die durch eine *Vertauschung von x und y* aus τ hervorgeht, gilt $\tau'(x) = \tau(y)$, $\tau'(y) = \tau(x)$ und $\tau'(c) = \tau(c)$ für alle $c \in \mathcal{D}$ mit $c \neq x, y$. Falls $|\tau(x) - \tau(y)| = 1$ ist, d. h. falls τ die Kandidaten x und y direkt nebeneinander ordnet, wird von einer *lokalen Vertauschung von x und y* gesprochen. Abbildung 1.1 illustriert eine Vertauschung.

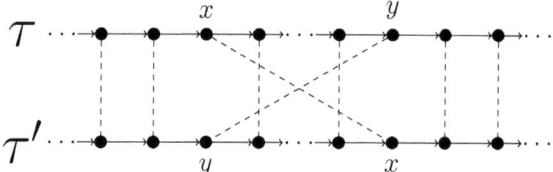

Abbildung 1.1. τ' geht aus τ durch eine Vertauschung von x und y hervor.

Sei τ erneut eine totale Ordnung über einer Domäne $\mathcal{D}$, sei $x \in \mathcal{D}$, sei $i \in \mathbb{N}$ mit $\tau(x) < i \leq |\mathcal{D}|$ und sei $j \in \mathbb{N}$ mit $1 \leq j < \tau(x)$. Sei weiterhin $\mathcal{X}_1 = \{c \in \mathcal{D} : \tau(x) < \tau(c) \leq i\}$ und sei $\mathcal{X}_2 = \{c \in \mathcal{D} : j \leq \tau(c) < \tau(x)\}$. Für die totale Ordnung τ', die durch eine *Rechtsverschiebung von x auf Position i* aus τ hervorgeht, gilt $\tau'(x) = i$, $\tau'(c) = \tau(c) - 1$ für alle $c \in \mathcal{X}_1$ und $\tau'(c) = \tau(c)$ für alle $c \in \mathcal{D} \setminus (\mathcal{X}_1 \cup \{x\})$. Für die totale Ordnung τ'', die durch eine *Linksverschiebung von x auf Position j* aus τ hervorgeht, gilt entsprechend $\tau''(x) = j$, $\tau''(c) = \tau(c) + 1$ für alle $c \in \mathcal{X}_2$ und $\tau''(c) = \tau(c)$ für alle $c \in \mathcal{D} \setminus (\mathcal{X}_2 \cup \{x\})$. Wenn die Richtung aus dem Zusammenhang klar ist, dann wird auch einfach von einer *Verschiebung von x auf Position i bzw. j* gesprochen. Abbildung 1.2 illustriert eine Rechtsverschiebung.

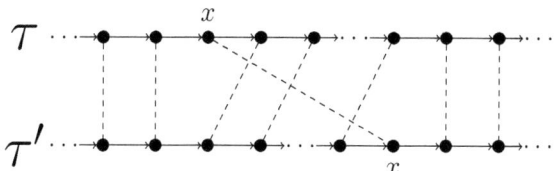

Abbildung 1.2. τ' geht aus τ durch eine Rechtsverschiebung von x hervor.

Seien κ und μ schwache Ordnungen über einer Domäne $\mathcal{D}$. Die *Verfeinerung von κ anhand von μ* (siehe auch [FKM$^+$06]), die mit $\mu * \kappa$ notiert wird, ist die schwache Ordnung, für die $x \prec_{\mu * \kappa} y \Leftrightarrow x \prec_\kappa y \vee x \cong_\kappa y \wedge x \prec_\mu y$ für alle $x, y \in \mathcal{D}$ gilt. Zwei Kandidaten x und y sind also in $\mu * \kappa$ unentschieden, genau dann wenn sie sowohl in κ als auch in μ unentschieden sind. Wenn μ eine totale Ordnung ist, dann ist auch $\mu * \kappa$ eine totale Ordnung. Verfeinerungen sind weiterhin assoziativ.

Während die Verfeinerung einer schwachen Ordnung durch eine zweite schwache Ordnung in jedem Fall wieder eine schwache Ordnung liefert, muss dies für

1.2. Grundlegende Definitionen

zwei Intervallordnungen oder partielle Ordnungen κ und μ nicht der Fall sein. Zur Veranschaulichung sei $\mathcal{D} = \{x, y, z\}$. Die Intervallordnung κ sei durch die Intervalle $[l_x, r_x] = [1, 1]$, $[l_y, r_y] = [2, 2]$ und $[l_z, r_z] = [1, 2]$ gegeben. Damit besteht κ nur aus der Vorgabe $x \prec_\kappa y$. Die Intervallordnung μ sei durch die Intervalle $[l_x, r_x] = [3, 3]$, $[l_y, r_y] = [1, 1]$ und $[l_z, r_z] = [2, 2]$ gegeben. Damit besteht μ aus den Vorgaben $y \prec_\mu z$, $z \prec_\mu x$ und $y \prec_\mu x$. Die Verfeinerung $\mu * \kappa$ besteht nun aus den Vorgaben $x \prec_{\mu*\kappa} y$, $y \prec_{\mu*\kappa} z$ und $z \prec_{\mu*\kappa} x$ und ist keine Ordnung mehr. Um diesen Unterschied deutlich zu machen, wird bei Intervall- oder partiellen Ordnungen deshalb nicht von einer Verfeinerung gesprochen. Stattdessen sei die *Ableitung von κ anhand von μ*, die mit $\mu \star \kappa$ notiert wird, eine irreflexive und asymmetrische binäre Relation, die wie folgt definiert ist. Für alle $x, y \in \mathcal{D}$ gilt

$$x \prec_\kappa y \wedge x \prec_\mu y \Rightarrow x \prec_{\mu\star\kappa} y \text{ (Einigkeit)},$$

$$x \prec_\kappa y \wedge x \not\prec_\mu y \Rightarrow x \prec_{\mu\star\kappa} y \text{ (Übernahme)},$$

$$x \prec_\kappa y \wedge y \prec_\mu x \Rightarrow x \prec_{\mu\star\kappa} y \text{ (Uneinigkeit)},$$

$$x \not\prec_\kappa y \wedge x \prec_\mu y \Rightarrow x \prec_{\mu\star\kappa} y \text{ (Übergabe) und}$$

$$x \not\prec_\kappa y \wedge x \not\prec_\mu y \Rightarrow x \not\prec_{\mu\star\kappa} y \text{ (Unvergleichbarkeit)}.$$

Falls μ eine totale Ordnung und damit vollständig ist, enthält $\mu \star \kappa$ keine Übernahmen und Unvergleichbarkeiten. Beispielhafte Ableitungen sind in Abbildung 1.3 dargestellt. Ableitungen lassen sich als gerichtete Graphen interpretieren. Die Definitionen eines Zyklus, eines Dreiecks und des starken Zusammenhangs können deshalb auch auf Ableitungen angewendet werden.

Sei κ eine partielle Ordnung über einer Domäne $\mathcal{D}$. Für die *Umkehrung* von κ, die mit κ^R notiert wird, gilt dann $x \prec_\kappa y \Leftrightarrow y \prec_{\kappa^R} x$ und $x \not\prec_\kappa y \Leftrightarrow x \not\prec_{\kappa^R} y$ für alle $x, y \in \mathcal{D}$.

Sei κ wieder eine partielle Ordnung über einer Domäne $\mathcal{D}$ und sei $x \in \mathcal{D}$. Eine partielle Ordnung κ' entsteht aus κ durch *Entfernen von x*, indem κ' auf die Domäne $\mathcal{D} \setminus \{x\}$ eingeschränkt wird. Intuitiv werden also alle Vorgaben, die x betreffen, entfernt.

Sei κ wieder eine partielle Ordnung über einer Domäne $\mathcal{D}$, jedoch gelte nun $x \notin \mathcal{D}$. Eine partielle Ordnung κ' entsteht aus κ durch *Hinzufügen von x*, indem κ' auf die Domäne $\mathcal{D} \cup \{x\}$ erweitert wird. Je nach Zusammenhang werden Vorgaben für x zu κ' hinzugefügt. Wird nichts weiter erwähnt, so wird $x \not\prec_{\kappa'} y$ für alle $y \in \mathcal{D}$ ergänzt.

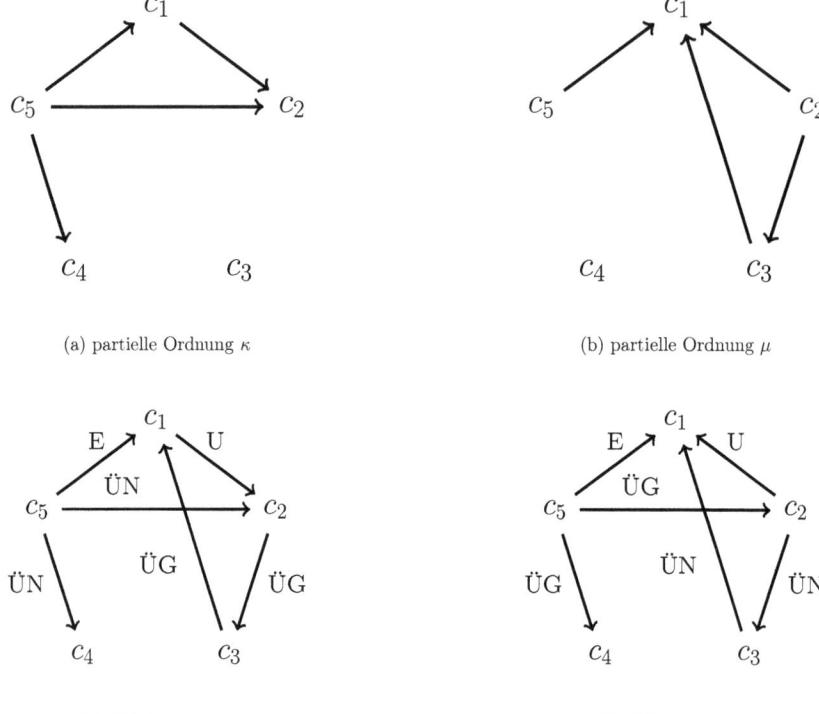

Abbildung 1.3. Illustration von Ableitungen: Dabei sind Einigkeiten (E), Übernahmen (ÜN), Uneinigkeiten (U) und Übergaben (ÜG) angegeben. Unvergleichbarkeiten sind nicht eingezeichnet.

1.2.4 Metriken auf totalen Ordnungen

Um die Ähnlichkeit zweier Ordnungen zu messen, wird eine binäre Funktion $d : \mathbb{M}_p \times \mathbb{M}_p \to \mathbb{N}$ benötigt. Dabei wird d als *Distanz* bezeichnet. Eine Distanz heißt *symmetrisch*, falls $d(\kappa, \mu) = d(\mu, \kappa)$ für alle $\kappa, \mu \in \mathbb{M}_p$ gilt. Sie heißt weiterhin *regulär*, falls $d(\kappa, \mu) = 0$ gilt, genau dann wenn $\kappa = \mu$ ist. Eine Distanz, die symmetrisch und regulär ist, bezeichnet man als *Distanzmaß*. Erfüllt ein Distanzmaß d zusätzlich die Dreiecksungleichung, d. h. gilt $d(\kappa, \mu) + d(\mu, \nu) \geq d(\kappa, \nu)$ für alle $\kappa, \mu, \nu \in \mathbb{M}_p$, dann bezeichnet man d als *Metrik*.

Um die Ähnlichkeit zweier totaler Ordnungen zu messen, existieren diverse Distanzen, von denen die folgenden beiden in dieser Arbeit betrachtet werden sollen. Beide Distanzen sind als Metriken bekannt (siehe z. B. [KG90]).

Definition 1.1 (Distanzen auf totalen Ordnungen). *Seien σ und τ totale Ordnungen über einer Domäne $\mathcal{D}$.*

- *Spearmans Footrule-Distanz F zwischen σ und τ ist definiert als*

$$F(\sigma, \tau) = \sum_{x \in \mathcal{D}} |\sigma(x) - \tau(x)| \ .$$

- *Kendalls Tau-Distanz K zwischen σ und τ ist definiert als*

$$K(\sigma, \tau) = |\{x, y\} \subseteq \mathcal{D} : x \prec_\sigma y \wedge y \prec_\tau x| \ .$$

Kendalls Tau-Distanz zwischen σ und τ entspricht außerdem der minimalen Anzahl an lokalen Vertauschungen, die nötig ist, um σ in τ zu überführen.

1.2.5 Distanzen auf allgemeineren Ordnungen

Die eben definierten Metriken werden nun auf allgemeinere Ordnungen bis hin zu partiellen Ordnungen übertragen, indem eine partielle Ordnung als Menge von totalen Ordnungen aufgefasst wird, die ihr *nicht widerspricht*. Formal ergibt sich damit die folgende Definition.

Definition 1.2 (Erweiterung einer Ordnung). *Sei κ eine partielle Ordnung über einer Domäne $\mathcal{D}$. Eine partielle Ordnung μ über $\mathcal{D}$ heißt* Erweiterung *von κ, wenn $x \prec_\kappa y \Rightarrow x \prec_\mu y$ für alle $x, y \in \mathcal{D}$ gilt. Ist μ zusätzlich eine totale Ordnung, so heißt μ* totale Erweiterung *von κ. Die Menge aller totalen Erweiterungen von κ wird mit $\mathrm{Ext}(\kappa)$ notiert.*

Die Menge aller totalen Erweiterungen einer partiellen Ordnung κ über einer Domäne $\mathcal{D}$ kann dabei zwischen eins und $|\mathcal{D}|!$ viele Elemente enthalten. Ersterer Fall tritt ein, wenn κ eine totale Ordnung ist, letzterer Fall, wenn κ die leere Ordnung ist. Für eine partielle Ordnung κ ist die Ermittlung der Mächtigkeit von $\text{Ext}(\kappa)$ als #**P**-vollständig bekannt [BW92].

Allgemeine Konzepte zur Messung des Abstandes zweier Punktmengen mit Hilfe der Minimalversion, der Maximalversion, der Hausdorff-Version und der Zentralversion einer Distanz können nun zur Messung des Abstandes zwischen zwei Ordnungen übertragen werden. Die Hausdorff-Version ist dabei eine bekannte Methode, um Metriken von Punkten auf Punktmengen zu übertragen [Hau78].

Definition 1.3 (Distanzen auf Ordnungen). *Seien κ und μ partielle Ordnungen über einer Domäne $\mathcal{D}$ und sei d Kendalls Tau-Distanz bzw. Spearmans Footrule-Distanz. Die Minimalversion bzw. die Maximalversion bzw. die Hausdorff-Version bzw. die Zentralversion von d zwischen κ und μ ist dann wie folgt definiert.*

- *Die Minimalversion von d zwischen κ und μ ist definiert als*

$$d_{Min}(\kappa,\mu) = \min_{\tau \in \text{Ext}(\kappa)} \min_{\sigma \in \text{Ext}(\mu)} d(\tau,\sigma)\,.$$

- *Die Maximalversion von d zwischen κ und μ ist definiert als*

$$d_{Max}(\kappa,\mu) = \max_{\tau \in \text{Ext}(\kappa)} \max_{\sigma \in \text{Ext}(\mu)} d(\tau,\sigma)\,.$$

- *Die Hausdorff-Version von d zwischen κ und μ ist definiert als*

$$d_H(\kappa,\mu) = \max\{\max_{\tau \in \text{Ext}(\kappa)} \min_{\sigma \in \text{Ext}(\mu)} d(\tau,\sigma), \max_{\sigma \in \text{Ext}(\mu)} \min_{\tau \in \text{Ext}(\kappa)} d(\tau,\sigma)\}\,.$$

- *Die Zentralversion von d zwischen κ und μ ist definiert als*

$$d_Z(\kappa,\mu) = \min\{\min_{\tau \in \text{Ext}(\kappa)} \max_{\sigma \in \text{Ext}(\mu)} d(\tau,\sigma), \min_{\sigma \in \text{Ext}(\mu)} \max_{\tau \in \text{Ext}(\kappa)} d(\tau,\sigma)\}\,.$$

Bevor die Äquivalenz zwischen Distanzen formal eingeführt wird, sollen die Minimalversion, die Maximalversion, die Hausdorff-Version und die Zentralversion einer Distanz d an einem Beispiel veranschaulicht werden. Für d wird dabei Kendalls Tau-Distanz gewählt.

1.2. Grundlegende Definitionen

Sei die schwache Ordnung κ über der Domäne $\mathcal{D} = \{c_1, c_2, c_3, c_4\}$ gegeben als
$$\{c_1, c_2\} \prec_\kappa \{c_3, c_4\}.$$
Weiterhin sei die partielle Ordnung μ ebenfalls über $\mathcal{D} = \{c_1, c_2, c_3, c_4\}$ durch die beiden Vorgaben $c_1 \prec_\mu c_4$ und $c_3 \prec_\mu c_2$ gegeben. Eine triviale Möglichkeit die Minimalversion, die Maximalversion, die Hausdorff-Version und die Zentralversion von Kendalls Tau-Distanz zwischen κ und μ zu berechnen besteht nun darin die Menge aller totalen Erweiterungen von κ und die Menge aller totaler Erweiterungen von μ zu bestimmen und zwischen den Elementen der beiden Mengen paarweise Kendalls Tau-Distanz zu berechnen.

Die Menge aller totaler Erweiterungen von κ enthält genau die folgenden totalen Ordnungen:
$$\tau_1 : c_1 \prec_{\tau_1} c_2 \prec_{\tau_1} c_3 \prec_{\tau_1} c_4,$$
$$\tau_2 : c_2 \prec_{\tau_2} c_1 \prec_{\tau_2} c_3 \prec_{\tau_2} c_4,$$
$$\tau_3 : c_1 \prec_{\tau_3} c_2 \prec_{\tau_3} c_4 \prec_{\tau_3} c_3,$$
$$\tau_4 : c_2 \prec_{\tau_4} c_1 \prec_{\tau_4} c_4 \prec_{\tau_4} c_3.$$

Die Menge aller totaler Erweiterungen von μ enthält genau die folgenden totalen Ordnungen:
$$\sigma_1 : c_1 \prec_{\sigma_1} c_3 \prec_{\sigma_1} c_2 \prec_{\sigma_1} c_4,$$
$$\sigma_2 : c_1 \prec_{\sigma_2} c_3 \prec_{\sigma_2} c_4 \prec_{\sigma_2} c_2,$$
$$\sigma_3 : c_1 \prec_{\sigma_3} c_4 \prec_{\sigma_3} c_3 \prec_{\sigma_3} c_2,$$
$$\sigma_4 : c_3 \prec_{\sigma_4} c_1 \prec_{\sigma_4} c_2 \prec_{\sigma_4} c_4,$$
$$\sigma_5 : c_3 \prec_{\sigma_5} c_1 \prec_{\sigma_5} c_4 \prec_{\sigma_5} c_2,$$
$$\sigma_6 : c_3 \prec_{\sigma_6} c_2 \prec_{\sigma_6} c_1 \prec_{\sigma_6} c_4.$$

Berechnet man nun paarweise Kendalls Tau-Distanz zwischen den totalen Erweiterungen, dann ergeben sich die in Tabelle 1.2 aufgelisteten Distanzen.

Die Minimalversion von Kendalls Tau-Distanz zwischen κ und μ entspricht Kendalls Tau-Distanz zwischen τ_1 und σ_1, da dies das Paar von totalen Erweiterungen mit der minimalen Distanz ist. Es gilt also $K_{Min}(\kappa, \mu) = 1$.

Die Maximalversion von Kendalls Tau-Distanz zwischen κ und μ entspricht Kendalls Tau-Distanz zwischen τ_4 und σ_5, da dies das Paar von totalen Erweiterungen mit der maximalen Distanz ist. Es gilt also $K_{Max}(\kappa, \mu) = 5$.

Für der Berechnung der Hausdorff-Version von Kendalls Tau-Distanz zwischen κ und μ wird aus beiden Mengen von totalen Erweiterungen dasjenige

Tabelle 1.2. Kendalls Tau-Distanz zwischen totalen Erweiterungen von κ und μ

	σ_1	σ_2	σ_3	σ_4	σ_5	σ_6
τ_1	1	2	3	2	3	3
τ_2	2	3	4	3	2	2
τ_3	2	3	2	3	4	4
τ_4	3	4	3	4	5	3

Element mit der größten minimalen Distanz zu einem Element der anderen Menge bestimmt. Aus der Menge der totalen Erweiterungen von κ ist dies τ_4 mit einer minimalen Distanz von 3. Aus der Menge der totalen Erweiterungen von μ ist dies σ_2, σ_3, σ_4, σ_5 oder σ_6 mit einer minimalen Distanz von jeweils 2. Die Hausdorff-Version von Kendalls Tau-Distanz zwischen κ und μ ergibt sich nun als der größere der beiden Werte. Es gilt also $K_H(\kappa, \mu) = 3$.

Für der Berechnung der Zentralversion von Kendalls Tau-Distanz zwischen κ und μ wird aus beiden Mengen von totalen Erweiterungen dasjenige Element mit der kleinsten maximalen Distanz zu einem Element der anderen Menge bestimmt. Aus der Menge der totalen Erweiterungen von κ ist dies τ_1 mit einer maximalen Distanz von 3. Aus der Menge der totalen Erweiterungen von μ ist dies σ_1 mit einer maximalen Distanz von ebenfalls 3. Die Zentralversion von Kendalls Tau-Distanz zwischen κ und μ ergibt sich nun als der kleinere der beiden Werte. Es gilt also $K_Z(\kappa, \mu) = 3$.

Zum Abschluss dieses Abschnitts wird nun ein nützliches Werkzeug zum Übertragen von Ergebnissen zwischen zwei Distanzen vorgestellt. Das Konzept der Äquivalenz zwischen Distanzen bedeutet intuitiv, dass sich zwei Distanzen nur um einen konstanten Faktor unterscheiden. Formal ist es wie folgt definiert.

Definition 1.4 (Äquivalenz von Distanzen). *Seien d_M und $d'_{M'}$ zwei Distanzen. Dabei entsprechen d und d' jeweils Kendalls Tau-Distanz bzw. Spearmans Footrule-Distanz. Weiterhin seien M und M' jeweils die entsprechende Minimalversion bzw. Maximalversion bzw. Hausdorff-Version bzw. Zentralversion. Dann heißen d_M und $d'_{M'}$ äquivalent auf totalen Ordnungen (bzw. schwachen Ordnungen bzw. Intervallordnungen bzw. partiellen Ordnungen), wenn für zwei beliebige totale Ordnungen (bzw. schwache Ordnungen bzw. Intervallordnungen bzw. partielle Ordnungen) κ und μ über einer Domäne $\mathcal{D}$ zwei positive, nicht* von $\mathcal{D}$ abhängige Konstanten c_1 und c_2 existieren, so dass gilt:

$$c_1 d_M(\kappa,\mu) \leq d'_{M'}(\kappa,\mu) \leq c_2 d_M(\kappa,\mu).$$

Die Äquivalenzbeziehung zwischen zwei Distanzen ist reflexiv, symmetrisch und transitiv und damit eine Äquivalenzrelation.

1.3 Problemstellungen der Arbeit

Die vorliegende Arbeit befasst sich mit der Komplexität zweier Problemstellungen, der Distanzprobleme und der Rangordnungsprobleme. In diesem Abschnitt werden nun zunächst die dazu verwendeten Komplexitätsklassen eingeführt. Anschließend werden Distanzprobleme und Rangordnungsprobleme definiert. Zuletzt werden Feedback-Arc-Set-Probleme, welche in der Arbeit häufig verwendet werden, eingeführt.

1.3.1 Verwendete Komplexitätsklassen

Eine algorithmische Problemstellung (siehe z. B. [GJ90, Pap94, Weg03]) besteht zunächst aus der Beschreibung einer generischen Instanz des Problems. Diese kann beispielsweise Graphen oder Ordnungen enthalten. Weiterhin besteht das Problem aus der Beschreibung einer Funktion, die jeder Instanz eine Menge von korrekten Antworten zuordnet. Die (einzige) korrekte Antwort auf eine Instanz eines *Entscheidungsproblems* lautet dabei entweder „ja" („*ja*"-*Instanz*) oder „nein" („*nein*" *Instanz*). Antworten auf Instanzen eines *Optimierungsproblems* besitzen entweder „Qualität" oder „Kosten" in Form einer rationalen Zahl. Die korrekte Antwort auf eine Instanz eines Optimierungsproblems ist nun entweder eine Antwort mit maximaler Qualität (*Maximierungsproblem*) oder minimalen Kosten (*Minimierungsproblem*). Ist anstatt nach der korrekten Antwort nur nach dem Wert der maximalen Qualität (der minimalen Kosten) gefragt, so spricht man anstatt von einem Optimierungsproblem auch von einem *Wertproblem*. Durch Weglassen bzw. Hinzufügen einer Schranke für den zu optimierenden Wert lässt sich aus den meisten Entscheidungsproblemen ein zugehöriges Optimierungsproblem konstruieren und umgekehrt.

Die Problemstellungen der Arbeit werden zunächst auf ihre (algorithmische) Komplexität hin untersucht. Dazu werden die folgenden Komplexitätsklassen benötigt (siehe auch [GJ90, Pap94, Weg03]). Eine Problemstellung gehört zur Klasse **P**, wenn ein deterministischer Algorithmus (formaler: eine deterministische Turingmaschine) für die Problemstellung existiert, wobei dieser zur Lösung des Problems höchstens polynomiell (in der Größe der Instanz) viele Rechenschritte benötigen darf. Problemstellungen in der Komplexitätsklasse **P** werden auch als *effizient lösbare Probleme* bezeichnet. Ein Entscheidungsproblem gehört zur Klasse **NP**, wenn ein nicht-deterministischer Algorithmus (formaler: eine nicht-deterministische Turingmaschine) für die Problemstellung existiert, wobei dieser für jede „ja"-Instanz einen gültigen Rechenweg besitzt, der die korrekte Antwort in polynomiell vielen Rechenschritten ermittelt, und wobei dieser für jede „nein"-Instanz in allen gültigen Rechenwegen in polynomiell vielen Rechenschritten die korrekte Antwort liefert. Eine verbreitete Sichtweise auf Probleme in **NP** bzw. die dazugehörigen nicht-deterministischen Algorithmen ist das „Raten und Verifizieren". Dementsprechend heißen Probleme in **NP** auch *effizient verifizierbar*. Zu jedem Entscheidungsproblem existiert ein *Komplementproblem*, welches wiederum ein Entscheidungsproblem ist und aus denselben Instanzen besteht, jedoch ist jede „ja"-Instanz des ursprünglichen Problems eine „nein"-Instanz seines Komplementproblems und umgekehrt. Die Komplexitätsklasse **coNP** besteht genau aus den Komplementproblemen der Probleme in **NP**.

Da jeder deterministische Algorithmus gleichzeitig ein nicht-deterministischer Algorithmus ist, gilt $\mathbf{P} \subseteq \mathbf{NP}$. Ob $\mathbf{P} = \mathbf{NP}$ oder $\mathbf{P} \neq \mathbf{NP}$ gilt, ist unbekannt, jedoch wird weitgehend letzterer Fall als wahrscheinlich angesehen. Das bedeutet, es existieren vermutlich Probleme in **NP**, welche intuitiv schwieriger sind als die Probleme in **P**. Zum Vergleich der Schwierigkeit zweier Entscheidungsprobleme existiert das Konzept der (many-one) Reduzierbarkeit. Ein Entscheidungsproblem L_1 heißt *(many-one) reduzierbar* auf ein Entscheidungsproblem L_2, wenn eine Funktion existiert, die jede „ja"-Instanz („nein"-Instanz) von L_1 auf eine „ja"-Instanz („nein"-Instanz) von L_2 abbildet, und die von einem deterministischen Algorithmus in polynomiell vielen Schritten berechenbar ist.

Die intuitiv schwierigsten Probleme innerhalb der Komplexitätsklasse **NP** sind die **NP**-vollständigen Probleme, welche wie folgt definiert sind. Ein Entscheidungsproblem L ist **NP**-*vollständig*, wenn $L \in \mathbf{NP}$ gilt, und wenn jedes andere Problem in **NP** auf L reduzierbar ist. Die letztere Bedingung wird als **NP**-*Härte* von L bezeichnet. Aufgrund des Satzes von Cook [Coo71] kann die Definition der **NP**-Vollständigkeit wie folgt abgewandelt werden. Ein Entscheidungsproblem L ist **NP**-vollständig, wenn $L \in \mathbf{NP}$ gilt, und wenn ein bereits als **NP**-vollständig bekanntes Problem auf L reduzierbar ist.

Im Verlauf der Arbeit werden auch Probleme auftreten, die außerhalb der Komplexitätsklasse **NP** aber innerhalb der polynomiellen Hierarchie [Sto76, Wag90, BH91] liegen. Charakteristisch für die Komplexitätsklassen in der po-

1.3. Problemstellungen der Arbeit

lynomiellen Hierarchie ist die Benutzung eines Orakels **C**, wobei **C** eine Komplexitätsklasse darstellt. Das Orakel kann dabei für ein Entscheidungsproblem aus der Klasse **C** in einem Schritt die korrekte Antwort liefern. Ein weiterer Parameter der Komplexitätsklassen ist die mögliche Einschränkung des Zugriffs auf das Orakel. Unter parallelem Zugriff wird dabei die Tatsache verstanden, dass der Algorithmus nur zu einem Zeitpunkt eine Menge von Anfragen an das Orakel stellen darf. Logarithmisch beschränkter Zugriff bedeutet, dass nur logarithmisch (in der Größe der Instanz) viele Anfragen an das Orakel erlaubt sind. Konkret werden in der vorliegenden Arbeit die beiden folgenden Komplexitätsklassen aus der polynomiellen Hierarchie benötigt. In der Klasse $\mathbf{P}^{\mathbf{NP}}$ liegen alle Entscheidungsprobleme, welche von einem deterministischen Algorithmus, der parallelen Zugriff auf ein Orakel **NP** hat, in polynomiell vielen Schritten gelöst werden können. Die Klasse $\mathbf{P}^{\mathbf{NP}}_{\|}$ ist äquivalent zu Klasse $\mathbf{P}^{\mathbf{NP}}_{\log n}$ mit logarithmisch beschränktem Zugriff auf das Orakel [Wag90]. In der Klasse $\mathbf{NP}^{\mathbf{NP}}$ liegen alle Entscheidungsprobleme, welche von einem nicht-deterministischen Algorithmus, der unbeschränkten Zugriff auf ein Orakel **NP** hat, in polynomiell vielen Schritten gelöst werden können. Die Klasse $\mathbf{NP}^{\mathbf{NP}}$ ist dabei äquivalent zur Klasse $\mathbf{NP}^{\mathbf{NP}}_{\|}$ mit parallelem Zugriff und zur Klasse $\mathbf{NP}^{\mathbf{NP}}_{\log n}$ mit logarithmisch beschränktem Zugriff [Wag90]. Analog zu den **NP**-vollständigen und den **NP**-harten Problemen existieren $\mathbf{P}^{\mathbf{NP}}_{\|}$-vollständige und $\mathbf{P}^{\mathbf{NP}}_{\|}$-harte Probleme, sowie $\mathbf{NP}^{\mathbf{NP}}$-vollständige und $\mathbf{NP}^{\mathbf{NP}}$-harte Probleme.

Wenn die bereits erwähnte Vermutung $\mathbf{P} \neq \mathbf{NP}$ gilt, dann sind viele für die Praxis relevante Probleme nicht effizient lösbar. Für zu **NP**-vollständigen Entscheidungsproblemen gehörige Optimierungsprobleme, die **NP**-Optimierungsprobleme, bedeutet dies, dass eine exakte Lösung bzw. eine korrekte Antwort nicht in vernünftiger Zeit gefunden werden kann. In diesem Fall bietet es sich an eine Approximationslösung (siehe [Hoc97, Vaz04]) zu ermitteln, d. h. eine Antwort zu finden, die nur „kontrollierbar" höhere Kosten oder geringere Qualität als die korrekte Antwort besitzt, und die in der Praxis oft ausreichend ist. Ein **NP**-Optimierungsproblem heißt ϵ-approximierbar für eine Konstante $\epsilon > 1$, wenn ein deterministischer Algorithmus existiert, der in polynomiell vielen Rechenschritten eine Antwort liefert, die für ein Minimierungsproblem höchstens die ϵ-fachen Kosten der korrekten Antwort, und für ein Maximierungsproblem mindestens die $\frac{1}{\epsilon}$-fache Qualität der korrekten Antwort besitzt. Dann heißt ϵ die *Approximationsgüte* des Algorithmus und das Problem *bis auf einen konstanten Faktor approximierbar*. Die Komplexitätsklasse **APX** enthält nun genau die **NP**-Optimierungsprobleme, für die ein solcher Algorithmus mit konstanter Approximationsgüte existiert. Existiert zu einem **NP**-Optimierungsproblem sogar für jedes $\epsilon > 1$ ein Approximationsalgorithmus mit einer Approximationsgüte von höchstens ϵ, so bezeichnet man diese Algorithmen als *polynomial time approximation scheme (PTAS)*. Genau die **NP**-Optimierungsprobleme, für die ein PTAS existiert, bilden die Komplexitätsklasse **PTAS**. In der vorliegenden Arbeit wird für einige Probleme deren Zugehörigkeit zu **APX** gezeigt. Für einige verwandte Problemstellungen ist bereits ein PTAS bekannt.

Eine alternative Herangehensweise an **NP**-harte Probleme ist die Betrachtung ihrer parametrisierten Komplexität [DF99, FG06, Nie06]. Hier wird davon ausgegangen, dass bei vielen dieser Probleme in praktischen Anwendungen einzelne Parameter nur kleine Werte annehmen. Deshalb werden die Probleme daraufhin untersucht, ob es möglich ist, einen Algorithmus zu entwickeln, dessen Laufzeit zwar exponentiell ist, jedoch ausschließlich bezüglich eines bestimmten Parameters. Formal ist ein parametrisiertes Problem also gegeben als $(\mathcal{I}, k)$, wobei k der zu untersuchende Parameter ist und $\mathcal{I}$ die restliche Eingabe des Problems. Das Problem heißt nun *fixed-parameter-tractable*, wenn ein Algorithmus existiert, der in $f(k) \cdot |\mathcal{I}|^{\mathcal{O}(1)}$ vielen Schritten eine korrekte Antwort ermittelt. Dabei ist $f(k)$ eine Funktion, die ausschließlich von k abhängig ist. Im Laufe der Arbeit werden sich zwei Entscheidungsprobleme als fixed-parameter-tractable bezüglich ihrer Schranke herausstellen. Parametrisierte Probleme, die nicht fixed-parameter-tractable sind, werden in die W-Hierarchie eingeordnet. Diese spielt in der vorliegenden Arbeit jedoch keine Rolle.

1.3.2 Distanzprobleme und Rangordnungsprobleme

In diesem Abschnitt sollen nun die in der vorliegenden Arbeit betrachteten Problemstellungen eingeführt werden. Ein Rangordnungsproblem fragt intuitiv, ob es eine totale Ordnung gibt, welche gegebene Ordnungen möglichst gut repräsentiert, also einen guten Kompromiss darstellt. Die entscheidenden Parameter sind dabei die Distanz, mit der die Ähnlichkeit zwischen Ordnungen gemessen wird, und welche Ordnungen als Eingabe erlaubt sind.

Definition 1.5 (Rangordnungsproblem). *Sei d_M eine Distanz. Dabei entspricht d Kendalls Tau-Distanz bzw. Spearmans Footrule-Distanz und M sei die entsprechende Minimalversion bzw. Maximalversion bzw. Hausdorff-Version bzw. Zentralversion. Im Rangordnungsproblem (Entscheidungsproblem) ist nun eine Liste von Ordnungen $\kappa_1, \ldots, \kappa_r$ über einer Domäne $\mathcal{D}$ sowie ein $k \in \mathbb{N}$ gegeben. Gefragt ist, ob eine totale Ordnung τ^* über $\mathcal{D}$ existiert, so dass*

$$\sum_{i=1}^{r} d_M(\kappa_i, \tau^*) \leq k$$

1.3. Problemstellungen der Arbeit

gilt. Je nachdem, welche Ordnungen als Eingabe zugelassen werden, wird auch vom Rangordnungsproblem unter d_M für totale / schwache / Intervall- / partielle Ordnungen *gesprochen*.

Das zugehörige Optimierungsproblem erhält entsprechend eine Liste von Ordnungen $\kappa_1, \ldots, \kappa_r$ über einer Domäne $\mathcal{D}$ als Eingabe und fragt nach einer totalen Ordnung τ^*, die $\sum_{i=1}^{r} d_M(\kappa_i, \tau^*)$ minimiert. Diese wird dann als Konsens *bezeichnet*.

Ein wichtiges Teilproblem bei der Betrachtung eines Rangordnungsproblems ist die Frage nach der Berechnung der Distanz zwischen zwei Ordnungen.

Definition 1.6 (Distanzproblem). *Sei d_M eine Distanz. Dabei entspricht d wieder Kendalls Tau-Distanz bzw. Spearmans Footrule-Distanz und M sei wieder die entsprechende Minimalversion bzw. Maximalversion bzw. Hausdorff-Version bzw. Zentralversion. Im* Distanzproblem *(Entscheidungsproblem) sind nun zwei Ordnungen κ und μ über einer Domäne $\mathcal{D}$ und ein $k \in \mathbb{N}$ gegeben. Gefragt ist, ob*

$$d_M(\kappa, \mu) \leq k$$

gilt. Je nachdem, um welche Ordnungen es sich bei κ und μ handelt, wird auch vom Distanzproblem unter d_M für eine totale / schwache / Intervall- / partielle Ordnung und eine totale / schwache / Intervall- / partielle Ordnung *gesprochen*.

Das zugehörige Optimierungsproblem erhält entsprechend als Eingabe zwei Ordnungen κ und μ über einer Domäne $\mathcal{D}$ und fragt nach totalen Erweiterungen $\tau \in \mathrm{Ext}(\kappa)$ und $\sigma \in \mathrm{Ext}(\mu)$, für die

$$d_M(\kappa, \mu) = d(\tau, \sigma)$$

gilt.

Im Verlauf der Arbeit werden sowohl Entscheidungsprobleme als auch Optimierungsprobleme betrachtet. Effiziente Algorithmen und Approximationsalgorithmen werden für die Optimierungsprobleme angegeben, während für Beweise der **NP**-Härte und für Fixed-Parameter-Algorithmen Entscheidungsprobleme herangezogen werden.

1.3.3 Feedback-Arc-Set-Probleme

Rangordnungsprobleme und Distanzprobleme weisen häufig Ähnlichkeiten zu Varianten des Feedback-Arc-Set-Problems auf. Diese werden im Folgenden also häufig benötigt und deshalb an dieser Stelle bereits eingeführt.

Es werden zunächst die Entscheidungsprobleme definiert. Das Feedback-Arc-Set-Problem auf allgemeinen Graphen erhält als Eingabe einen gerichteten Graphen $G = (V, E)$ und ein $k \in \mathbb{N}$. Gefragt ist, ob eine Teilmenge der Kanten E' existiert, wobei $|E'| \leq k$ ist, und wobei $G' = (V, E \setminus E')$ zyklenfrei ist. Das Feedback-Arc-Set-Problem für Turniergraphen ist bis auf die Tatsache, dass als Eingabe ein Turniergraph gefordert ist, analog definiert. Eine Instanz des eingeschränkten Feedback-Arc- Set-Problems besteht aus einem $k \in \mathbb{N}$ und einem gerichteten Graphen $G = (V, E_{fix} \cup E_{frei})$, wobei die Kanten aus E_{fix} eine partielle Ordnung bilden. Das bedeutet für alle $u, v, w \in V$ gilt $(u,v) \in E_{fix} \wedge (v,w) \in E_{fix} \Rightarrow (u,w) \in E_{fix}$ (Transitivität) und es existiert kein Zyklus, der ausschließlich aus Kanten aus E_{fix} besteht. Gefragt ist, ob eine Teilmenge $E' \subseteq E_{frei}$ existiert, wobei $|E'| \leq k$ ist, und wobei $G' = (V, E_{fix} \cup (E_{frei} \setminus E'))$ zyklenfrei ist. Das eingeschränkte Feedback-Arc-Set-Problem auf Turniergraphen ist wieder analog definiert. Die Menge E' wird in allen Varianten des Problems auch als *Feedback-Arc-Set* bezeichnet.

Zu allen eben definierten Varianten von Entscheidungsproblemen des Feedback-Arc Set-Problems existieren zugehörige Optimierungsprobleme. Diese erhalten als Eingabe keine Schranke k und fragen entsprechend einem Feedback-Arc-Set mit minimaler Kardinalität.

2 Verwandte Arbeiten

Dieses Kapitel stellt die wichtigsten Arbeiten vor, die sich mit demselben Themengebiet wie die vorliegende Arbeit beschäftigen, oder die für dessen Entwicklung maßgeblich waren.

Historische Arbeiten: Das Problem, Wählermeinungen zu einem Wahlergebnis zu aggregieren, wird bereits im 13. Jahrhundert betrachtet. Erste bekannte Arbeiten stammen von Lullus [Lul83a, Lul83b, Lul99]. Darin werden Verfahren zur Wahl von kirchlichen Würdenträgern beschrieben, die im Wesentlichen auf Abstimmungen über jedes Paar von Kandidaten beruhen. Inhalt der Arbeiten ist in erster Linie die praktische Durchführung der Wahl mit dem Ziel der Vermeidung von Wahlfälschung und Ämterkauf. Es werden jedoch auch einige algorithmische Aspekte aufgeworfen, z. B. die Behandlung von Unentschieden bei Abstimmungen und die Tatsache, dass eine ungerade Anzahl von Wählern das Wahlverfahren erleichtert. Im 15. Jahrhundert beschreibt Cusanus [Cus33] ein Verfahren zur Wahl eines Königs. Er beschreibt dabei eine Wahl durch Punktevergabe, die im Gegensatz zu den Verfahren von Lullus geheim abläuft. So erstellt jeder Wähler eine totale Ordnung der n Kandidaten und vergibt dann die Punktezahlen n bis eins. Borda [Bor81] (1781) greift das Wahlsystem von Cusanus erneut auf und analysiert dessen Eigenschaften. Dabei erwähnt er implizit auch das erst später formulierte Condorcet-Kriterium. Cusanus' Wahlsystem wird heute meist Borda zugeschrieben (Borda-Wahl) und findet z. B. im Sport Anwendung. Condorcet [Con85] (1785) formuliert in seinem Wahlsystem das Condorcet-Kriterium, welches die Entwicklung von Wahlsystemen entscheidend beeinflusst. Eine ausführliche Analyse und teilweise Übersetzung der Arbeiten von Borda und Condorcet ins Englische sowie eine Beurteilung weiterer historischer Arbeiten finden sich in [Bla71]. Die Behandlung von Unentschieden in den Präferenzen der Wähler, die bislang lediglich am Rande erwähnt wird, wird durch Kendall [Ken45] ausführlicher studiert.

Bestimmung eines Wahlsiegers: Die folgenden Arbeiten zu Wahlsystemen befassen sich nicht mit dem Aggregieren der Wählermeinungen zu einem Wahlergebnis in Form einer totalen Ordnung über der Menge der Kandidaten, sondern bestimmen nur den oder die Wahlsieger, wobei die Reihenfolge der verbleibenden Kandidaten irrelevant ist. Condorcet [Con85] formuliert das Kriterium, dass derjenige Kandidat die Wahl gewinnen soll, der allen anderen Kandidaten im paarweisen Vergleich von der Mehrheit der Wähler vorgezogen wird (Condorcet-Wahlsieger), falls ein solcher Kandidat existiert. Dieses wird im Folgenden als Condorcet-Kriterium bekannt und etabliert sich als eine Eigenschaft, die ein gutes Wahlsystem besitzen soll. Viele in der Folge entworfene Wahlsysteme erfüllen das Condorcet-Kriterium, gehen aber unterschiedlich mit der Frage um, was zu tun ist, wenn kein Condorcet-Wahlsieger existiert.

Dodgson [Dod76] schlägt vor, dass derjenige Kandidat die Wahl gewinnen soll, der mit der geringsten Anzahl an lokalen Vertauschungen in den Präferenzen der Wähler zum Condorcet-Wahlsieger wird. Die Anzahl der lokalen Vertauschungen, die nötig ist, um einen Kandidaten zum Condorcet-Wahlsieger zu machen, wird auch als dessen Dodgson-Score bezeichnet. Eine Wahl nach Young [You77] gewinnt dagegen derjenige Kandidat, der durch das Entfernen der geringsten Anzahl an Wählern zum Condorcet-Wahlsieger wird. Entsprechend heißt die größte Anzahl an Wählern, die einen Kandidaten zum Condorcet-Wahlsieger machen, Young-Score. Copeland [Cop51] schlägt denjenigen Kandidaten als Wahlsieger vor, der die höchste Differenz aufweist zwischen Kandidaten, denen er im paarweisen Vergleich von der Mehrheit der Wähler vorgezogen wird, und den Kandidaten, die ihm vorgezogen werden. Kemeny [Kem59] (genauer spezifiziert in [Lev75]) schlägt als Wahlsieger diejenigen Kandidaten vor, die in einer totalen Ordnung über der Menge der Kandidaten, welche Kendalls Tau-Distanz zu den Präferenzen der Wähler minimiert, an der Spitze stehen. Kemeny formuliert damit also das Rangordnungsproblem für totale Ordnungen unter Kendalls Tau-Distanz, welches deshalb in der Literatur auch als Kemeny-Wahlsystem bezeichnet wird. Weitere bekannte Wahlregeln stammen unter anderem von Nanson [Nan07], Black [Bla71], Schwartz [Sch72] und Fishburn [Fis77]. Für eine ausführlichere Betrachtung der einzelnen Wahlregeln wird an dieser Stelle auf die Arbeiten von Black [Bla71] und von Fishburn [Fis73] verwiesen.

Die Probleme, von einem gegebenen Kandidaten festzustellen, ob es sich um einen Dodgson-, Kemeny- oder Young-Wahlsieger handelt, sind allesamt als $\mathbf{P}_{\|}^{NP}$-vollständig bekannt [HHR97a, HSV05, RSV03] und werden als die natürlichsten Probleme dieser Art bezeichnet (z. B. in [HHR97a]). Einen Überblick über die Analyse von Wahlsystemen und speziell über $\mathbf{P}_{\|}^{NP}$-vollständige Problemstellungen aus diesem Bereich liefern Hemaspaandra und Hemaspaandra [HH00]. Approximationsmöglichkeiten in Dodgson- und Young-Wahlsystemen werden von Caragiannis et al. [CCF$^+$09, CKKP10] untersucht. Betzler et al. [BGN10] zeigen, dass das Problem, den Dodgson-Score eines Kandidaten anzugeben, fixed-parameter-tractable bezüglich des Dodgson-Score ist, während dies für den Young-Score nicht der Fall ist.

Kendalls Tau-Distanz und Spearmans Footrule-Distanz: Weniger aus dem Bereich der Wahlsysteme als vielmehr aus statistischen Anwendungen heraus entwickeln sich Kendalls Tau-Distanz und Spearmans Footrule-Distanz. Kendalls Tau-Distanz wird von Kendall [Ken38] für Anwendungen in der Psychologie formal definiert und eingeführt. Spearmans Footrule-Distanz entwickelt sich aus Arbeiten von Spearman [Spe04, Spe06] über statistische Untersuchungen in der Psychologie. Statistische Eigenschaften sowohl von Kendalls Tau-Distanz als auch von Spearmans Footrule-Distanz, beispielsweise als Rangkorrelationskoeffizient, in der Regressionsanalyse oder als Fehlerreduktionsmaß, wurden ausgiebig studiert (siehe [KG90] für einen Überblick), wobei Spearmans Footrule-Distanz für statistische Anwendungen teilweise als ungeeignet eingestuft wird [KG90]. Während sich die obigen Arbeiten größtenteils auf Distanzen zwischen totalen Ordnungen beschränken, führt Critchlow [Cri85] Hausdorff-Versionen dieser Distanzen auf schwachen Ordnungen ein. Auch das Hauptaugenmerk von [Cri85] liegt dabei auf statistischen Eigenschaften.

Die Äquivalenz zweier Distanzen ist ein nützliches Instrument, z. B. um Approximationsalgorithmen zu übertragen. Für Kendalls Tau-Distanz und Spearmans Footrule-Distanz für totale Ordnungen besagen die Diaconis-Graham-Ungleichungen [DG77], dass die beiden sich nur um einen konstanten Faktor unterscheiden. Fagin et al. [FKM$^+$06] betrachten Distanzen für schwache Ordnungen und zeigen, dass die Diaconis-Graham-Ungleichungen auf die Hausdorff-Version von Kendalls Tau-Distanz und die Hausdorff-Version von Spearmans Footrule-Distanz für zwei beliebige Mengen von totalen Ordnungen übertragen werden können.

Distanzprobleme unter Spearmans Footrule-Distanz und Kendalls Tau-Distanz: Die Betrachtung von Distanzproblemen beschränkt sich bislang weitestgehend auf geeignete Methoden, Kendalls Tau-Distanz für totale Ordnungen zu berechnen, da sich Spearmans Footrule-Distanz für totale Ordnungen trivial in Linearzeit berechnen lässt. Kendalls Tau-Distanz für totale Ordnungen kann trivial in quadratischer Zeit berechnet werden, lässt sich jedoch auch in $\mathcal{O}(n \log n)$ Schritten ermitteln [Kni66]. Dabei bezeichnet n die Größe der Domäne der betrachteten Ordnungen. Durch ausgefeilte Datenstrukturen lässt sich auch diese Laufzeit noch leicht verbessern [Die89, AP98]. Fagin et al. [FKM+06] zeigen, dass sich die Hausdorff-Version von Kendalls Tau-Distanz und die Hausdorff-Version von Spearmans Footrule-Distanz für zwei schwache Ordnungen mittels Verfeinerungen charakterisieren lassen. Daraus ergibt sich für ihre Berechnung eine Laufzeit von $\mathcal{O}(n \log n)$ bzw. $\mathcal{O}(n)$. Knight [Kni66] gibt für die Minimalversion von Kendalls Tau-Distanz für schwache Ordnungen ebenfalls eine Charakterisierung mittels Verfeinerungen (ohne Beweis) an.

Rangordnungsprobleme unter Spearmans Footrule-Distanz und Kendalls Tau-Distanz: Die hier betrachteten Rangordnungsprobleme und viele weitere Varianten werden im Gegensatz zu den Distanzproblemen, besonders auch im Hinblick auf ihre Komplexität, deutlich ausgiebiger studiert. Die **NP**-Vollständigkeit des Rangordnungsproblems für totale Ordnungen unter Kendalls Tau-Distanz wird von Bartholdi et al. [BTT89b] gezeigt. Dabei wird die Verwandtschaft des Problems mit dem Feedback-Arc-Set-Problem genutzt und von diesem reduziert. Dwork et al. [DKNS01a] reduzieren ebenfalls vom Feedback-Arc-Set-Problem und zeigen dabei, dass das Rangordnungsproblem für totale Ordnungen unter Kendalls Tau-Distanz bereits für eine gerade Anzahl von mindestens vier gegebenen Ordnungen **NP**-vollständig ist. Kleinere Fehler im Beweis von [DKNS01a] werden in [BBD09] verbessert. Das Rangordnungsproblem für totale Ordnungen unter Spearmans Footrule-Distanz kann dagegen als bipartites Matching formuliert und effizient gelöst werden [DKNS01a]. Als Knoten im vollständigen bipartiten Graphen dienen einerseits die Kandidaten und andererseits die Positionen im Konsens. Für jeden Kandidaten c und jede Position i werden nun als Gewichte der Kante $\{c, i\}$ die Beiträge von c zu Spearmans Footrule-Distanz zu den einzelnen Ordnungen aufsummiert, wenn c im Konsens an Position i geordnet wird.

Biedl et al. [BBD09] zeigen, dass die Wahl der besten gegebenen Ordnung als Konsens im Rangordnungsproblem für totale Ordnungen unter Kendalls Tau-Distanz eine $(2-\frac{2}{m})$-Approximation liefert, wobei m die Anzahl der gegebenen Ordnungen ist. Ailon et al. [ACN08] geben weitere Approximationsalgorithmen für das Rangordnungsproblem unter Kendalls Tau-Distanz für totale Ordnungen an. In [Ail10a] werden diese auf das Rangordnungsproblem für schwache Ordnungen unter der Minimalversion von Kendalls Tau-Distanz übertragen. Der Approximationsalgorithmus aus [Ail10a] startet dabei mit der leeren Ordnung als Ausgangslösung. Diese wird von allen gegebenen schwachen Ordnungen und zuletzt von einer beliebigen totalen Ordnung verfeinert. Ailon zeigt, dass dieser Algorithmus eine 2-Approximation liefert. Ein komplexerer, randomisierter Algorithmus aus [Ail10a], der die Minimalversion von Kendalls Tau-Distanz von Tripeln von Kandidaten in die Analyse der Approximationsgüte miteinbezieht, liefert sogar eine 1.5-Approximation. Zuletzt wird gezeigt, dass sich beide Algorithmen auf das Rangordnungsproblem für schwache Ordnungen unter weiteren Distanzen, unter anderem die Hausdorff-Version von Kendalls Tau-Distanz, übertragen lassen und auch diese bis auf einen konstanten Faktor approximieren. Durch van Zuylen und Williamson [vZW09] wurde mit einem $\frac{8}{5}$-Approximationsalgorithmus die aktuell beste deterministische Approximation für das Rangordnungsproblem für schwache Ordnungen unter der Minimalversion von Kendalls Tau-Distanz vorgestellt. Durch dieselben Autoren [vZW09] wird die 2-Approximation aus [Ail10a] auf eine Variante des Rangordnungsproblems für totale Ordnungen unter Kendalls Tau-Distanz übertragen, in der eine partielle Ordnung als Vorgabe für den Konsens gegeben ist. Schalekamp und van Zuylen [SvZ09] vergleichen verschiedene, heuristische Algorithmen für das Rangordnungsproblem für totale bzw. schwache Ordnungen und zeigen, dass eine Kombination mehrerer Algorithmen einem einzelnen dieser Algorithmen immer überlegen ist. In [KMS07] wird ein PTAS für das Feedback-Arc-Set-Problem auf Turniergraphen entworfen und dieses auf das Rangordnungsproblem für totale Ordnungen unter Kendalls Tau-Distanz übertragen. Die Arbeit stellt als offenes Problem die Frage, ob sich das PTAS auf das Feedback-Arc-Set-Problem auf allgemeine Graphen, für deren Kantengewichte die Dreiecksungleichung gilt, übertragen lässt. Dies würde ein PTAS für das Rangordnungsproblem unter der Minimalversion von Kendalls Tau-Distanz für schwache Ordnungen implizieren. Ailon [Ail10b] wandelt das PTAS aus [KMS07] für ein Feedback-Arc-Set-Problem auf Turniergraphen ab, in dem sich die Kosten eines Algorithmus durch die Anzahl der betrachteten Kanten des Turniergraphen ergeben und nicht mehr durch die Anzahl der Berechnungsschritte des Algorithmus. Als Ausblick wird auf eine entsprechende Variante des Rangordnungsproblems für totale Ordnungen unter Kendalls Tau-Distanz verwiesen.

Die parametrisierte Komplexität des Rangordnungsproblems für totale Ordnungen unter Kendalls Tau-Distanz wird im Zusammenhang mit dem Wahlsystem nach Kemeny intensiv studiert. Dabei stellt sich heraus, dass das Problem fixed-parameter-tractable unter anderem bezüglich seiner Schranke [BFG$^+$09a], bezüglich der Anzahl der Kandidaten [BFG$^+$09a], bezüglich dem maximalen Wert von Kendalls Tau-Distanz zwischen zwei gegebenen totalen Ordnungen [BFG$^+$09a], bezüglich dem durchschnittlichen Wert von Kendalls Tau-Distanz zwischen zwei gegebenen totalen Ordnungen [BFG$^+$09b] und bezüglich seiner Schranke geteilt durch die Anzahl der Wähler [Sim09] ist. Karpinski und Schudy [KS10] geben einen Fixed-Parameter-Algorithmus mit subexponentieller Laufzeit an. Bezüglich des durchschnittlichen Werts von Kendalls Tau-Distanz zwischen zwei gegebenen Ordnungen wurden quadratische [BGKN11] und lineare [BBN10] partielle Kerne angegeben. Ein partieller Kern beschränkt dabei nur die Anzahl der Kandidaten, nicht jedoch die Anzahl der Ordnungen. Bezüglich der Schranke des Problems wird ein linearer Kern sowohl in der Anzahl der Kandidaten, als auch in der Anzahl der Wähler angegeben [BFG$^+$09a].

Conitzer et al. [CDK06] sowie Davenport und Kalagnanam [DK04] betrachten in experimentellen Studien nicht-effiziente, exakte Verfahren, z. B. Branch-and-Bound Algorithmen, zur Berechnung eines Konsenses für das Rangordnungsproblem unter Kendalls Tau-Distanz für totale Ordnungen.

NP-harte Varianten von Rangordnungsproblemen unter Spearmans Footrule-Distanz, die eine Analyse der Approximierbarkeit oder der parametrisierten Komplexität erfordern würden, wurden bislang nicht betrachtet.

Verallgemeinerungen von totalen Ordnungen und Spezialfälle von schwachen Ordnungen, auf die Kendalls Tau-Distanz und Spearmans Footrule-Distanz erweitert wurden, und für die Rangordnungsprobleme untersucht wurden, sind Top-k-Listen [Ail10a, FKS03a] und p-Ratings [Ail10a]. Rangordnungsprobleme mit Top-k-Listen erhalten als Eingabe totale Ordnungen über unterschiedlichen Domänen. Kandidaten, die nicht in der Domäne einer Ordnung enthalten sind, werden von dieser Ordnung am wenigsten präferiert. Ailon [Ail10a] zeigt, dass das Rangordnungsproblem unter der Minimalversion von Kendalls Tau-Distanz für Top-k-Listen und p-Ratings **NP**-vollständig ist. Dabei wird vom Feedback-Arc-Set Problem auf Turniergraphen reduziert. Eine Alternative zu Top-k-Listen stellt die „Coherence"-Variante [CDFZ04] von Rangordnungsproblemen dar, die als Eingabe ebenfalls Ordnungen über unterschiedlichen Domänen erhält und die Größe der Schnittmengen der Domänen in die Berechnung der Distanz zwischen zwei totalen Ordnungen miteinbezieht.

Eine Maximums-Variante von Rangordnungsproblemen (nicht zu verwechseln mit der Maximumsversion einer Distanz) wird in [BBD09] erstmals vorgestellt. Hier wird nach einem Konsens gefragt, welcher anstatt die Summe der Distanzen zu den gegebenen Ordnungen zu minimieren, die maximale Distanz zu einer gegebenen Ordnung minimiert. Es wird die **NP**-Vollständigkeit der Maximums-Variante des Rangordnungsproblems für totale Ordnungen unter Kendalls Tau-Distanz, sogar für eine konstante, gerade Anzahl von mindestens vier Ordnungen, gezeigt. Dabei wird vom Rangordnungsproblem unter Kendalls Tau-Distanz reduziert. Weiterhin kann das Problem 2-approximiert werden, indem eine beliebige gegebene Ordnung als Konsens verwendet wird. Für den Beweis der Approximationsgüte wird ausgenutzt, dass Kendalls Tau-Distanz auf totalen Ordnungen die Dreiecksungleichung erfüllt. Die „Popular"-Variante von Rangordnungsproblemen nach van Zuylen et al. [vZSW11] sucht als Konsens eine totale Ordnung, so dass keine andere totale Ordnung existiert, die für eine Mehrheit der Wähler eine geringeren Wert von Kendalls Tau-Distanz aufweist.

Anwendungen: Die Anwendungsmöglichkeiten von Rangordnungsproblemen beschränken sich bei Weitem nicht auf Wahlsysteme, aus deren Erforschung sie sich entwickelt haben. Einen wichtigen Schritt in dieser Hinsicht stellt die Arbeit von Dwork et al. [DKNS01a] dar, die mehrere Anwendungsmöglichkeiten von Rangordnungsproblemen in den Technologien des World Wide Web aufzeigt und so Impulse für verschiedene Forschungsrichtungen gibt.

Eine in [DKNS01a] vorgeschlagene Anwendung von Rangordnungsproblemen findet sich in der Metasuche. Hier sollen die Suchergebnisse einzelner Suchmaschinen zu einem einzigen Ergebnis zusammengefasst werden. Im Gegensatz zum klassischen Wahlsystem mit meist vielen Wählern und wenigen Kandidaten findet man hier eine Situation mit in der Regel wenigen Wählern (Suchmaschinen) und vielen Kandidaten (Websites) vor. Die Vorteile der Metasuche im Vergleich zur Benutzung einer einzigen Suchmaschine liegen vor allem darin, dass jeder einzelne Algorithmus zur Suche im Web jeweils Vor- und Nachteile besitzt und anfällig gegen bestimmte Arten von Spam ist. Zusätzlich verfolgen einzelne Suchmaschinen kommerzielle Interessen und passen ihre Suchergebnisse diesen an. Dwork et al. [DKNS01a] gehen davon aus, dass das optimale Ergebnis einer Metasuche dem Konsens eines Rangordnungsproblems unter Kendalls Tau-Distanz entspricht. Da ein solcher **NP**-vollständig zu berechnen ist, werden verschiedene Heuristiken vorgestellt und experimentell erprobt, unter anderem ein Borda Wahlsystem und das Rangordnungsproblem für totale Ordnungen unter Spearmans Footrule-Distanz. Letzteres erweist sich experimentell dem Borda Wahlsystem gegenüber als überlegen. In einer weiteren Arbeit entwerfen Dwork et al. [DKNS01b] eine abgeschwächte Version des Rangordnungsproblems für totale Ordnungen unter Kendalls Tau-Distanz, welche effizient gelöst werden kann, indem sie lokale anstatt globale Optima als Konsens zulässt. Eine totale Ordnung ist hier also ein Konsens, wenn es nicht möglich ist, mit einer einzelnen lokalen Vertauschung die Summe der Werte von Kendalls Tau-Distanz zu den gegebenen totalen Ordnungen zu verringern. Diese Variante wird experimentell in der Metasuche getestet und stellt sich als geeignet heraus, um Spam in Suchmaschinenergebnissen zu bekämpfen. Yager und Kreinovich [YK99] führen die Metasuche mit Varianten des Borda Wahlsystems durch und formulieren Kriterien, die ein solches erfüllen sollte. Aslam und Montague [AM01b] vergleichen eine Metasuche mit Hilfe von Borda-Wahlsystemen („Borda-Fuse") mit anderen Metasuchverfahren. Sie stellen dabei als Vorteil die Einfachheit des Algorithmus, sowie die Tatsache, dass keine Trainingsdaten und Lernphasen benötigt werden, heraus. Dieselben Autoren vergleichen in [AM01a] Borda-Fuse experimentell mit anderen Metasuchverfahren im Hinblick auf Konsistenz, d. h. auf die Fähigkeit, das sich mit der Zeit ändernde Verhalten einer Suchmaschine „auszubalancieren". Ebenfalls Aslam und Montague [MA02] entwerfen einen Metasuchalgorithmus, der dem Rangordnungsproblem unter Kendalls Tau-Distanz ähnelt („Condorcet-Fuse"). Für dieses wird eine Lösung angenähert, indem das Problem als Feedback-Arc-Set-Problem formuliert wird, und anschließend Zyklen derart aufgebrochen werden, dass das Condorcet-Kriterium erhalten bleibt. Experimente der Autoren zeigen, dass Condorcet-Fuse ein besseres Ergebnis liefert als Borda-Fuse. Wegen der höheren Laufzeit wird er aber als in der Praxis schlecht einsetzbar bezeichnet. Renda und Straccia [RS03] vergleichen experimentell Borda-Fuse mit einem vergleichsbasierten Verfahren auf Grundlage von Markov-Ketten. Sie stellen dabei fest, dass Letzteres die besseren Ergebnisse liefert. Fagin et al. [FKM$^+$03] analysieren die unterschiedlichen Bedürfnisse von Rangordnungsproblemen als Lösungsverfahren für die Metasuche im Intranet im Vergleich zum Internet.

Mit der Metasuche eng verwandte Anwendungen von Rangordnungsproblemen nach [DKNS01a] liegen im Bereich des Information-Retrieval und in der Multi-Kriterien-Suche. Als Beispiel für ein Information-Retrieval-Verfahren [DKNS01a] werden auf einer Menge von Dokumenten verschiedene Suchanfragen durchgeführt. Dabei existieren verschiedene Methoden, die für eine Suchanfrage die passendsten Ergebnisse liefern. Auch hier stellt sich das Problem, die Ergebnisse verschiedener Methoden zu einem passenden Gesamtergebnis zusammenzustellen. Die Multi-Kriterien-Suche findet sich beispielsweise bei der Suche im Web anhand mehrerer Suchbegriffe. Während eine Verknüpfung der

Suchbegriffe mit „UND" oft keine oder nur sehr wenige Suchtreffer liefert, liefert eine Verknüpfung mit „ODER" meist ein zu großes und unübersichtliches Suchergebnis. Abhilfe kann hier laut [DKNS01a] ein Rangordnungsproblem schaffen, welches die Anfragen für jeden einzelnen Suchbegriff stellt, und die Suchergebnisse aggregiert.

Rangordnungsprobleme werden auch in der Ähnlichkeitssuche, beispielsweise in der Schrifterkennung oder für Anfragen in Multimedia-Datenbanken, verwendet. Hier stehen verschiedene Verfahren zur Verfügung, die ein gegebenes Muster klassifizieren und dabei eine totale Ordnung über der Menge der Klassen liefern. Je höher eine Klasse geordnet wird, umso größer ist die Wahrscheinlichkeit, dass das Muster zu dieser Klasse gehört. Für eine zuverlässigere Mustererkennung empfiehlt es sich nun, die Ergebnisse von verschiedenen Verfahren zu kombinieren, und damit ein Rangordnungsproblem zu lösen. In [vES00] werden dazu teilweise abgewandelte Borda-Wahlsysteme vorgeschlagen, getestet und Vor- und Nachteile erörtert. Multimedia-Datenbanken enthalten oft komplexe Objekte (z. B. Bilder und Videos), die anhand von verschiedenen Kriterien geordnet werden können. Eine Datenbankanfrage nach Objekten, die mehrere Kriterien „gut erfüllen", stellt ebenfalls ein Rangordnungsproblem dar. Verschiedene Verfahren zu dessen Lösung werden in [Fag99, FLN03] vorgestellt, ein Überblick findet sich in [Fag02]. Fagin et al. [FKS03b] entwickeln mit Hilfe eines Rangordnungsproblems einen Algorithmus für Datenbankanwendungen, der mit nur wenigen Informationen aus den gegebenen Ordnungen bereits ein Ergebnis liefert.

Auch in lernenden Verfahren treten Rangordnungsprobleme als Teilprobleme auf. Cohen et al. [CSS99] geben als Beispiel unter anderem ein Verfahren an, welches einem Kunden eine Liste von Kaufvorschlägen unterbreitet. Diese Liste wird aus den Ergebnissen diverser Präferenz-Funktionen berechnet, die für jedes Paar von Kandidaten / Produkten durch einen Wert zwischen 0 und 1 die Wahrscheinlichkeit für die Reihenfolge des Paares angibt. Zusätzlich fließt auch immer wieder Feedback vom Kunden in die Berechnung der Liste mit ein. In [CSS99] wird die **NP**-Vollständigkeit solcher Probleme gezeigt. Verschiedene Lösungsansätze finden sich in [CSS99, LL02, ACN08].

Biedl et al. [BBD09] zeigen Zusammenhänge zwischen Rangordnungsproblemen und dem Zeichnen von Graphen auf. Es werden speziell das Rangordnungsproblem für totale Ordnungen unter Kendalls Tau-Distanz und Kreuzungsminimierungsprobleme in bipartiten Graphen gegenüber gestellt, sowie der Zusammenhang zwischen Rangordnungsproblemen und Penaltygraphen beleuchtet.

Rangordnungsprobleme finden weiterhin Anwendung in der Biologie. Sese und Morishita [SM01] schlagen vor, Ordnungen mit Informationen zur Genexpression, die auf verschiedene Arten gefunden wurden, mit Hilfe eines Rangordnungsproblems für totale Ordnungen unter Kendalls Tau-Distanz zu einem Gesamtergebnis zusammenzufassen. Die Lösung des Verfahrens wird dabei mit einem Sortierverfahren ähnlich dem Bubblesort-Algorithmus angenähert. Ihr Vorschlag wurde beispielsweise aufgegriffen, um jeweils verschiedene Forschungsergebnisse über das Endocannabinoid-System beim Menschen bzw. bei der Ratte zu aggregieren [MGP07]. Auch das Zusammenstellen von genetischen Informationen, die aus verschiedenen Populationen einer Spezies gewonnen wurden, lässt sich als Rangordnungsproblem formulieren. Jackson et al. [JSA08] modellieren dies als ein Rangordnungsproblem für partielle Ordnungen unter einer Variante von Kendalls Tau-Distanz und lösen das Problem, indem ein Branch-and-Bound Algorithmus mit einem heuristischen Verfahren kombiniert wird.

Die praktische Relevanz der Erforschung von Rangordnungsproblemen wird nicht zuletzt auch gut anhand eines Artikels von Aggarwal et al. [AAC$^+$08] deutlich, in welchem zehn Schwerpunkte in der theoretischen Forschung bei Google aufgelistet werden. Einer davon ist der Zusammenhang zwischen Rangordnungsproblemen und dem maschinellen Lernen.

Feedback-Arc-Set-Probleme: Die in der Arbeit betrachteten Problemstellungen weisen häufig Parallelen zum Feedback-Arc-Set Problem auf allgemeinen Graphen, zum Feedback-Arc-Set-Problem auf Turniergraphen und zum eingeschränkten Feedback-Arc-Set-Problem auf Turniergraphen auf. Aus diesem Grund soll auch der aktuelle Stand der Forschung über diese Probleme bezüglich ihrer Komplexität, ihrer Approximierbarkeit und ihrer parametrisierten Komplexität hier kurz wiedergegeben werden. Im Folgenden sei n die Anzahl der Knoten des gegebenen Graphen und k die Schranke des Problems. Das Feedback-Arc-Set-Problem auf allgemeinen Graphen ist eines der „klassischen" **NP**-vollständigen Probleme [GJ90, Kar72]. Die **NP**-Härte des Problems wird durch eine Reduktion vom Vertex-Cover-Problem gezeigt. Das Problem ist weiterhin als **APX**-hart bekannt [Kan92]. Der im Moment beste Approximationsalgorithmus für das Feedback-Arc-Set-Problem auf allgemeinen Graphen stammt von Even et al. [ENSS98] und besitzt eine Approximationsgüte von $\mathcal{O}(\log n \log \log n)$. Zuletzt ist das Problem auch als fixed-parameter-tractable bekannt. Chen et al. [CLL$^+$08] geben hierzu einen Algorithmus mit Laufzeit $\mathcal{O}(n^4 4^k k^3 k!)$ an. Ihr Algorithmus ist ursprünglich für das gerichtete Feedback-Vertex-Set-Problem gedacht, lässt sich aber auf das Feedback-Arc-Set-Problem übertragen. Eades et al. [ELS93] zeigen, dass immer ein Feedback-Arc-Set bestehend aus $\frac{m}{2} - \frac{n}{6}$ Kanten existiert.

Ein Spezialfall des Feedback-Arc-Set-Problems auf allgemeine Graphen ist das Feedback-Arc-Set-Problem auf Turniergraphen. Seine **NP**-Vollständigkeit wird zwar bereits 1992 vermutet [BJT92], gilt dann allerdings lange als bekanntes offenes Problem. Einen entscheidenden Schritt zum Beweis dieser Vermutung stellt eine randomisierte Reduktion vom Feedback-Arc-Set-Problem auf allgemeinen Graphen auf das Feedback-Arc-Set-Problem auf Turniergraphen dar [ACN08]. Den endgültigen Beweis der **NP**-Härte des Problems liefern unabhängig voneinander Alon [Alo06] und Charbit et al. [CTY07], die diese Reduktion derandomisieren. Nachdem bereits eine 5-Approximation für Spezialfälle der gewichteten Version bekannt ist [CFR10], zeigen Ailon et al. [ACN08], dass das Feedback-Arc-Set-Problem auf Turniergraphen 3-approximierbar ist. Sie verwenden dabei einen Algorithmus, der an das Quicksort-Sortierverfahren angelehnt ist. Die parametrisierte Komplexität des Feedback-Arc-Set-Problems auf Turniergraphen ist ein ausgiebig studiertes Problem. Seine Fixed-Parameter-Tractability wurde von Raman und Saurab [RS06] durch Angeben eines Algorithmus mit Laufzeit $\mathcal{O}(2.415^k \cdot n^{\mathcal{O}(1)})$ gezeigt. Dom et al. [DGH$^+$10] geben einen Algorithmus an, der einen Kern, bestehend aus $\mathcal{O}(k^2)$ Knoten, berechnet. Dieses Resultat wird in [BFG$^+$11] verbessert, indem ein Kern bestehend aus $\mathcal{O}(k)$ Knoten errechnet wird. Die aktuell schnellsten Fixed-Parameter-Algorithmen zur Lösung des Feedback-Arc-Set-Problems auf Turniergraphen stammen von Alon et al. [ALS09] mit einer Laufzeit von $\mathcal{O}(2^{\mathcal{O}(\sqrt{k}+\log^2 k)} + n^{\mathcal{O}(1)})$ und von Karpinsky und Schudy [KS10] mit einer Laufzeit von $\mathcal{O}(2^{\mathcal{O}(\sqrt{k})} + n^{\mathcal{O}(1)})$.

Die **NP**-Härte des eingeschränkten Feedback-Arc-Set-Problems auf Turniergraphen ergibt sich sofort aus der **NP**-Härte des Feedback-Arc-Set-Problems auf Turniergraphen. Das eingeschränkte Feedback-Arc-Set-Problem auf Turniergraphen ist weiterhin 3-approximierbar und in Spezialfällen sogar 2-approximierbar [vZW09]. Der Approximationsalgorithmus aus [vZW09] wird im Beweis von Satz 4.4 leicht abgewandelt verwendet. Bezüglich seiner parametrisierten Komplexität wird das eingeschränkte Feedback-Arc-Set-Problem auf Turniergraphen bislang nicht gesondert untersucht, jedoch lässt sich zumindest der quadratische Kern aus [DGH$^+$10] für das Feedback-Arc-Set-Problem auf Turniergraphen leicht übertragen.

Eine Variante von Rangordnungsproblemen, die näher mit Feedback-Arc-Set-Problemen verwandt ist als die in dieser Arbeit untersuchten Probleme, sind Slater-Rankings. Hier wird für ein Paar von Kandidaten x und y nur berücksichtigt, welcher von beiden von der Mehrheit der Wähler bevorzugt wird, jedoch nicht die Differenz zwischen der Anzahl der Wähler, die x bevorzugen, und der Anzahl der Wähler, die y bevorzugen. Die Problemstellung ist **NP**-

vollständig, kann jedoch in Spezialfällen effizient gelöst werden [Con06].

Manipulierbarkeit von Wahlsystemen: Ein komplexes Forschungsgebiet im Bereich der Wahlsysteme, in welchem die Analyse von deren Komplexität eine zentrale Rolle spielt, ist die Frage nach deren Manipulierbarkeit. Hier wird festgestellt, dass jedes vernünftige Wahlsystem manipulierbar ist [Gib73, Sat75, DS00]. In fundamentalen Arbeiten von Bartholdi et al. [BTT89a, BTT92] und von Bartholdi und Orlin [BO91] wird deshalb die Frage nach der Komplexität einer Manipulation aufgeworfen. Da sich diese Arbeit nicht mit Fragen der Manipulierbarkeit auseinandersetzt, wird hier auf die Übersichten über dieses Forschungsgebiet von Faliszewski et al. [FHH10, FHHR06] verwiesen.

Grundlegende Arbeiten: Die vorliegende Arbeit befasst sich mit der Analyse von Problemen in mehreren Teilbereichen der Algorithmik, zu denen grundlegende Arbeiten und eine Vielzahl von Büchern existieren. Die Grundlagen der Algorithmik und der effizienten Algorithmen finden sich beispielsweise in [CLRS00]. Speziell mit Approximationsalgorithmen befassen sich beispielsweise [Hoc97, Vaz04]. Für einen Einblick in die parametrisierte Komplexität wird auf die Arbeiten von Downey und Fellows [DF99], Flum und Grohe [FG06], sowie Niedermeier [Nie06] verwiesen. Die Grundlagen der Komplexitätstheorie werden in [GJ90, Pap94] zusammengefasst. Die grundlegenden Arbeiten zur polynomiellen Hierarchie stammen von Stockmeyer [Sto76], Wagner [Wag87, Wag90] sowie Buss und Hay [BH91].

Fazit: Aus der Übersicht über die verwandten Arbeiten lässt sich feststellen, dass es sich bei vorliegendem Themengebiet um ein sehr altes und ausgiebig studiertes Forschungsgebiet handelt. Auffällig ist, dass sich die Anwendungsgebiete im Laufe der Zeit stark verschoben haben, was auch der Erforschung des Themengebiets immer wieder neue Impulse gegeben hat. Während ursprünglich die Frage der Fairness einer (politischen) Wahl im Vordergrund stand, ist durch neue Anwendungen in der heutigen Zeit die Komplexität der Probleme zu einem entscheidenden Aspekt geworden. Zu den klassischen Meilensteinen der Analyse von Wahlsystemen beispielsweise von Condorcet [Con85], Borda [Bor81], Arrow [Arr50], Kemeny [Kem59], Dodgson [Dod76] und Young [You77] sind dementsprechend einige neue, entscheidende Arbeiten hinzugekommen. So haben z. B. die Arbeiten von Bartholdy et al. [BTT89b] und von Dwork et al. [DKNS01a] die Erforschung der Komplexität von Wahlsystemen angestoßen bzw. motiviert.

Als Ausgangspunkt für die vorliegende Arbeit können die Arbeiten von

Critchlow [Cri85] und von Fagin et al. [FKM+06] gesehen werden. Hier wurden Kendalls Tau-Distanz und Spearmans Footrule-Distanz von totalen Ordnungen auf schwache Ordnungen verallgemeinert und in den Kontext der Rangordnungsprobleme gestellt, so dass sich unmittelbar die Frage nach der Betrachtung noch allgemeinerer Ordnungen stellte.

3

Grundlagen

In diesem Kapitel werden teils bekannte und teils neue Sachverhalte aufgezeigt, die im weiteren Verlauf der Arbeit immer wieder benötigt werden, oder die für zukünftige Arbeiten von Bedeutung sein könnten.

3.1 Distanzen auf allgemeinen Ordnungen

3.1.1 Alternative Sichtweise auf Distanzprobleme

Eine alternative Sicht auf Distanzprobleme ergibt sich durch die Darstellung der Minimalversion, der Maximalversion, der Hausdorff-Version nd der Zentralversion einer Distanz mit Quantoren. Diese Sichtweise wird im Laufe der Arbeit mehrmals intuitiv verwendet. Ihre Korrektheit ergibt sich direkt aus der Definition der Distanzprobleme (Definition 1.6) und der Definition von Distanzen auf allgemeineren Ordnungen (Definition 1.3).

Lemma 3.1. *Seien κ und μ partielle Ordnungen über einer Domäne $\mathcal{D}$, sei $k \in \mathbb{N}$ und sei d Kendalls Tau-Distanz bzw. Spearmans Footrule-Distanz. Dann gilt*

(i) für das Distanzproblem unter d_{Min} für κ und μ:

$$d_{Min}(\kappa,\mu) \leq k \Leftrightarrow \exists_{\kappa' \in \text{Ext}(\kappa)} \exists_{\mu' \in \text{Ext}(\mu)} d(\kappa',\mu') \leq k$$

(ii) für das Distanzproblem unter d_{Max} für κ und μ:

$$d_{Max}(\kappa,\mu) \leq k \Leftrightarrow \forall_{\kappa' \in \text{Ext}(\kappa)} \forall_{\mu' \in \text{Ext}(\mu)} d(\kappa',\mu') \leq k$$

(iii) für das Distanzproblem unter d_H für κ und μ:

$$d_H(\kappa,\mu) \leq k$$

$$\Leftrightarrow$$

$$\forall_{\kappa' \in \text{Ext}(\kappa)} \exists_{\mu' \in \text{Ext}(\mu)} d(\kappa',\mu') \leq k \wedge \forall_{\mu' \in \text{Ext}(\mu)} \exists_{\kappa' \in \text{Ext}(\kappa)} d(\kappa',\mu') \leq k$$

(iv) für das Distanzproblem unter d_Z für κ und μ:

$$d_Z(\kappa,\mu) \leq k$$

$$\Leftrightarrow$$

$$\exists_{\kappa' \in \text{Ext}(\kappa)} \forall_{\mu' \in \text{Ext}(\mu)} d(\kappa',\mu') \leq k \vee \exists_{\mu' \in \text{Ext}(\mu)} \forall_{\kappa' \in \text{Ext}(\kappa)} d(\kappa',\mu') \leq k$$

3.1.2 Die Verallgemeinerungen einer Distanz auf totalen Ordnungen

Betrachtet man die Minimalversion, Maximalversion, Hausdorff-Version und Zentralversion einer Distanz zwischen zwei totalen Ordnungen, so stellt man sofort fest, dass alle Distanzen zusammenfallen.

Lemma 3.2. *Seien σ und τ zwei totale Ordnungen über einer Domäne $\mathcal{D}$ und sei d Kendalls Tau-Distanz bzw. Spearmans Footrule-Distanz. Dann gilt $d(\sigma,\tau) = d_{Min}(\sigma,\tau) = d_{Max}(\sigma,\tau) = d_H(\sigma,\tau) = d_Z(\sigma,\tau)$.*

Beweis. Die Aussage folgt unmittelbar aus der Tatsache, dass für totale Ordnungen σ und τ offensichtlich $\text{Ext}(\sigma) = \{\sigma\}$ und $\text{Ext}(\tau) = \{\tau\}$ gilt. □

Aufgrund dieser Erkenntnis wird im weiteren Verlauf der Arbeit für zwei totale Ordnungen keine Unterscheidung zwischen d, d_{Min}, d_{Max}, d_H und d_Z gemacht und einfach von der d Distanz zwischen zwei totalen Ordnungen gesprochen.

3.1. Distanzen auf allgemeinen Ordnungen

Für Distanzprobleme, bei denen zumindest noch eine Ordnung total ist, fallen ebenfalls Distanzen zusammen. Auch hier wird ausgenutzt, dass $\text{Ext}(\sigma) = \{\sigma\}$ für jede totale Ordnung σ gilt. Betrachtet man die Minimalversion, Maximalversion, Hausdorff-Version und Zentralversion einer Distanz zwischen einer totalen und einer partiellen Ordnung, so lässt sich folgendes Ergebnis festhalten.

Lemma 3.3. *Sei σ eine totale Ordnung und sei κ eine partielle Ordnung über einer Domäne $\mathcal{D}$ und sei d Kendalls Tau Distanz bzw. Spearmans Footrule-Distanz. Dann gilt $d_{Min}(\kappa, \sigma) = d_Z(\kappa, \sigma)$ und $d_{Max}(\kappa, \sigma) = d_H(\kappa, \sigma)$.*

Beweis. Es wird zunächst $d_{Min}(\kappa, \sigma) = d_Z(\kappa, \sigma)$ gezeigt. Für $d_{Min}(\kappa, \sigma)$ und ein $k \in \mathbb{N}$ gilt

$$d_{Min}(\kappa, \sigma) \leq k \Leftrightarrow \exists_{\kappa' \in \text{Ext}(\kappa)} \exists_{\sigma' \in \text{Ext}(\sigma)} d(\kappa', \sigma') \leq k$$

$$\Leftrightarrow \exists_{\kappa' \in \text{Ext}(\kappa)} d(\kappa', \sigma) \leq k \,.$$

Die erste Äquivalenz gilt aufgrund von Lemma 3.1. Da σ eine totale Ordnung ist, gilt $\text{Ext}(\sigma) = \{\sigma\}$ und daraus folgt die zweite Äquivalenz.

Für $d_Z(\kappa, \sigma)$ und ein $k \in \mathbb{N}$ gilt

$$d_Z(\kappa, \sigma) \leq k \Leftrightarrow \exists_{\kappa' \in \text{Ext}(\kappa)} \forall_{\sigma' \in \text{Ext}(\sigma)} d(\kappa', \sigma') \leq k \vee \exists_{\sigma' \in \text{Ext}(\sigma)} \forall_{\kappa' \in \text{Ext}(\kappa)} d(\kappa', \sigma') \leq k$$

$$\Leftrightarrow \exists_{\kappa' \in \text{Ext}(\kappa)} d(\kappa', \sigma) \leq k \vee \forall_{\kappa' \in \text{Ext}(\kappa)} d(\kappa', \sigma) \leq k$$

$$\Leftrightarrow \exists_{\kappa' \in \text{Ext}(\kappa)} d(\kappa', \sigma) \leq k \,.$$

Die ersten beiden Äquivalenzen gelten analog zu oben. Die dritte Äquivalenz gilt, da offensichtlich das zweite Argument der Disjunktion das erste Argument impliziert. Damit gilt $d_{Min}(\kappa, \sigma) \leq k \Leftrightarrow d_Z(\kappa, \sigma) \leq k$ und damit $d_{Min}(\kappa, \sigma) = d_Z(\kappa, \sigma)$.

Es wird nun $d_{Max}(\kappa, \sigma) = d_H(\kappa, \sigma)$ gezeigt. Die einzelnen Äquivalenzen gelten analog zu eben. Für $d_{Max}(\kappa, \sigma)$ und ein $k \in \mathbb{N}$ gilt

$$d_{Max}(\kappa, \sigma) \leq k \Leftrightarrow \forall_{\kappa' \in \text{Ext}(\kappa)} \forall_{\sigma' \in \text{Ext}(\sigma)} d(\kappa', \sigma') \leq k$$

$$\Leftrightarrow \forall_{\kappa' \in \text{Ext}(\kappa)} d(\kappa', \sigma) \leq k \,.$$

Für $d_H(\kappa, \sigma)$ und ein $k \in \mathbb{N}$ gilt

$$d_H(\kappa, \sigma) \leq k \Leftrightarrow \forall_{\kappa' \in \text{Ext}(\kappa)} \exists_{\sigma' \in \text{Ext}(\sigma)} d(\kappa', \sigma') \leq k \wedge \forall_{\sigma' \in \text{Ext}(\sigma)} \exists_{\kappa' \in \text{Ext}(\kappa)} d(\kappa', \sigma') \leq k$$

$$\Leftrightarrow \forall_{\kappa' \in \text{Ext}(\kappa)} d(\kappa', \sigma) \leq k \wedge \exists_{\kappa' \in \text{Ext}(\kappa)} d(\kappa', \sigma) \leq k$$

$$\Leftrightarrow \forall_{\kappa' \in \text{Ext}(\kappa)} d(\kappa', \sigma) \leq k\,.$$

Damit gilt $d_{Max}(\kappa, \sigma) \leq k \Leftrightarrow d_H(\kappa, \sigma) \leq k$ und damit $d_{Max}(\kappa, \sigma) = d_H(\kappa, \sigma)$.
$\square$

3.1.3 Distanzen, Distanzmaße und Metriken

Bei der Betrachtung von Distanzen kann es aus vielerlei Hinsicht nützlich sein, dass diese die Eigenschaften einer Metrik erfüllen. Kendalls Tau-Distanz für totale Ordnungen und Spearmans Footrule-Distanz für totale Ordnungen sind als Metriken bekannt [KG90]. Da für eine Metrik d ihre Hausdorff-Version ebenfalls eine Metrik ist [Hau78], sind auch die Hausdorff-Version von Kendalls Tau-Distanz auf partiellen Ordnungen und die Hausdorff-Version von Spearmans Footrule-Distanz auf partiellen Ordnungen Metriken. Durch ein einfaches Gegenbeispiel lässt sich zeigen, dass die weiteren in dieser Arbeit betrachteten Distanzen keine Metriken sind.

Lemma 3.4. *Die folgenden Distanzen sind keine Metriken:*

(i) die Minimalversion von Kendalls Tau-Distanz für schwache Ordnungen,

(ii) die Minimalversion von Spearmans Footrule-Distanz für schwache Ordnungen,

(iii) die Maximalversion von Kendalls Tau-Distanz für schwache Ordnungen,

(iv) die Maximalversion von Spearmans Footrule-Distanz für schwache Ordnungen,

(v) die Zentralversion von Kendalls Tau-Distanz für schwache Ordnungen und

(vi) die Zentralversion von Spearmans Footrule-Distanz für schwache Ordnungen.

3.1. Distanzen auf allgemeinen Ordnungen 43

Beweis. Alle Aussagen lassen sich durch Auswerten eines einfachen Gegenbeispiels zeigen. Sei dazu $\mathcal{D} = \{c_1, c_2, c_3, c_4\}$ und seien die Ordnungen κ und μ über $\mathcal{D}$ wie folgt gegeben.

$$c_1 \prec_\kappa c_2 \prec_\kappa c_3 \prec_\kappa c_4$$

$$c_4 \prec_\mu c_3 \prec_\mu c_2 \prec_\mu c_1$$

Zusätzlich sei ν die leere Ordnung über $\mathcal{D}$.

(i) Es gilt $K_{Min}(\kappa, \nu) = 0$, $K_{Min}(\mu, \nu) = 0$ und $K_{Min}(\kappa, \mu) = 6$.

(ii) Es gilt $F_{Min}(\kappa, \nu) = 0$, $F_{Min}(\mu, \nu) = 0$ und $F_{Min}(\kappa, \mu) = 8$.

(iii) Es gilt $K_{Max}(\nu, \nu) = 6$.

(iv) Es gilt $F_{Max}(\nu, \nu) = 8$.

(v) Es gilt $K_Z(\kappa, \nu) = 0$, $K_Z(\mu, \nu) = 0$ und $K_Z(\kappa, \mu) = 6$.

(vi) Es gilt $F_Z(\kappa, \nu) = 0$, $F_Z(\mu, \nu) = 0$ und $F_Z(\kappa, \mu) = 8$.

Aus diesem Beispiel lässt sich sofort ablesen, dass die Minimalversion n die Zentralversion von Kendalls Tau-Distanz bzw. Spearmans Footrule-Distanz sowohl die Bedingung der Regularität als auch die Dreiecksungleichung verletzen. Ebenso verletzt die Maximalversion von Kendalls Tau-Distanz bzw. Spearmans Footrule-Distanz die Bedingung der Regularität. Damit ist keine der Distanzen ein Distanzmaß oder eine Metrik.

Der Vollständigkeit halber wird noch bewiesen, dass die Maximalversion von Kendalls Tau-Distanz bzw. Spearmans Footrule-Distanz für partielle Ordnungen die Dreiecksungleichung erfüllt. Seien dazu κ, μ und ν beliebige partielle Ordnungen über einer Domäne $\mathcal{D}$. Seien weiterhin $\kappa' \in \text{Ext}(\kappa)$ und $\mu' \in \text{Ext}(\mu)$ totale Erweiterungen, so dass gilt $K_{Max}(\kappa, \mu) = K(\kappa', \mu')$. Sei zuletzt $\nu' \in \text{Ext}(\nu)$ eine beliebige totale Erweiterung von ν. Da Kendalls Tau-Distanz auf totalen Ordnungen eine Metrik ist, folgt $K(\kappa', \mu') \leq K(\kappa', \nu') + K(\nu', \mu')$. Da aber $K(\kappa', \nu') \leq K_{Max}(\kappa, \nu)$ und $K(\nu', \mu') \leq K_{Max}(\nu, \mu)$ gilt, ergibt sich sofort $K_{Max}(\kappa, \mu) \leq K_{Max}(\kappa, \nu) + K_{Max}(\nu, \mu)$. Damit gilt die Dreiecksungleichung für die Maximalversion von Kendalls Tau-Distanz. Für den entsprechenden Beweis für die Maximalversion von Spearmans Footrule-Distanz seien $\kappa'' \in \text{Ext}(\kappa)$ und $\mu'' \in \text{Ext}(\mu)$ totale Erweiterungen, so dass gilt $F_{Max}(\kappa, \mu) = F(\kappa'', \mu'')$. Weiterhin sei $\nu'' \in \text{Ext}(\nu)$ eine beliebige totale Erweiterung von ν. Da Spearmans Footrule-Distanz auf totalen Ordnungen eine Metrik ist, folgt $F(\kappa'', \mu'') \leq F(\kappa'', \nu'') + F(\nu'', \mu'')$. Da aber $F(\kappa'', \nu'') \leq F_{Max}(\kappa, \nu)$ und $F(\nu'', \mu'') \leq F_{Max}(\nu, \mu)$ gilt, ergibt sich $F_{Max}(\kappa, \mu) \leq F_{Max}(\kappa, \nu) + F_{Max}(\nu, \mu)$. Damit gilt die Dreiecksungleichung für die Maximalversion von Spearmans Footrule-Distanz. □

3.2 Erweiterung und Anpassung der Ergebnisse von Fagin et al. über Verfeinerungen

Fagin et al. [FKM+06] untersuchen die Hausdorff-Version von Kendalls Tau-Distanz und die Hausdorff-Version von Spearmans Footrule-Distanz für schwache Ordnungen. Im Laufe der Arbeit werden diese Erkenntnisse auf andere Distanzen für schwache Ordnungen übertragen. In diesem Abschnitt werden nun zwei Aussagen aus [FKM+06] angegeben und für die Zwecke dieser Arbeit geeignet abgewandelt, sodass insgesamt sechs Aussagen entstehen, die für die Berechnung der Minimalversion, der Maximalversion, der Hausdorff-Version und der Zentralversion von Kendalls Tau-Distanz bzw. Spearmans Footrule-Distanz von zentraler Bedeutung sein werden.

Lemma 3.7 und Lemma 3.9 befassen sich mit einer totalen Ordnung σ und einer schwachen Ordnung κ über einer Domäne $\mathcal{D}$. Gesucht ist eine totale Erweiterung $\tau \in \text{Ext}(\kappa)$, so dass $K(\tau, \sigma)$ minimal ist unter allen totalen Erweiterungen von κ bzw. $F(\tau, \sigma)$ minimal ist unter allen totalen Erweiterungen von κ bzw. $K(\tau, \sigma)$ maximal ist unter allen totalen Erweiterungen von κ bzw. $F(\tau, \sigma)$ maximal ist unter allen totalen Erweiterungen von κ. Lemma 3.7 und Lemma 3.9 ermitteln nun mit welcher totalen Ordnung κ verfeinert werden muss um als Ergebnis τ zu erhalten. Die Ergebnisse der beiden Lemmata sind in Tabelle 3.1 aufgelistet.

Tabelle 3.1. Ergebnisse von Lemma 3.7 und Lemma 3.9 im Überblick

Lemma 3.7	$K(\tau, \sigma)$	wird minimiert für	$\tau = \sigma * \kappa$
Lemma 3.7	$F(\tau, \sigma)$	wird minimiert für	$\tau = \sigma * \kappa$
Lemma 3.9	$K(\tau, \sigma)$	wird maximiert für	$\tau = \sigma^R * \kappa$
Lemma 3.9	$F(\tau, \sigma)$	wird maximiert für	$\tau = \sigma^R * \kappa$

Lemma 3.8, Lemma 3.10, Lemma 3.11 und Lemma 3.12 befassen sich anschließend mit zwei schwachen Ordnungen μ und κ über einer Domäne $\mathcal{D}$. Gesucht ist eine totale Erweiterung $\sigma \in \text{Ext}(\mu)$, so dass $K(\sigma * \kappa, \sigma)$ minimal ist

3.2. Erweiterung und Anpassung der Ergebnisse von Fagin et al.

unter allen totalen Erweiterungen von μ bzw. $F(\sigma * \kappa, \sigma)$ minimal ist unter allen totalen Erweiterungen von μ bzw. $K(\sigma * \kappa, \sigma)$ maximal ist unter allen totalen Erweiterungen von μ bzw. $F(\sigma * \kappa, \sigma)$ maximal ist unter allen totalen Erweiterungen von μ bzw. $K(\sigma^R * \kappa, \sigma)$ minimal ist unter allen totalen Erweiterungen von μ bzw. $F(\sigma^R * \kappa, \sigma)$ minimal ist unter allen totalen Erweiterungen von μ bzw. $K(\sigma^R * \kappa, \sigma)$ maximal ist unter allen totalen Erweiterungen von μ bzw. $F(\sigma^R * \kappa, \sigma)$ maximal ist unter allen totalen Erweiterungen von μ. Lemma 3.8, Lemma 3.10, Lemma 3.11 und Lemma 3.12 ermitteln nun mit welcher totalen Ordnung μ verfeinert werden muss um als Ergebnis σ zu erhalten. Die Ergebnisse der Lemmata sind in Tabelle 3.2 aufgelistet.

Tabelle 3.2. Ergebnisse von Lemma 3.8, Lemma 3.10, Lemma 3.11 und Lemma 3.12 im Überblick

Lemma 3.8	$K(\sigma * \kappa, \sigma)$	wird maximiert für	$\sigma = \rho * \kappa^R * \mu$
Lemma 3.8	$F(\sigma * \kappa, \sigma)$	wird maximiert für	$\sigma = \rho * \kappa^R * \mu$
Lemma 3.10	$K(\sigma * \kappa, \sigma)$	wird minimiert für	$\sigma = \rho * \kappa * \mu$
Lemma 3.10	$F(\sigma * \kappa, \sigma)$	wird minimiert für	$\sigma = \rho * \kappa * \mu$
Lemma 3.11	$K(\sigma^R * \kappa, \sigma)$	wird maximiert für	$\sigma = \rho * \kappa^R * \mu$
Lemma 3.11	$F(\sigma^R * \kappa, \sigma)$	wird maximiert für	$\sigma = \rho * \kappa^R * \mu$
Lemma 3.12	$K(\sigma^R * \kappa, \sigma)$	wird minimiert für	$\sigma = \rho * \kappa * \mu$
Lemma 3.12	$F(\sigma^R * \kappa, \sigma)$	wird minimiert für	$\sigma = \rho * \kappa * \mu$

Vor den bereits erwähnten zentralen Aussagen dieses Abschnitts werden zwei Aussagen aus [FKM+06], die für deren Beweis benötigt werden, angegeben.

Lemma 3.5. *[FKM+06] Seien $i_1, i_2, j_1, j_2 \in \mathbb{N}$ und gelte $i_1 \leq j_1$ und $i_2 \leq j_2$. Dann gilt $|i_1 - i_2| + |j_1 - j_2| \leq |i_1 - j_2| + |i_2 - j_1|$.*

Lemma 3.6. *[FKM+06] Sei σ eine totale Ordnung und sei κ eine schwache Ordnung über einer Domäne $\mathcal{D}$. Weiterhin gelte $\sigma \neq \kappa$. Dann existieren Kandidaten $x, y \in \mathcal{D}$, so dass $\sigma(y) = \sigma(x) + 1$ und $y \prec_\kappa x$ oder $y \cong_\kappa x$ gilt. Wenn κ ebenfalls eine totale Ordnung ist, dann gilt $y \prec_\kappa x$.*

Im Folgenden werden nun die oben bereits im Überblick erwähnten Aussagen vorgestellt. Die ersten beiden Aussagen sind direkt aus [FKM+06] übernommen und werden deshalb ohne Beweis angegeben.

Lemma 3.7. *[FKM$^+$06] Sei σ eine totale Ordnung und sei κ eine schwache Ordnung über einer Domäne $\mathcal{D}$. Dann wird $F(\tau, \sigma)$ über allen $\tau \in \mathrm{Ext}(\kappa)$ minimiert für $\tau = \sigma * \kappa$. Ebenso wird $K(\tau, \sigma)$ über allen $\tau \in \mathrm{Ext}(\kappa)$ minimiert für $\tau = \sigma * \kappa$.*

Lemma 3.8. *[FKM$^+$06] Seien κ und μ schwache Ordnungen und sei ρ eine beliebige totale Ordnung über einer Domäne $\mathcal{D}$. Dann wird $F(\sigma * \kappa, \sigma)$ über allen $\sigma \in \mathrm{Ext}(\mu)$ maximiert für $\sigma = \rho * \kappa^R * \mu$. Ebenso wird $K(\sigma * \kappa, \sigma)$ über allen $\sigma \in \mathrm{Ext}(\mu)$ maximiert für $\sigma = \rho * \kappa^R * \mu$.*

Analog zu Lemma 3.7 und Lemma 3.8 werden nun die weiteren Aussagen bewiesen. Dabei lassen sich die Beweistechniken aus [FKM$^+$06] übertragen.

Lemma 3.9. *(angepasst aus [FKM$^+$06]) Sei σ eine totale Ordnung und sei κ eine schwache Ordnung über einer Domäne $\mathcal{D}$. Dann wird $F(\tau, \sigma)$ über allen $\tau \in \mathrm{Ext}(\kappa)$ maximiert für $\tau = \sigma^R * \kappa$. Ebenso wird $K(\tau, \sigma)$ über allen $\tau \in \mathrm{Ext}(\kappa)$ maximiert für $\tau = \sigma^R * \kappa$.*

Beweis. Für eine totale Erweiterung $\tau \in \mathrm{Ext}(\kappa)$ existiert eine totale Ordnung π über $\mathcal{D}$, so dass gilt $\tau = \pi * \kappa$. Die Aussage des Lemmas wird nun bewiesen, indem gezeigt wird, dass $F(\sigma, \sigma^R * \kappa) \geq F(\sigma, \pi * \kappa)$ und $K(\sigma, \sigma^R * \kappa) \geq K(\sigma, \pi * \kappa)$ für alle totalen Ordnungen π über $\mathcal{D}$ gilt. Sei nun

$$U = \{\pi \in \mathbb{M}_t(\mathcal{D}) : F(\sigma, \sigma^R * \kappa) < F(\sigma, \pi * \kappa)\}$$

und sei

$$V = \{\pi \in \mathbb{M}_t(\mathcal{D}) : K(\sigma, \sigma^R * \kappa) < K(\sigma, \pi * \kappa)\}.$$

Weiterhin sei $S = U \cup V$.

Wenn S leer ist, dann ist das Lemma bewiesen. Deshalb wird nun angenommen, dass S nicht leer ist und dies zum Widerspruch geführt. Von allen totalen Ordnungen aus S wird nun π^+ derart gewählt, dass $K(\sigma^R, \pi^+)$ minimiert wird. Offensichtlich gilt $\sigma^R \notin S$, denn $\sigma^R \in S$ würde $F(\sigma, \sigma^R * \kappa) < F(\sigma, \sigma^R * \kappa)$ oder $K(\sigma, \sigma^R * \kappa) < K(\sigma, \sigma^R * \kappa)$ implizieren. Damit ist $\sigma^R \neq \pi^+$ und nach Lemma 3.6 existieren $x, y \in \mathcal{D}$ mit $\pi^+(y) = \pi^+(x) + 1$ und $y \prec_{\sigma^R} x$. Sei nun π^* diejenige totale Ordnung, die aus π^+ durch eine lokale Vertauschung von x und y entsteht. Dann gilt $K(\sigma^R, \pi^*) = K(\sigma^R, \pi^+) - 1$. Falls also im Folgenden festgestellt wird, dass $\pi^* \in S$ gilt, so stellt dies einen Widerspruch dar zur Annahme, dass π^+ von allen totalen Ordnungen aus S Kendalls Tau-Distanz zu σ^R minimiert. Das Lemma kann also gezeigt werden, indem $\pi^* \in S$ gezeigt wird.

3.2. Erweiterung und Anpassung der Ergebnisse von Fagin et al.

Es werden nun zwei Fälle unterschieden, je nachdem ob x und y in κ unentschieden sind oder nicht.

Fall 1: Die Kandidaten x und y sind in κ nicht unentschieden, sondern es gilt entweder $x \prec_\kappa y$ oder $y \prec_\kappa x$. In beiden Fällen gilt nun $\pi^+ * \kappa = \pi^* * \kappa$, denn π^+ und π^* unterschieden sich nur bezüglich der Vorgabe für x und y voneinander.

Fall 1a: Es gilt $\pi^+ \in U$. Aus $\pi^+ * \kappa = \pi^* * \kappa$ folgt sofort $F(\sigma, \pi^+ * \kappa) = F(\sigma, \pi^* * \kappa)$. Damit impliziert $F(\sigma, \sigma^R * \kappa) < F(\sigma, \pi^+ * \kappa)$ auch $F(\sigma, \sigma^R * \kappa) < F(\sigma, \pi^* * \kappa)$ und es gilt $\pi^* \in U$ und damit $\pi^* \in S$. Damit ergibt sich ein Widerspruch zur Tatsache, dass π^+ von allen totalen Ordnungen in S Kendalls Tau-Distanz zu σ^R minimiert.

Fall 1b: Es gilt $\pi^+ \in V$. Aus $\pi^+ * \kappa = \pi^* * \kappa$ folgt nun $K(\sigma, \pi^+ * \kappa) = K(\sigma, \pi^* * \kappa)$. Damit impliziert $K(\sigma, \sigma^R * \kappa) < K(\sigma, \pi^+ * \kappa)$ auch $K(\sigma, \sigma^R * \kappa) < K(\sigma, \pi^* * \kappa)$ und es gilt $\pi^* \in V$ und damit $\pi^* \in S$. Erneut ergibt sich ein Widerspruch zur Tatsache, dass π^+ von allen totalen Ordnungen in S Kendalls Tau-Distanz zu σ^R minimiert.

Fall 2: Die Kandidaten x und y sind in κ unentschieden, d. h. es gilt $x \cong_\kappa y$. Das bedeutet, dass x und y von κ in derselben Klasse geordnet werden. Dann gilt $(\pi^+ * \kappa)(x) = (\pi^* * \kappa)(y)$ und $(\pi^+ * \kappa)(y) = (\pi^* * \kappa)(x)$. Aus $\pi^+(x) < \pi^+(y)$ folgt nun $x \prec_{\pi^+ * \kappa} y$. Analog folgt $y \prec_{\pi^* * \kappa} x$ aus $\pi^*(y) < \pi^*(x)$. Weiterhin ist bekannt, dass $\sigma^R(y) < \sigma^R(x)$ ist, und damit dass $\sigma(x) < \sigma(y)$ gilt.

Fall 2a: Es gilt $\pi^+ \in U$. An dieser Stelle wird Lemma 3.5 verwendet mit $i_1 = \sigma(x)$, $i_2 = (\pi^+ * \kappa)(x)$, $j_1 = \sigma(y)$ und $j_2 = (\pi^+ * \kappa)(y)$. Dann gilt

$$\left|\sigma(x) - (\pi^+ * \kappa)(x)\right| + \left|\sigma(y) - (\pi^+ * \kappa)(y)\right|$$
$$\leq \left|\sigma(x) - (\pi^+ * \kappa)(y)\right| + \left|\sigma(y) - (\pi^+ * \kappa)(x)\right|.$$

Wegen $(\pi^+ * \kappa)(x) = (\pi^* * \kappa)(y)$ und $(\pi^+ * \kappa)(y) = (\pi^* * \kappa)(x)$ folgt nun

$$\left|\sigma(x) - (\pi^+ * \kappa)(x)\right| + \left|\sigma(y) - (\pi^+ * \kappa)(y)\right|$$
$$\leq \left|\sigma(x) - (\pi^* * \kappa)(x)\right| + \left|\sigma(y) - (\pi^* * \kappa)(y)\right|.$$

Das bedeutet, der Beitrag von x und y zu $F(\pi^* * \kappa, \sigma)$ ist mindestens so groß wie ihr Beitrag zu zu $F(\pi^+ * \kappa, \sigma)$. Da sich der Beitrag aller anderen Kandidaten zu $F(\pi^* * \kappa, \sigma)$ und zu $F(\pi^+ * \kappa, \sigma)$ nicht unterscheidet, folgt $F(\sigma^R * \kappa, \sigma) < F(\pi^+ * \kappa, \sigma) \leq F(\pi^* * \kappa, \sigma)$. Daraus folgt $\pi^* \in U$ und damit $\pi^* \in S$. Dies ist ein Widerspruch zur Tatsache, dass π^+ von allen totalen Ordnungen in S Kendalls Tau-Distanz zu σ^R minimiert.

Fall 2b: Es gilt $\pi^+ \in V$. Da π^+ und π^* die Kandidaten x und y direkt nebeneinander ordnen, und da x und y von κ in einer Klasse geordnet werden, folgt sofort, dass x und y auch in $\pi^+ * \kappa$ und in $\pi^* * \kappa$ direkt nebeneinander geordnet werden. Damit unterscheiden sich $\pi^+ * \kappa$ und $\pi^* * \kappa$ ausschließlich bezüglich der Vorgabe für x und y voneinander. Da $\sigma^R(y) < \sigma^R(x)$ und damit $\sigma(x) < \sigma(y)$ gilt, folgt $K(\pi^* * \kappa, \sigma) > K(\pi^+ * \kappa, \sigma)$. Damit ergibt sich $K(\sigma^R * \kappa, \sigma) < K(\pi^+ * \kappa, \sigma) < K(\pi^* * \kappa, \sigma)$ und es gilt $\pi^* \in V$ und damit $\pi^* \in S$. Dies ist erneut ein Widerspruch zur Tatsache, dass π^+ von allen totalen Ordnungen in S Kendalls Tau-Distanz zu σ^R minimiert.

Da beide Fälle einen Widerspruch liefern, folgt $S = \emptyset$. Damit ist das Lemma bewiesen. □

Lemma 3.10. *(angepasst aus [FKM$^+$06]) Seien κ und μ zwei schwache Ordnungen und sei ρ eine beliebige totale Ordnung über einer Domäne $\mathcal{D}$. Dann wird $F(\sigma, \sigma * \kappa)$ für alle $\sigma \in \mathrm{Ext}(\mu)$ minimiert für $\sigma = \rho * \kappa * \mu$. Ebenso wird $K(\sigma, \sigma * \kappa)$ für alle $\sigma \in \mathrm{Ext}(\mu)$ minimiert für $\sigma = \rho * \kappa * \mu$.*

Beweis. Es existiert für jedes $\sigma \in \mathrm{Ext}(\mu)$ eine totale Ordnung π über $\mathcal{D}$, so dass $\sigma = \pi * \mu$ gilt.

Es wird nun gezeigt, dass $\rho * \kappa$ unter anderem die beste Wahl für eine totale Ordnung π ist, wenn $F(\sigma, \sigma * \kappa)$ bzw. $K(\sigma, \sigma * \kappa)$ minimiert werden sollen. Das bedeutet, für alle totalen Ordnungen π über $\mathcal{D}$ gilt

$$K(\rho * \kappa * \mu, \rho * \kappa * \mu * \kappa) \leq K(\pi * \mu, \pi * \mu * \kappa)$$

und

$$F(\rho * \kappa * \mu, \rho * \kappa * \mu * \kappa) \leq F(\pi * \mu, \pi * \mu * \kappa).$$

Aus diesen Aussagen folgt sofort das Lemma.

Sei nun

$$U = \{\pi \in \mathbb{M}_t(\mathcal{D}) : F(\pi * \mu, \pi * \mu * \kappa) < F(\rho * \kappa * \mu, \rho * \kappa * \mu * \kappa)\}$$

und sei

$$V = \{\pi \in \mathbb{M}_t(\mathcal{D}) : K(\pi * \mu, \pi * \mu * \kappa) < K(\rho * \kappa * \mu, \rho * \kappa * \mu * \kappa)\}.$$

Weiterhin sei $S = U \cup V$.

Wenn S leer ist, dann ist das Lemma bewiesen. Deshalb wird nun angenommen, dass S nicht leer ist und dies zum Widerspruch geführt. Von allen totalen Ordnungen aus S wird nun π^+ derart gewählt, dass $K(\rho * \kappa, \pi^+)$ minimiert wird. Offensichtlich gilt $\rho * \kappa \notin S$, denn $\rho * \kappa \in S$ würde $F(\rho * \kappa * \mu, \rho * \kappa * \mu * \kappa) < F(\rho * \kappa * \mu, \rho * \kappa * \mu * \kappa)$ bzw. $K(\rho * \kappa * \mu, \rho * \kappa * \mu * \kappa) < K(\rho * \kappa * \mu, \rho * \kappa * \mu * \kappa)$ implizieren. Damit ist $\rho * \kappa \neq \pi^+$ und nach Lemma 3.6 existieren $x, y \in \mathcal{D}$ mit

$\pi^+(y) = \pi^+(x) + 1$ und $\rho * \kappa(y) < \rho * \kappa(x)$. Sei nun π^* diejenige totale Ordnung, die aus π^+ durch eine lokale Vertauschung von x und y entsteht. Dann gilt $K(\rho * \kappa, \pi^*) = K(\rho * \kappa, \pi^+) - 1$. Falls nun im Folgenden festgestellt wird, dass $\pi^* \in S$ gilt, so stellt dies einen Widerspruch dar zur Annahme, dass π^+ von allen totalen Ordnungen aus S Kendalls Tau-Distanz zu $\rho * \kappa$ minimiert. Das Lemma kann also bewiesen werden, indem $\pi^* \in S$ gezeigt wird.

Es werden nun drei Fälle unterschieden, je nachdem ob x und y in μ und in κ unentschieden sind.

Fall 1: Es gilt $x \prec_\mu y$ oder $y \prec_\mu x$. Dann folgt $\pi^* * \mu = \pi^+ * \mu$.

Fall 1a: Sei $\pi^+ \in U$. Wegen $\pi^* * \mu = \pi^+ * \mu$ ist nun $F(\pi^+ * \mu, \pi^+ * \mu * \kappa) = F(\pi^* * \mu, \pi^* * \mu * \kappa)$ und es gilt $\pi^* \in U$ und damit $\pi^* \in S$. Damit ergibt sich ein Widerspruch zur Tatsache, dass π^+ von allen totalen Ordnungen in S Kendalls Tau-Distanz zu $\rho * \kappa$ minimiert.

Fall 1b: Sei $\pi^+ \in V$. Dann folgt aus $\pi^* * \mu = \pi^+ * \mu$ sofort $K(\pi^+ * \mu, \pi^+ * \mu * \kappa) = K(\pi^* * \mu, \pi^* * \mu * \kappa)$ und es gilt $\pi^* \in V$ und damit $\pi^* \in S$. Erneut ergibt sich ein Widerspruch zur Tatsache, dass π^+ von allen totalen Ordnungen in S Kendalls Tau-Distanz zu $\rho * \kappa$ minimiert.

Fall 2: Es gilt $x \cong_\mu y$ und $x \cong_\kappa y$. Damit werden die Positionen von x und y sowohl in $\pi^* * \mu$ im Vergleich zu $\pi^+ * \mu$ als auch in $\pi^* * \mu * \kappa$ im Vergleich zu $\pi^+ * \mu * \kappa$ vertauscht.

Fall 2a: Sei $\pi^+ \in U$. Aus obiger Überlegung folgt nun

$$\left|(\pi^+ * \mu)(x) - (\pi^+ * \mu * \kappa)(x)\right| = \left|(\pi^* * \mu)(y) - (\pi^* * \mu * \kappa)(y)\right|$$

und

$$\left|(\pi^+ * \mu)(y) - (\pi^+ * \mu * \kappa)(y)\right| = \left|(\pi^* * \mu)(x) - (\pi^* * \mu * \kappa)(x)\right|.$$

Damit tragen x und y zusammen zu $F(\pi^+ * \mu, \pi^+ * \mu * \kappa)$ genauso viel bei wie zu $F(\pi^* * \mu, \pi^* * \mu * \kappa)$. Da alle anderen Kandidaten ebenfalls zu $F(\pi^+ * \mu, \pi^+ * \mu * \kappa)$ genauso viel beitragen wie zu $F(\pi^* * \mu, \pi^* * \mu * \kappa)$ folgt $F(\pi^+ * \mu, \pi^+ * \mu * \kappa) = F(\pi^* * \mu, \pi^* * \mu * \kappa)$. Daraus wiederum folgt $\pi^* \in U$ und damit $\pi^* \in S$. Dies ist ein Widerspruch zur Tatsache, dass π^+ von allen totalen Ordnungen in S Kendalls Tau Distanz zu $\rho * \kappa$ minimiert.

Fall 2b: Sei $\pi^+ \in V$. Da π^+ und π^* die Kandidaten x und y direkt nebeneinander ordnen, und da x und y von κ und von μ jeweils in einer Klasse geordnet werden, folgt sofort, dass x und y auch in $\pi^+ * \mu$, $\pi^* * \mu$, $\pi^+ * \mu * \kappa$ und in $\pi^* * \mu * \kappa$ direkt nebeneinander geordnet werden. Damit folgt, dass sich $\pi^+ * \mu$ und $\pi^* * \mu$ ausschließlich in der Vorgabe bezüglich x und y unterscheiden, und dass sich $\pi^+ * \mu * \kappa$ und $\pi^* * \mu * \kappa$ ebenfalls ausschließlich in der Vorgabe bezüglich x

und y unterscheiden. Damit gilt $K(\pi^+ * \mu, \pi^+ * \mu * \kappa) = K(\pi^* * \mu, \pi^* * \mu * \kappa)$. Daraus wiederum folgt $\pi^* \in V$ und damit $\pi^* \in S$. Dies ist ein Widerspruch zur Tatsache, dass π^+ von allen totalen Ordnungen in S Kendalls Tau-Distanz zu $\rho * \kappa$ minimiert.

Fall 3: Es gilt $x \cong_\mu y$ und entweder $x \prec_\kappa y$ oder $y \prec_\kappa x$. Dann ergibt sich die folgende Situation. Zunächst entspricht $\pi^* * \mu$ wieder $\pi^+ * \mu$ bis auf die Tatsache, dass die nebeneinander geordneten Kandidaten x und y vertauscht sind. Außerdem gilt $\pi^+ * \mu * \kappa = \pi^* * \mu * \kappa$, da x und y in κ nicht unentschieden sind. Die Kandidaten x und y sind weiterhin so gewählt worden, dass $x \prec_{\pi^+} y$, $y \prec_{\pi^*} x$ und $y \prec_\kappa x$ gilt. Daraus folgt $x \prec_{\pi^+ * \mu} y$, $y \prec_{\pi^* * \mu} x$, $y \prec_{\pi^+ * \mu * \kappa} x$ und $y \prec_{\pi^* * \mu * \kappa} x$.

Fall 3a: Sei $\pi^+ \in U$. Es wird nun Lemma 3.5 folgendermaßen verwendet. Sei $i_1 = (\pi^* * \mu * \kappa)(y)$, $i_2 = (\pi^* * \mu)(y)$, $j_1 = (\pi^* * \mu * \kappa)(x)$ und $j_2 = (\pi^* * \mu)(x)$. Dann gilt

$$|(\pi^* * \mu * \kappa)(y) - (\pi^* * \mu)(y)| + |(\pi^* * \mu * \kappa)(x) - (\pi^* * \mu)(x)|$$
$$\leq |(\pi^* * \mu * \kappa)(y) - (\pi^* * \mu)(x)| + |(\pi^* * \mu)(y) - (\pi^* * \mu * \kappa)(x)| \,.$$

Aus der Tatsache, dass sich $\pi^* * \mu$ und $\pi^+ * \mu$ bis auf die nebeneinander geordneten und vertauschten Kandidaten x und y nicht unterscheiden, und dass $(\pi^* * \mu * \kappa)(x) = (\pi^+ * \mu * \kappa)(x)$ sowie $(\pi^* * \mu * \kappa)(y) = (\pi^+ * \mu * \kappa)(y)$ ist, folgt

$$|(\pi^* * \mu * \kappa)(y) - (\pi^* * \mu)(x)| + |(\pi^* * \mu)(y) - (\pi^* * \mu * \kappa)(x)|$$
$$= |(\pi^+ * \mu * \kappa)(y) - (\pi^+ * \mu)(y)| + |(\pi^+ * \mu)(x) - (\pi^+ * \mu * \kappa)(x)| \,.$$

Insgesamt ergibt sich also

$$|(\pi^* * \mu * \kappa)(y) - (\pi^* * \mu)(y)| + |(\pi^* * \mu * \kappa)(x) - (\pi^* * \mu)(x)|$$
$$\leq |(\pi^+ * \mu * \kappa)(y) - (\pi^+ * \mu)(y)| + |(\pi^+ * \mu)(x) - (\pi^+ * \mu * \kappa)(x)| \,.$$

Damit tragen x und y zusammen zu $F(\pi^+ * \mu, \pi^+ * \mu * \kappa)$ mindestens so viel bei wie zu $F(\pi^* * \mu, \pi^* * \mu * \kappa)$. Da alle anderen Kandidaten zu $F(\pi^+ * \mu, \pi^+ * \mu * \kappa)$ genauso viel beitragen wie zu $F(\pi^* * \mu, \pi^* * \mu * \kappa)$, folgt $F(\pi^* * \mu, \pi^* * \mu * \kappa) \leq F(\pi^+ * \mu, \pi^+ * \mu * \kappa)$. Daraus wiederum folgt $\pi^* \in U$ und damit $\pi^* \in S$. Dies ist ein Widerspruch zur Tatsache, dass π^+ von allen totalen Ordnungen in S Kendalls Tau-Distanz zu $\rho * \kappa$ minimiert.

Fall 3b: Sei $\pi^+ \in V$. Da sich $\pi^* * \mu$ und $\pi^+ * \mu$ bis auf die nebeneinander geordneten und vertauschten Kandidaten x und y nicht unterscheiden, und da $\pi^+ * \mu * \kappa = \pi^* * \mu * \kappa$ ist, folgt sofort, dass das Paar $\{x, y\}$ zu $K(\pi^+ * \mu, \pi^+ * \mu * \kappa)$ eins beiträgt, während es zu $K(\pi^* * \mu, \pi^* * \mu * \kappa)$ null beiträgt. Da alle anderen

3.2. Erweiterung und Anpassung der Ergebnisse von Fagin et al.   51

Paare zu $K(\pi^+ *\mu, \pi^+ *\mu *\kappa)$ beitragen, genau dann wenn sie zu $K(\pi^* *\mu, \pi^* *\mu *\kappa)$ beitragen, ergibt sich $K(\pi^* * \mu, \pi^* * \mu * \kappa) < K(\pi^+ * \mu, \pi^+ * \mu * \kappa)$ und es gilt $\pi^* \in V$ und damit $\pi^* \in S$. Dies ist erneut ein Widerspruch zur Tatsache, dass π^+ von allen totalen Ordnungen in S Kendalls Tau-Distanz zu $\rho * \kappa$ minimiert.

Da alle Fälle einen Widerspruch liefern, folgt $S = \emptyset$. Damit ist das Lemma bewiesen. □

Lemma 3.11. *(angepasst aus [FKM+06]) Seien κ und μ schwache Ordnungen und sei ρ eine beliebige totale Ordnung über einer Domäne $\mathcal{D}$. Dann wird $F(\sigma^R * \kappa, \sigma)$ über allen $\sigma \in \text{Ext}(\mu)$ maximiert für $\sigma = \rho * \kappa^R * \mu$. Ebenso wird $K(\sigma^R * \kappa, \sigma)$ über allen $\sigma \in \text{Ext}(\mu)$ maximiert für $\sigma = \rho * \kappa^R * \mu$.*

Beweis. Der Beweis der Aussage verläuft in weiten Teilen analog zum Beweis von Lemma 3.8 (aus [FKM+06]) und zum Beweis von Lemma 3.10.

Es existiert für jedes $\sigma \in \text{Ext}(\mu)$ eine totale Ordnung π über $\mathcal{D}$, so dass $\sigma = \pi * \mu$ gilt. Es wird gezeigt, dass $\rho * \kappa^R$ unter anderem die beste Wahl für eine totale Ordnung π ist, wenn $F(\sigma, \sigma^R * \kappa)$ bzw. $K(\sigma, \sigma^R * \kappa)$ maximiert werden sollen. Das bedeutet, für alle totalen Ordnungen π über $\mathcal{D}$ gilt

$$K(\rho * \kappa^R * \mu, (\rho * \kappa^R * \mu)^R * \kappa) \geq K(\pi * \mu, (\pi * \mu)^R * \kappa)$$

und

$$F(\rho * \kappa^R * \mu, (\rho * \kappa^R * \mu)^R * \kappa) \geq F(\pi * \mu, (\pi * \mu)^R * \kappa).$$

Aus diesen Aussagen folgt sofort das Lemma.

Da $(\rho * \kappa^R * \mu)^R * \kappa = \rho^R * \kappa * \mu^R * \kappa = \rho^R * \mu^R * \kappa$ ist, und da $(\pi * \mu)^R * \kappa = \pi^R * \mu^R * \kappa$ ist, ergibt sich für alle totalen Ordnungen π über $\mathcal{D}$

$$K(\rho * \kappa^R * \mu, \rho^R * \mu^R * \kappa) \geq K(\pi * \mu, \pi^R * \mu^R * \kappa)$$

und

$$F(\rho * \kappa^R * \mu, \rho^R * \mu^R * \kappa) \geq F(\pi * \mu, \pi^R * \mu^R * \kappa).$$

Zum Beweis dieser Aussagen sei wieder

$$U = \{\pi \in \mathbb{M}_t(\mathcal{D}) : F(\pi * \mu, \pi^R * \mu^R * \kappa) > F(\rho * \kappa^R * \mu, \rho^R * \mu^R * \kappa)\}$$

und sei

$$V = \{\pi \in \mathbb{M}_t(\mathcal{D}) : K(\pi * \mu, \pi^R * \mu^R * \kappa) > F(\rho * \kappa^R * \mu, \rho^R * \mu^R * \kappa)\}.$$

Weiterhin sei $S = U \cup V$.

Wenn S leer ist, dann ist das Lemma bewiesen. Deshalb wird nun angenommen, dass S nicht leer ist und dies zum Widerspruch geführt. Von allen totalen Ordnungen aus S wird nun π^+ derart gewählt, dass $K(\rho * \kappa^R, \pi^+)$ minimiert wird. Dabei gilt wieder $\rho * \kappa^R \notin S$. Damit ist $\rho * \kappa^R \neq \pi^+$ und nach Lemma 3.6 existieren $x, y \in \mathcal{D}$ mit $\pi^+(y) = \pi^+(x) + 1$ und $\rho * \kappa^R(y) < \rho * \kappa^R(x)$. Wieder sei π^* diejenige totale Ordnung, die aus π^+ durch eine lokale Vertauschung von x und y entsteht. Dann gilt $K(\rho * \kappa^R, \pi^*) = K(\rho * \kappa^R, \pi^+) - 1$. Analog zum Beweis von Lemma 3.10 kann das Lemma bewiesen werden, indem $\pi^* \in S$ gezeigt wird.

Es werden wieder drei Fälle unterschieden, je nachdem ob x und y in μ und in κ unentschieden sind oder nicht.

Fall 1: Es gilt $x \prec_\mu y$ oder $y \prec_\mu x$. Dann folgt $\pi^* * \mu = \pi^+ * \mu$ und $\pi^{+R} * \mu^R * \kappa = \pi^{*R} * \mu^R * \kappa$. Analog zu Lemma 3.10 gilt deshalb $F(\pi^+ * \mu, \pi^{+R} * \mu^R * \kappa) = F(\pi^* * \mu, \pi^{*R} * \mu^R * \kappa)$ und $K(\pi^+ * \mu, \pi^{+R} * \mu^R * \kappa) = K(\pi^* * \mu, \pi^{*R} * \mu^R * \kappa)$. Aus $\pi^+ \in S$ folgt damit $\pi^* \in S$ und es ergibt sich ein Widerspruch zur Tatsache, dass π^+ von allen totalen Ordnungen in S Kendalls Tau-Distanz zu $\rho * \kappa^R$ minimiert.

Fall 2: Es gilt $x \cong_\mu y$ und $x \cong_\kappa y$. Damit werden die Positionen von x und y sowohl in $\pi^* * \mu$ im Vergleich zu $\pi^+ * \mu$ als auch in $\pi^{*R} * \mu^R * \kappa$ im Vergleich zu $\pi^{+R} * \mu^R * \kappa$ vertauscht.

Fall 2a: Sei $\pi^+ \in U$. Aus obiger Überlegung folgt nun

$$\left|(\pi^+ * \mu)(x) - (\pi^{+R} * \mu^R * \kappa)(x)\right| = \left|(\pi^* * \mu)(y) - (\pi^{*R} * \mu^R * \kappa)(y)\right|$$

und

$$\left|(\pi^+ * \mu)(y) - (\pi^{+R} * \mu^R * \kappa)(y)\right| = \left|(\pi^* * \mu)(x) - (\pi^{*R} * \mu^R * \kappa)(x)\right|.$$

Analog zu Lemma 3.10 folgt damit $F(\pi^+ * \mu, \pi^{+R} * \mu^R * \kappa) = F(\pi^* * \mu, \pi^{*R} * \mu^R * \kappa)$. Damit gilt $\pi^* \in U$ und damit $\pi^* \in S$. Dies ist ein Widerspruch zur Tatsache, dass π^+ von allen totalen Ordnungen in S Kendalls Tau-Distanz zu $\rho * \kappa^R$ minimiert.

Fall 2b: Sei $\pi^+ \in V$. Da π^+ und π^* die Kandidaten x und y direkt nebeneinander ordnen, und da x und y von κ und von μ jeweils in einer Klasse geordnet werden, folgt sofort, dass x und y auch in $\pi^+ * \mu$, in $\pi^* * \mu$, in $\pi^{+R} * \mu^R * \kappa$ und in $\pi^{*R} * \mu^R * \kappa$ direkt nebeneinander geordnet werden. Damit folgt, dass sich $\pi^+ * \mu$ und $\pi^* * \mu$ ausschließlich in der Vorgabe bezüglich x und y unterscheiden, und dass sich $\pi^{+R} * \mu^R * \kappa$ und $\pi^{*R} * \mu^R * \kappa$ ebenfalls ausschließlich in der Vorgabe bezüglich x und y unterscheiden. Damit gilt analog zu Lemma 3.10 $K(\pi^+ * \mu, \pi^{+R} * \mu^R * \kappa) = K(\pi^* * \mu, \pi^{*R} * \mu^R * \kappa)$. Daraus wiederum folgt $\pi^* \in V$

3.2. Erweiterung und Anpassung der Ergebnisse von Fagin et al.

und damit $\pi^* \in S$. Dies ist ein Widerspruch zur Tatsache, dass π^+ von allen totalen Ordnungen in S Kendalls Tau-Distanz zu $\rho * \kappa^R$ minimiert.

Fall 3: Es gilt $x \cong_\mu y$ und entweder $x \prec_\kappa y$ oder $y \prec_\kappa x$. Dann ergibt sich die folgende Situation. Zunächst entspricht $\pi^* * \mu$ wieder $\pi^+ * \mu$ bis auf die Tatsache, dass die nebeneinander geordneten Kandidaten x und y vertauscht sind. Außerdem gilt $\pi^{+R} * \mu^R * \kappa = \pi^{*R} * \mu^R * \kappa$, da x und y in κ nicht unentschieden sind. Die Kandidaten x und y sind weiterhin so gewählt worden, dass $x \prec_{\pi^+} y$, $y \prec_{\pi^*} x$ und $y \prec_{\rho * \kappa^R} x$ gilt. Aus Letzterem folgt, da x und y in κ nicht unentschieden sind, $y \prec_{\kappa^R} x$, und daraus wiederum $x \prec_\kappa y$. Damit ergibt sich insgesamt $x \prec_{\pi^+ * \mu} y$, $y \prec_{\pi^* * \mu} x$, $x \prec_{\pi^{+R} * \mu^R * \kappa} y$ und $x \prec_{\pi^{*R} * \mu^R * \kappa} y$.

Fall 3a: Sei $\pi^+ \in U$. Es wird nun Lemma 3.5 folgendermaßen verwendet. Sei $i_1 = (\pi^{+R} * \mu^R * \kappa)(x)$, $i_2 = (\pi^+ * \mu)(x)$, $j_1 = (\pi^{+R} * \mu^R * \kappa)(y)$ und $j_2 = (\pi^+ * \mu)(y)$. Dann gilt

$$\left| (\pi^{+R} * \mu^R * \kappa)(x) - (\pi^+ * \mu)(x) \right| + \left| (\pi^{+R} * \mu^R * \kappa)(y) - (\pi^+ * \mu)(y) \right|$$
$$\leq \left| (\pi^{+R} * \mu^R * \kappa)(x) - (\pi^+ * \mu)(y) \right| + \left| (\pi^+ * \mu)(x) - (\pi^{+R} * \mu^R * \kappa)(y) \right| .$$

Aus der Tatsache, dass sich $\pi^* * \mu$ und $\pi^+ * \mu$ bis auf die nebeneinander geordneten und vertauschten Kandidaten x und y nicht unterscheiden, und dass $(\pi^{*R} * \mu^R * \kappa)(x) = (\pi^{+R} * \mu^R * \kappa)(x)$ sowie $(\pi^{*R} * \mu^R * \kappa)(y) = (\pi^{+R} * \mu^R * \kappa)(y)$ ist, folgt

$$\left| (\pi^{+R} * \mu^R * \kappa)(x) - (\pi^+ * \mu)(y) \right| + \left| (\pi^+ * \mu)(x) - (\pi^{+R} * \mu^R * \kappa)(y) \right|$$
$$= \left| (\pi^{*R} * \mu^R * \kappa)(x) - (\pi^* * \mu)(x) \right| + \left| (\pi^* * \mu)(y) - (\pi^{*R} * \mu^R * \kappa)(y) \right| .$$

Insgesamt ergibt sich also

$$\left| (\pi^{+R} * \mu^R * \kappa)(x) - (\pi^+ * \mu)(x) \right| + \left| (\pi^{+R} * \mu^R * \kappa)(y) - (\pi^+ * \mu)(y) \right|$$
$$\leq \left| (\pi^{*R} * \mu^R * \kappa)(x) - (\pi^* * \mu)(x) \right| + \left| (\pi^* * \mu)(y) - (\pi^{*R} * \mu^R * \kappa)(y) \right| .$$

Damit tragen x und y zusammen zu $F(\pi^+ * \mu, \pi^{+R} * \mu^R * \kappa)$ höchstens so viel bei wie zu $F(\pi^* * \mu, \pi^{*R} * \mu^R * \kappa)$. Da alle anderen Kandidaten zu $F(\pi^+ * \mu, \pi^{+R} * \mu^R * \kappa)$ genauso viel beitragen wie zu $F(\pi^* * \mu, \pi^{*R} * \mu^R * \kappa)$, folgt $F(\pi^+ * \mu, \pi^{+R} * \mu^R * \kappa) \leq F(\pi^* * \mu, \pi^{*R} * \mu^R * \kappa)$. Daraus wiederum folgt $\pi^* \in U$ und damit $\pi^* \in S$. Dies ist ein Widerspruch zur Tatsache, dass π^+ von allen totalen Ordnungen in S Kendalls Tau-Distanz zu $\rho * \kappa^R$ minimiert.

Fall 3b: Sei $\pi^+ \in V$. Da sich $\pi^* * \mu$ und $\pi^+ * \mu$ bis auf die nebeneinander geordneten und vertauschten Kandidaten x und y nicht unterscheiden, und da $\pi^{+R} * \mu^R * \kappa = \pi^{*R} * \mu^R * \kappa$ ist, folgt sofort, dass das Paar $\{x, y\}$ zu $K(\pi^*$

$\mu, \pi^{*R} * \mu^R * \kappa$) eins beiträgt, während es zu $K(\pi^+ * \mu, \pi^{+R} * \mu^R * \kappa)$ null beiträgt. Da alle anderen Paare zu $K(\pi^+ * \mu, \pi^{+R} * \mu^R * \kappa)$ beitragen, genau dann wenn sie zu $K(\pi^* * \mu, \pi^{*R} * \mu^R * \kappa)$ beitragen, ergibt sich $K(\pi^+ * \mu, \pi^{+R} * \mu^R * \kappa) < K(\pi^* * \mu, \pi^{*R} * \mu^R * \kappa)$ und es gilt $\pi^* \in V$ und damit $\pi^* \in S$. Dies ist erneut ein Widerspruch zur Tatsache, dass π^+ von allen totalen Ordnungen in S Kendalls Tau-Distanz zu $\rho * \kappa^R$ minimiert.

Da alle Fälle einen Widerspruch liefern, folgt $S = \emptyset$. Damit ist das Lemma bewiesen. □

Lemma 3.12. *(angepasst aus [FKM+06]) Seien κ und μ schwache Ordnungen und sei ρ eine beliebige totale Ordnung über einer Domäne $\mathcal{D}$. Dann wird $F(\sigma^R * \kappa, \sigma)$ über allen $\sigma \in \text{Ext}(\mu)$ minimiert für $\sigma = \rho * \kappa * \mu$. Ebenso wird $K(\sigma^R * \kappa, \sigma)$ über allen $\sigma \in \text{Ext}(\mu)$ minimiert für $\sigma = \rho * \kappa * \mu$.*

Beweis. Der Beweis der Aussage verläuft wieder in weiten Teilen analog zum Beweis von Lemma 3.8 (aus [FKM+06]) und zum Beweis von Lemma 3.10.

Es existiert für jedes $\sigma \in \text{Ext}(\mu)$ eine totale Ordnung π über $\mathcal{D}$, so dass $\sigma = \pi * \mu$ gilt. Es wird gezeigt, dass $\rho * \kappa$ unter anderem die beste Wahl für eine totale Ordnung π ist, wenn $F(\sigma, \sigma^R * \kappa)$ bzw. $K(\sigma, \sigma^R * \kappa)$ minimiert werden sollen. Das bedeutet, für alle totalen Ordnungen π über $\mathcal{D}$ gilt

$$K(\rho * \kappa * \mu, (\rho * \kappa * \mu)^R * \kappa) \leq K(\pi * \mu, (\pi * \mu)^R * \kappa)$$

und

$$F(\rho * \kappa * \mu, (\rho * \kappa * \mu)^R * \kappa) \leq F(\pi * \mu, (\pi * \mu)^R * \kappa).$$

Aus diesen Aussagen folgt sofort das Lemma.

Da $(\rho * \kappa * \mu)^R * \kappa = \rho^R * \kappa^R * \mu^R * \kappa = \rho^R * \mu^R * \kappa$ ist, und da $(\pi * \mu)^R * \kappa = \pi^R * \mu^R * \kappa$ ist, ergibt sich für alle totalen Ordnungen π über $\mathcal{D}$

$$K(\rho * \kappa * \mu, \rho^R * \mu^R * \kappa) \leq K(\pi * \mu, \pi^R * \mu^R * \kappa)$$

und

$$F(\rho * \kappa * \mu, \rho^R * \mu^R * \kappa) \leq F(\pi * \mu, \pi^R * \mu^R * \kappa).$$

Zum Beweis dieser Aussagen sei wieder

$$U = \{\pi \in \mathbb{M}_t(\mathcal{D}) : F(\pi * \mu, \pi^R * \mu^R * \kappa) < F(\rho * \kappa * \mu, \rho^R * \mu^R * \kappa)\}$$

und sei

$$V = \{\pi \in \mathbb{M}_t(\mathcal{D}) : K(\pi * \mu, \pi^R * \mu^R * \kappa) < F(\rho * \kappa * \mu, \rho^R * \mu^R * \kappa)\}.$$

3.2. Erweiterung und Anpassung der Ergebnisse von Fagin et al.

Weiterhin sei $S = U \cup V$.

Wenn S leer ist, dann ist das Lemma bewiesen. Deshalb wird nun angenommen, dass S nicht leer ist und dies zum Widerspruch geführt. Von allen totalen Ordnungen aus S wird nun π^+ derart gewählt, dass $K(\rho * \kappa, \pi^+)$ minimiert wird. Dabei gilt wieder $\rho * \kappa \notin S$. Damit ist $\rho * \kappa \neq \pi^+$ und nach Lemma 3.6 existieren $x, y \in \mathcal{D}$ mit $\pi^+(y) = \pi^+(x) + 1$ und $\rho * \kappa(y) < \rho * \kappa(x)$. Wieder sei π^* diejenige totale Ordnung, die aus π^+ durch eine lokale Vertauschung von x und y entsteht. Dann gilt $K(\rho * \kappa, \pi^*) = K(\rho * \kappa, \pi^+) - 1$. Analog zum Beweis von Lemma 3.10 kann das Lemma bewiesen werden, indem $\pi^* \in S$ gezeigt wird.

Es werden wieder drei Fälle unterschieden, je nachdem ob x und y in μ und in κ unentschieden sind oder nicht.

Fall 1: Es gilt $x \prec_\mu y$ oder $y \prec_\mu x$. Dann folgt $\pi^* * \mu = \pi^+ * \mu$ und $\pi^{+R} * \mu^R * \kappa = \pi^{*R} * \mu^R * \kappa$. Analog zu Lemma 3.10 gilt deshalb $F(\pi^+ * \mu, \pi^{+R} * \mu^R * \kappa) = F(\pi^* * \mu, \pi^{*R} * \mu^R * \kappa)$ und $K(\pi^+ * \mu, \pi^{+R} * \mu^R * \kappa) = K(\pi^* * \mu, \pi^{*R} * \mu^R * \kappa)$. Aus $\pi^+ \in S$ folgt damit $\pi^* \in S$ und es ergibt sich ein Widerspruch zur Tatsache, dass π^+ von allen totalen Ordnungen in S Kendalls Tau-Distanz zu $\rho * \kappa$ minimiert.

Fall 2: Es gilt $x \cong_\mu y$ und $x \cong_\kappa y$. Damit werden die Positionen von x und y sowohl in $\pi^* * \mu$ im Vergleich zu $\pi^+ * \mu$ als auch in $\pi^{*R} * \mu^R * \kappa$ im Vergleich zu $\pi^{+R} * \mu^R * \kappa$ vertauscht.

Fall 2a: Sei $\pi^+ \in U$. Aus obiger Überlegung folgt nun

$$\left|(\pi^+ * \mu)(x) - (\pi^{+R} * \mu^R * \kappa)(x)\right| = \left|(\pi^* * \mu)(y) - (\pi^{*R} * \mu^R * \kappa)(y)\right|$$

und

$$\left|(\pi^+ * \mu)(y) - (\pi^{+R} * \mu^R * \kappa)(y)\right| = \left|(\pi^* * \mu)(x) - (\pi^{*R} * \mu^R * \kappa)(x)\right|.$$

Analog zu Lemma 3.10 folgt damit $F(\pi^+ * \mu, \pi^{+R} * \mu^R * \kappa) = F(\pi^* * \mu, \pi^{*R} * \mu^R * \kappa)$. Damit gilt $\pi^* \in U$ und damit $\pi^* \in S$. Dies ist ein Widerspruch zur Tatsache, dass π^+ von allen totalen Ordnungen in S Kendalls Tau-Distanz zu $\rho * \kappa$ minimiert.

Fall 2b: Sei $\pi^+ \in V$. Da π^+ und π^* die Kandidaten x und y direkt nebeneinander ordnen, und da x und y von κ und von μ jeweils in einer Klasse geordnet werden, folgt sofort, dass x und y auch in $\pi^+ * \mu$, in $\pi^* * \mu$, in $\pi^{+R} * \mu^R * \kappa$ und in $\pi^{*R} * \mu^R * \kappa$ direkt nebeneinander geordnet werden. Damit folgt, dass sich $\pi^+ * \mu$ und $\pi^* * \mu$ ausschließlich in der Vorgabe bezüglich x und y unterscheiden, und dass sich $\pi^{+R} * \mu^R * \kappa$ und $\pi^{*R} * \mu^R * \kappa$ ebenfalls ausschließlich in der Vorgabe bezüglich x und y unterscheiden. Damit gilt analog zu Lemma 3.10 $K(\pi^+ * \mu, \pi^{+R} * \mu^R * \kappa) = K(\pi^* * \mu, \pi^{*R} * \mu^R * \kappa)$. Daraus wiederum folgt $\pi^* \in V$

und damit $\pi^* \in S$. Dies ist ein Widerspruch zur Tatsache, dass π^+ von allen totalen Ordnungen in S Kendalls Tau-Distanz zu $\rho * \kappa$ minimiert.

Fall 3: Es gilt $x \cong_\mu y$ und entweder $x \prec_\kappa y$ oder $y \prec_\kappa x$. Dann ergibt sich die folgende Situation. Zunächst entspricht $\pi^* * \mu$ wieder $\pi^+ * \mu$ bis auf die Tatsache, dass die nebeneinander geordneten Kandidaten x und y vertauscht sind. Außerdem gilt $\pi^{+R} * \mu^R * \kappa = \pi^{*R} * \mu^R * \kappa$, da x und y in κ nicht unentschieden sind. Die Kandidaten x und y sind weiterhin so gewählt worden, dass $x \prec_{\pi^+} y$, $y \prec_{\pi^*} x$ und $y \prec_{\rho*\kappa} x$ gilt. Aus Letzterem folgt, da x und y in κ nicht unentschieden sind, $y \prec_\kappa x$. Damit ergibt sich insgesamt $x \prec_{\pi^+*\mu} y$, $y \prec_{\pi^**\mu} x$, $y \prec_{\pi^{+R}*\mu^R*\kappa} x$ und $y \prec_{\pi^{*R}*\mu^R*\kappa} x$.

Fall 3a: Sei $\pi^+ \in U$. Es wird nun Lemma 3.5 folgendermaßen verwendet. Sei $i_1 = (\pi^{*R}*\mu^R*\kappa)(y)$, $i_2 = (\pi^**\mu)(y)$, $j_1 = (\pi^{*R}*\mu^R*\kappa)(x)$ und $j_2 = (\pi^**\mu)(y)$. Dann gilt

$$\left|(\pi^{*R} * \mu^R * \kappa)(y) - (\pi^* * \mu)(y)\right| + \left|(\pi^{*R} * \mu^R * \kappa)(x) - (\pi^* * \mu)(x)\right|$$
$$\leq \left|(\pi^{*R} * \mu^R * \kappa)(y) - (\pi^* * \mu)(x)\right| + \left|(\pi^* * \mu)(y) - (\pi^{*R} * \mu^R * \kappa)(x)\right|.$$

Aus der Tatsache, dass sich $\pi^* * \mu$ und $\pi^+ * \mu$ bis auf die nebeneinander geordneten und vertauschten Kandidaten x und y nicht unterscheiden, und dass $(\pi^{*R}*\mu^R*\kappa)(x) = (\pi^{+R}*\mu^R*\kappa)(x)$ sowie $(\pi^{*R}*\mu^R*\kappa)(y) = (\pi^{+R}*\mu^R*\kappa)(y)$ ist, folgt

$$\left|(\pi^{*R} * \mu^R * \kappa)(y) - (\pi^* * \mu)(x)\right| + \left|(\pi^* * \mu)(y) - (\pi^{*R} * \mu^R * \kappa)(x)\right|$$
$$= \left|(\pi^{+R} * \mu^R * \kappa)(y) - (\pi^+ * \mu)(y)\right| + \left|(\pi^+ * \mu)(x) - (\pi^{+R} * \mu^R * \kappa)(x)\right|.$$

Insgesamt ergibt sich also

$$\left|(\pi^{*R} * \mu^R * \kappa)(y) - (\pi^* * \mu)(y)\right| + \left|(\pi^{*R} * \mu^R * \kappa)(x) - (\pi^* * \mu)(x)\right|$$
$$\leq \left|(\pi^{+R} * \mu^R * \kappa)(y) - (\pi^+ * \mu)(y)\right| + \left|(\pi^+ * \mu)(x) - (\pi^{+R} * \mu^R * \kappa)(x)\right|.$$

Damit tragen x und y zusammen zu $F(\pi^+ * \mu, \pi^{+R} * \mu^R * \kappa)$ mindestens so viel bei wie zu $F(\pi^* * \mu, \pi^{*R} * \mu^R * \kappa)$. Da alle anderen Kandidaten zu $F(\pi^+ * \mu, \pi^{+R} * \mu^R * \kappa)$ genauso viel beitragen wie zu $F(\pi^* * \mu, \pi^{*R} * \mu^R * \kappa)$, folgt $F(\pi^+ * \mu, \pi^{+R} * \mu^R * \kappa) \leq F(\pi^* * \mu, \pi^{*R} * \mu^R * \kappa)$. Daraus wiederum folgt $\pi^* \in U$ und damit $\pi^* \in S$. Dies ist ein Widerspruch zur Tatsache, dass π^+ von allen totalen Ordnungen in S Kendalls Tau-Distanz zu $\rho * \kappa$ minimiert.

Fall 3b: Sei $\pi^+ \in V$. Da sich $\pi^* * \mu$ und $\pi^+ * \mu$ bis auf die nebeneinander geordneten und vertauschten Kandidaten x und y nicht unterscheiden, und da $\pi^{+R} * \mu^R * \kappa = \pi^{*R} * \mu^R * \kappa$ ist, folgt sofort, dass das Paar $\{x, y\}$ zu $K(\pi^+ *$

$\mu, \pi^{+R} * \mu^R * \kappa)$ eins beiträgt, während es zu $K(\pi^* * \mu, \pi^{*R} * \mu^R * \kappa)$ null beiträgt. Da alle anderen Paare zu $K(\pi^+ * \mu, \pi^{+R} * \mu^R * \kappa)$ beitragen, genau dann wenn sie zu $K(\pi^* * \mu, \pi^{*R} * \mu^R * \kappa)$ beitragen, ergibt sich $K(\pi^* * \mu, \pi^{*R} * \mu^R * \kappa) < K(\pi^+ * \mu, \pi^{+R} * \mu^R * \kappa)$ und es gilt $\pi^* \in V$ und damit $\pi^* \in S$. Dies ist erneut ein Widerspruch zur Tatsache, dass π^+ von allen totalen Ordnungen in S Kendalls Tau-Distanz zu $\rho * \kappa$ minimiert.

Da alle Fälle einen Widerspruch liefern, folgt $S = \emptyset$. Damit ist das Lemma bewiesen. □

3.3 Beziehungen zwischen den Distanzen

Dieser Abschnitt befasst sich mit der Äquivalenz der in der Arbeit betrachteten Varianten von Spearmans Footrule-Distanz und Kendalls Tau-Distanz. Deren Äquivalenz auf totalen Ordnungen ist durch die Diaconis-Graham-Ungleichungen [DG77] bereits bekannt. Ausgehend von diesen, werden Äquivalenzen zwischen Distanzen auf partiellen Ordnungen ermittelt. Hier haben Fagin et al. [FKM+06] bereits gezeigt, dass die Äquivalenz zweier Distanzen auf totalen Ordnungen die Äquivalenz ihrer Hausdorff-Versionen auf partiellen Ordnungen impliziert. Die Beweisführung aus [FKM+06] kann hier für die weiteren Verallgemeinerungen von Distanzen auf partielle Ordnungen weitgehend angepasst werden.

Grundlage für die Ergebnisse in diesem Abschnitt ist die folgende Aussage.

Lemma 3.13. *[DG77] Für zwei beliebige totale Ordnungen σ und τ über einer Domäne $\mathcal{D}$ gilt*

$$K(\sigma, \tau) \leq F(\sigma, \tau) \leq 2K(\sigma, \tau).$$

Lemma 3.13 stammt von Diaconis und Graham [DG77] und wird daher ohne formalen Beweis angegeben. Intuitiv muss σ durch eine Folge von lokalen Vertauschungen schrittweise in τ überführt werden. An dieser Stelle sei angemerkt, dass Kendalls Tau-Distanz zwischen zwei totalen Ordnungen alternativ auch als die Anzahl der lokalen Vertauschungen, die nötig ist um eine totale Ordnung in die andere zu überführen, definiert werden kann (siehe Definition 1.1). Jede einzelne lokale Vertauschung verringert also den Wert von Kendalls Tau-Distanz zwischen σ und τ um genau eins. In [DG77] wird nun ermittelt, dass jede lokale Vertauschung Spearmans Footrule-Distanz zwischen σ und τ entweder um zwei verringert oder unverändert belässt. Durch das Ermitteln, welcher der beiden Fälle wie oft auftritt, ergibt sich obige Ungleichung.

Die Äquivalenzen zwischen Distanzen auf totalen Ordnungen lassen sich nun wie folgt auf partielle Ordnungen übertragen.

Lemma 3.14. *(teilweise aus [FKM$^+$06]) Seien κ und μ zwei beliebige partielle Ordnungen über einer Domäne $\mathcal{D}$. Dann gelten die folgenden Äquivalenzen.*

(i) $K_{Min}(\kappa,\mu) \leq F_{Min}(\kappa,\mu) \leq 2K_{Min}(\kappa,\mu)$

(ii) $K_{Max}(\kappa,\mu) \leq F_{Max}(\kappa,\mu) \leq 2K_{Max}(\kappa,\mu)$

(iii) $K_H(\kappa,\mu) \leq F_H(\kappa,\mu) \leq 2K_H(\kappa,\mu)$ *[FKM$^+$06]*

(iv) $K_Z(\kappa,\mu) \leq F_Z(\kappa,\mu) \leq 2K_Z(\kappa,\mu)$

Beweis.

(i) Seien $\tau_F, \tau_K \in \text{Ext}(\kappa)$ und $\sigma_F, \sigma_K \in \text{Ext}(\mu)$ totale Erweiterungen, so dass $F_{Min}(\kappa,\mu) = F(\tau_F, \sigma_F)$ und $K_{Min}(\kappa,\mu) = K(\tau_K, \sigma_K)$ gilt. Dann folgt

$$K_{Min}(\kappa,\mu) = K(\tau_K, \sigma_K) \leq K(\tau_F, \sigma_F) \leq F(\tau_F, \sigma_F) = F_{Min}(\kappa,\mu).$$

Dabei folgt $K(\tau_K, \sigma_K) \leq K(\tau_F, \sigma_F)$ aus der Tatsache, dass $K_{Min}(\kappa,\mu) = K(\tau_K, \sigma_K)$ ist, und $K(\tau_F, \sigma_F) \leq F(\tau_F, \sigma_F)$ ergibt sich aus Lemma 3.13. Analog gilt

$$F_{Min}(\kappa,\mu) = F(\tau_F, \sigma_F) \leq F(\tau_K, \sigma_K) \leq 2K(\tau_K, \sigma_K) = 2K_{Min}(\kappa,\mu).$$

Die Kombination der beiden Ungleichungen liefert die Aussage (i).

(ii) Seien $\tau_F, \tau_K \in \text{Ext}(\kappa)$ und $\sigma_F, \sigma_K \in \text{Ext}(\mu)$ totale Erweiterungen, so dass nun $F_{Max}(\kappa,\mu) = F(\tau_F, \sigma_F)$ und $K_{Max}(\kappa,\mu) = K(\tau_K, \sigma_K)$ gilt. Dann folgt

$$K_{Max}(\kappa,\mu) = K(\tau_K, \sigma_K) \leq F(\tau_K, \sigma_K) \leq F(\tau_F, \sigma_F) = F_{Max}(\kappa,\mu).$$

Dabei folgt $K(\tau_K, \sigma_K) \leq F(\tau_K, \sigma_K)$ aus Lemma 3.13. Weiterhin folgt die Ungleichung $F(\tau_K, \sigma_K) \leq F(\tau_F, \sigma_F)$ aus der Tatsache, dass $F_{Max}(\kappa,\mu) = F(\tau_F, \sigma_F)$ gilt, und damit $F(\tau, \sigma) \leq F(\tau_F, \sigma_F)$ für alle $\tau \in \text{Ext}(\kappa)$ und $\sigma \in \text{Ext}(\mu)$ gelten muss. Analog ergibt sich

$$F_{Max}(\kappa,\mu) = F(\tau_F, \sigma_F) \leq 2K(\tau_F, \sigma_F) \leq 2K(\tau_K, \sigma_K) = 2K_{Max}(\kappa,\mu).$$

Die Kombination der beiden Ungleichungen liefert die Aussage (ii).

3.3. Beziehungen zwischen den Distanzen

(iv) Seien $\tau_F, \tau_K \in \text{Ext}(\kappa)$ und $\sigma_F, \sigma_K, \in \text{Ext}(\mu)$ totale Erweiterungen, so dass gilt
$$K(\tau_K, \sigma_K) = \min_{\tau \in \text{Ext}(\kappa)} \max_{\sigma \in \text{Ext}(\mu)} K(\tau, \sigma)$$
und
$$F(\tau_F, \sigma_F) = \min_{\tau \in \text{Ext}(\kappa)} \max_{\sigma \in \text{Ext}(\mu)} F(\tau, \sigma)$$

Weiterhin sei $\sigma' \in \text{Ext}(\mu)$ eine totale Erweiterung, für welche $F(\tau_K, \sigma') = \max_{\sigma \in \text{Ext}(\mu)} F(\tau_K, \sigma)$ gilt, und zuletzt sei $\sigma'' \in \text{Ext}(\mu)$ eine totale Erweiterung, für die $K(\tau_F, \sigma'') = \max_{\sigma \in \text{Ext}(\mu)} K(\tau_F, \sigma)$ gilt.

Intuitiv gelten für τ_F, τ_K, σ_F, σ_K, σ' und σ'' also die folgenden Sachverhalte. Von allen totalen Erweiterungen von κ besitzt τ_K den minimalen maximalen Wert von Kendalls Tau-Distanz zu einer totalen Erweiterung von μ. Diese wird (evtl. neben anderen totalen Erweiterungen) von σ_K „verursacht". Von allen totalen Erweiterungen von μ besitzt σ' den größten Wert von Spearmans Footrule-Distanz zu τ_K. Von allen totalen Erweiterungen von κ besitzt τ_F den minimalen maximalen Wert von Spearmans Footrule-Distanz zu einer totalen Erweiterung von μ. Diese wird (evtl. neben anderen totalen Erweiterungen) von σ_F „verursacht". Von allen totalen Erweiterungen von μ besitzt σ'' den größten Wert von Kendalls Tau-Distanz zu τ_F.

Dann folgt
$$\begin{aligned}\min_{\tau \in \text{Ext}(\kappa)} \max_{\sigma \in \text{Ext}(\mu)} K(\tau, \sigma) &= K(\tau_K, \sigma_K) \\ &\leq K(\tau_F, \sigma'') \\ &\leq F(\tau_F, \sigma'') \\ &\leq F(\tau_F, \sigma_F) \\ &= \min_{\tau \in \text{Ext}(\kappa)} \max_{\sigma \in \text{Ext}(\mu)} F(\tau, \sigma).\end{aligned}$$

Die Ungleichung $K(\tau_K, \sigma_K) \leq K(\tau_F, \sigma'')$ ergibt sich dabei wie folgt. Da τ_K von allen totalen Erweiterungen von κ den minimalen maximalen Wert von Kendalls Tau-Distanz zu einer totalen Erweiterung von μ besitzt, welche $K(\tau_K, \sigma_K)$ entspricht, muss für jede andere totale Erweiterung von κ, also auch für τ_F, eine totale Erweiterung von μ mit einem Wert von Kendalls Tau-Distanz, der mindestens so groß ist wie $K(\tau_K, \sigma_K)$, existieren. Da σ'' von allen totalen Erweiterungen von μ eine derjenigen mit dem größten Wert von Kendalls Tau-Distanz zu τ_F

ist, gilt $K(\tau_K, \sigma_K) \leq K(\tau_F, \sigma'')$. Die Ungleichung $K(\tau_F, \sigma'') \leq F(\tau_F, \sigma'')$ ergibt sich aus Lemma 3.13. Zuletzt gilt $F(\tau_F, \sigma'') \leq F(\tau_F, \sigma_F)$, da σ_F eine derjenigen totalen Erweiterungen von μ mit dem größten Wert von Spearmans Footrule-Distanz zu τ_F ist.

Analog gilt

$$\min_{\tau \in \text{Ext}(\kappa)} \max_{\sigma \in \text{Ext}(\mu)} F(\tau, \sigma) = F(\tau_F, \sigma_F)$$
$$\leq F(\tau_K, \sigma')$$
$$\leq 2K(\tau_K, \sigma')$$
$$\leq 2K(\tau_K, \sigma_K)$$
$$= \min_{\tau \in \text{Ext}(\kappa)} \max_{\sigma \in \text{Ext}(\mu)} K(\tau, \sigma).$$

Ebenfalls analog lässt sich

$$\min_{\sigma \in \text{Ext}(\mu)} \max_{\tau \in \text{Ext}(\kappa)} K(\tau, \sigma) \leq \min_{\sigma \in \text{Ext}(\mu)} \max_{\tau \in \text{Ext}(\kappa)} F(\tau, \sigma) \leq 2 \cdot \min_{\sigma \in \text{Ext}(\mu)} \max_{\tau \in \text{Ext}(\kappa)} K(\tau, \sigma)$$

zeigen.

Da für beliebige $i_1, i_2, j_1, j_2 \in \mathbb{N}$ mit $i_1 \leq j_1$ und $i_2 \leq j_2$ offensichtlich auch $\min\{i_1, i_2\} \leq \min\{j_1, j_2\}$ gilt, lassen sich die obigen Ungleichungen zu Aussage (iv) kombinieren.

□

3.4 Auswirkung der Komplexität von Distanzproblemen auf Rangordnungsprobleme

In diesem Abschnitt wird untersucht, wie sich die **NP**-Härte einer speziellen Variante des Distanzproblems auf die Komplexität des entsprechenden Rangordnungsproblems auswirkt. Sei im Folgenden d_M eine Distanz, wobei d Kendalls Tau-Distanz bzw. Spearmans Footrule-Distanz und damit eine Metrik ist, und wobei M für die Minimalversion, bzw. die Maximalversion bzw. die Hausdorff-Version bzw. die Zentralversion von d steht. Ein *einseitiges Distanzproblem* unter d_M besteht nun aus einer partiellen Ordnung κ und einer totalen Ordnung σ über einer Domäne $\mathcal{D}$ sowie einem $k \in \mathbb{N}$. Im Unterschied zum allgemeinen Distanzproblem ist hier also eine der Ordnungen als totale Ordnung

3.4. Auswirkung der Komplexität von Distanzproblemen

festgelegt. Es wird nun gezeigt, dass aus der **NP**-Härte des einseitigen Distanzproblems unter d_M sofort die **NP**-Härte des Rangordnungsproblems unter d_M folgt. Dieses Resultat wird zum Beweis der **NP**-Härte einiger in dieser Arbeit betrachteter Rangordnungsprobleme dienen.

Lemma 3.15. *Sei d_M eine Distanz, wobei d Kendalls Tau-Distanz bzw. Spearmans Footrule-Distanz und damit eine Metrik ist, und wobei M für die Minimalversion, bzw. die Maximalversion bzw. die Hausdorff-Version bzw. die Zentralversion von d steht. Wenn das einseitige Distanzproblem unter d_M **NP**-hart bzw. **coNP**-hart ist, dann ist auch das Rangordnungsproblem unter d_M **NP**-hart bzw. **coNP**-hart. Die **NP**-Härte bzw. **coNP**-Härte des Rangordnungsproblems ist dabei bereits ab zwei Ordnungen gegeben.*

Beweis. Das einseitige Distanzproblem unter d_M sei **NP**-hart. bzw **coNP**-hart. Die **NP**-Härte bzw. **coNP**-Härte des Rangordnungsproblems unter d_M lässt sich nun durch Reduktion vom einseitigen Distanzproblem zeigen. Eine Instanz des einseitigen Distanzproblems bestehend aus einer partiellen Ordnung κ und einer totalen Ordnung σ über einer Domäne $\mathcal{D}$ sowie aus einem $k \in \mathbb{N}$ wird in eine Instanz des Rangordnungsproblems transformiert, indem κ und σ als die einzigen gegebenen Ordnungen verwendet werden, und k unverändert gelassen wird.

Es wird nun gezeigt, dass $d_M(\kappa, \sigma) \leq k$ gilt, genau dann wenn ein Konsens τ^* existiert mit $d_M(\kappa, \tau^*) + d_M(\sigma, \tau^*) \leq k$, d. h. dass die Instanz des Distanzproblems eine positive Antwort liefert, genau dann wenn die Instanz des Rangordnungsproblems eine positive Antwort liefert.

Es gelte zunächst $d_M(\kappa, \sigma) \leq k$. Es werden entsprechend der Ausprägung von M vier Fälle unterschieden.

Fall 1: Sei $M = Min$, d. h. es gilt $d_{Min}(\kappa, \sigma) \leq k$. Dann existiert eine totale Erweiterung $\kappa' \in \text{Ext}(\kappa)$ mit $d(\kappa', \sigma) \leq k$. Wähle nun als Konsens $\tau^* = \sigma$. Dann gilt $d(\kappa', \tau^*) \leq k$ und damit $d_{Min}(\kappa, \tau^*) \leq k$. Da es sich bei d um eine Metrik handelt, gilt weiterhin $d(\sigma, \tau^*) = d(\sigma, \sigma) = 0$ und damit ist $d_{Min}(\sigma, \tau^*) = 0$. Summiert man beide Distanzen auf, so ergibt sich $d_{Min}(\kappa, \tau^*) + d_{Min}(\sigma, \tau^*) \leq k$.

Fall 2: Sei $M = Max$, d. h. es gilt $d_{Max}(\kappa, \sigma) \leq k$. Dann gilt $d(\kappa', \sigma) \leq k$ für alle totalen Erweiterungen $\kappa' \in \text{Ext}(\kappa)$. Es wird nun wieder $\tau^* = \sigma$ als Konsens gewählt. Dann gilt $d(\kappa', \tau^*) \leq k$ ebenfalls für alle totalen Erweiterungen $\kappa' \in \text{Ext}(\kappa)$ und damit ist $d_{Max}(\kappa, \tau^*) \leq k$. Erneut gilt $d(\sigma, \tau^*) = d(\sigma, \sigma) = 0$, da d eine Metrik ist, und damit ist $d_{Max}(\sigma, \tau^*) = 0$. Das Aufsummieren der beiden Distanzen ergibt $d_{Max}(\kappa, \tau^*) + d_{Max}(\sigma, \tau^*) \leq k$.

Fall 3: Sei $M = Z$, d. h. es gilt $d_Z(\kappa, \sigma) \leq k$. Nach Lemma 3.3 folgt daraus $d_{Min}(\kappa, \sigma) \leq k$. In Fall 1 wurde bereits gezeigt, dass in diesem Fall eine totale

Ordnung τ^* existiert mit $d_{Min}(\kappa,\tau^*) + d_{Min}(\sigma,\tau^*) \leq k$. Durch eine erneute Anwendung von Lemma 3.3 gilt dann auch $d_Z(\kappa,\tau^*) + d_Z(\sigma,\tau^*) \leq k$.

Fall 4: Sei $M = H$, d. h. es gilt $d_H(\kappa,\sigma) \leq k$. Nach Lemma 3.3 folgt daraus $d_{Max}(\kappa,\sigma) \leq k$. In Fall 2 wurde bereits gezeigt, dass in diesem Fall eine totale Ordnung τ^* existiert mit $d_{Max}(\kappa,\tau^*) + d_{Max}(\sigma,\tau^*) \leq k$. Durch eine erneute Anwendung von Lemma 3.3 gilt dann auch $d_H(\kappa,\tau^*) + d_H(\sigma,\tau^*) \leq k$.

Fasst man die Ergebnisse der vier Fälle zusammen, dann impliziert eine positive Antwort für das einseitige Distanzproblem unter d_M eine positive Antwort für das Rangordnungsproblem unter d_M.

Für den zweiten Teil des Beweises existiere ein Konsens τ^* mit $d_M(\kappa,\tau^*) + d_M(\sigma,\tau^*) \leq k$. Es werden erneut vier Fälle unterschieden.

Fall 1: Sei $M = Min$, d. h. es gilt $d_{Min}(\kappa,\tau^*) + d_{Min}(\sigma,\tau^*) \leq k$. Damit existiert eine totale Erweiterung $\kappa' \in \text{Ext}(\kappa)$ mit $d(\kappa',\tau^*) + d_{Min}(\sigma,\tau^*) \leq k$. Da σ und τ^* totale Ordnungen sind, gilt $d_{Min}(\sigma,\tau^*) = d(\sigma,\tau^*)$, und damit $d(\kappa',\tau^*) + d(\sigma,\tau^*) \leq k$. Da es sich bei d um eine Metrik handelt, für die die Dreiecksungleichung gilt, folgt $d(\kappa',\sigma) \leq k$ und damit ist $d_{Min}(\kappa,\sigma) \leq k$.

Fall 2: Sei $M = Max$, d. h. es gilt $d_{Max}(\kappa,\tau^*) + d_{Max}(\sigma,\tau^*) \leq k$. Damit gilt $d(\kappa',\tau^*) + d_{Max}(\sigma,\tau^*) \leq k$ für alle totalen Erweiterungen $\kappa' \in \text{Ext}(\kappa)$. Da σ und τ^* totale Ordnungen sind, gilt $d_{Max}(\sigma,\tau^*) = d(\sigma,\tau^*)$, und damit $d(\kappa',\tau^*) + d(\sigma,\tau^*) \leq k$ für alle $\kappa' \in \text{Ext}(\kappa)$. Da es sich bei d um eine Metrik handelt, für die die Dreiecksungleichung gilt, folgt $d(\kappa',\sigma) \leq k$ für alle $\kappa' \in \text{Ext}(\kappa)$, und damit ist $d_{Max}(\kappa,\sigma) \leq k$.

Fall 3: Sei $M = Z$, d. h. es gilt $d_Z(\kappa,\tau^*) + d_Z(\sigma,\tau^*) \leq k$. Nach Lemma 3.3 folgt daraus $d_{Min}(\kappa,\tau^*) + d_{Min}(\sigma,\tau^*) \leq k$. In Fall 1 wurde bereits gezeigt, dass dann $d_{Min}(\kappa,\sigma) \leq k$ gilt. Wiederum nach Lemma 3.3 folgt daraus $d_Z(\kappa,\sigma) \leq k$.

Fall 4: Sei $M = H$, d. h. es gilt $d_H(\kappa,\tau^*) + d_H(\sigma,\tau^*) \leq k$. Nach Lemma 3.3 folgt daraus $d_{Max}(\kappa,\tau^*) + d_{Max}(\sigma,\tau^*) \leq k$. In Fall 2 wurde bereits gezeigt, dass dann $d_{Max}(\kappa,\sigma) \leq k$ gilt. Wiederum nach Lemma 3.3 folgt daraus $d_H(\kappa,\sigma) \leq k$.

Damit sind die Instanz des einseitigen Distanzproblems und die Instanz des Rangordnungsproblems mit zwei Wählern äquivalent. Die Tatsache, dass die verwendete Reduktion offensichtlich in polynomieller Zeit durchgeführt werden kann, vervollständigt den Beweis. □

4
Distanzprobleme unter Kendalls Tau-Distanzen

Dieses Kapitel befasst sich mit Distanzproblemen unter Kendalls Tau-Distanzen. Kendalls Tau Distanz für totale Ordnungen kann trivial in $\mathcal{O}(n^2)$ Zeit berechnet werden, lässt sich jedoch auch in $\mathcal{O}(n \log n)$ Schritten ermitteln [Kni66, BBD09]. Fagin et al. [FKM+06] zeigen, dass sich die Hausdorff-Version von Kendalls Tau-Distanz für zwei schwache Ordnungen mittels Verfeinerungen charakterisieren lässt. Daraus ergibt sich für die Berechnung dieser Distanz ebenfalls eine Laufzeit von $\mathcal{O}(n \log n)$. Knight [Kni66] gibt für die Minimalversion von Kendalls Tau-Distanz für schwache Ordnungen eine Charakterisierung mittels Verfeinerungen (ohne Beweis) an. In den Laufzeiten bezeichnet n jeweils die Größe der Domäne der gegebenen Ordnungen. **NP**-harte Varianten von Distanzproblemen unter Kendalls Tau-Distanzen, die Approximationsalgorithmen oder eine Analyse der parametrisierten Komplexität erfordern würden, wurden bislang nicht betrachtet.

4.1 Komplexität

Es werden zunächst Distanzprobleme für schwache Ordnungen betrachtet. Dabei werden die Ergebnisse aus [FKM+06] über das Distanzproblem für zwei schwache Ordnungen unter der Hausdorff-Version von Kendalls Tau-Distanz auf Distanzprobleme für schwache Ordnungen unter den anderen Verallgemeinerungen von Kendalls Tau-Distanz übertragen. Insgesamt ergibt sich dann das folgende Resultat.

Satz 4.1. *Seien κ und μ zwei schwache Ordnungen über einer Domäne $\mathcal{D}$ und sei $n = |\mathcal{D}|$. Dann sind die folgenden Probleme effizient in einer Laufzeit von $\mathcal{O}(n \log n)$ lösbar:*

(i) *das Distanzproblem unter der Hausdorff-Version von Kendalls Tau-Distanz für κ und μ (aus [FKM+06]),*

(ii) *das Distanzproblem unter der Minimalversion von Kendalls Tau-Distanz für κ und μ (aus [Kni66] ohne Beweis),*

(iii) *das Distanzproblem unter der Maximalversion von Kendalls Tau-Distanz für κ und μ und*

(iv) *das Distanzproblem unter der Zentralversion von Kendalls Tau-Distanz für κ und μ.*

Beweis. Die folgende Behauptung charakterisiert die Hausdorff-Version von Kendalls Tau-Distanz zwischen κ und μ mit Hilfe von Verfeinerungen. Ihre Korrektheit wurde von Fagin et al. [FKM+06] gezeigt.

Behauptung 4.1. *[FKM+06] Für eine beliebige totale Ordnung ρ über $\mathcal{D}$ gilt*

$$K_H(\kappa, \mu) = \max\{K(\rho * \mu * \kappa, \rho * \kappa^R * \mu), K(\rho * \mu^R * \kappa, \rho * \kappa * \mu)\}.$$

Eine entsprechende Charakterisierung der Minimalversion von Kendalls Tau-Distanz aus [Kni66] lautet wie folgt.

Behauptung 4.2. *[Kni66] Für eine beliebige totale Ordnung ρ über $\mathcal{D}$ gilt*

$$K_{Min}(\kappa, \mu) = K(\rho * \mu * \kappa, \rho * \kappa * \mu).$$

Der Beweis der Behauptung kombiniert die Aussagen von Lemma 3.7 und Lemma 3.10. Für ein beliebiges, aber festes $\sigma \in \text{Ext}(\mu)$ wird nach Lemma 3.7 der Wert $K(\tau, \sigma)$ über allen $\tau \in \text{Ext}(\kappa)$ minimiert für $\tau = \sigma * \kappa$. Nach Lemma 3.10 wird der Wert $K(\sigma * \kappa, \sigma)$ über allen $\sigma \in \text{Ext}(\mu)$ minimiert für $\sigma = \rho * \kappa * \mu$. Damit ergibt sich

$$\min_{\sigma \in \text{Ext}(\mu)} \min_{\tau \in \text{Ext}(\kappa)} K(\tau, \sigma) = K(\rho * \kappa * \mu * \kappa, \rho * \kappa * \mu).$$

4.1. Komplexität

Da $\rho * \kappa * \mu * \kappa = \rho * \mu * \kappa$ gilt, ist die Behauptung bewiesen.

Eine entsprechende Behauptung lässt sich für die Maximalversion von Kendalls Tau-Distanz auf ähnliche Weise zeigen.

Behauptung 4.3. *Für eine beliebige totale Ordnung ρ über $\mathcal{D}$ gilt*

$$K_{Max}(\kappa, \mu) = K(\rho^R * \mu^R * \kappa, \rho * \kappa^R * \mu).$$

Der Beweis der Behauptung kombiniert in diesem Fall die Aussagen von Lemma 3.9 und Lemma 3.11. Für ein beliebiges, aber festes $\sigma \in \text{Ext}(\mu)$ wird nach Lemma 3.9 der Wert $K(\tau, \sigma)$ über allen $\tau \in \text{Ext}(\kappa)$ maximiert für $\tau = \sigma^R * \kappa$. Nach Lemma 3.11 wird der Wert $K(\sigma^R * \kappa, \sigma)$ über allen $\sigma \in \text{Ext}(\mu)$ maximiert für $\sigma = \rho * \kappa^R * \mu$. Damit ergibt sich

$$\max_{\sigma \in \text{Ext}(\mu)} \max_{\tau \in \text{Ext}(\kappa)} K(\tau, \sigma) = K((\rho * \kappa^R * \mu)^R * \kappa, \rho * \kappa^R * \mu).$$

Da $(\rho * \kappa^R * \mu)^R * \kappa = \rho^R * \kappa * \mu^R * \kappa = \rho^R * \mu^R * \kappa$ gilt, ist die Behauptung bewiesen.

Zuletzt wird eine entsprechende Behauptung für die Zentralversion von Kendalls Tau-Distanz ebenfalls auf ähnliche Weise gezeigt.

Behauptung 4.4. *Für eine beliebige totale Ordnung ρ über $\mathcal{D}$ gilt*

$$K_Z(\kappa, \mu) = \min\{K(\rho^R * \mu^R * \kappa, \rho * \kappa * \mu), K(\rho * \mu * \kappa, \rho^R * \kappa^R * \mu)\}.$$

Der Beweis der Behauptung kombiniert in diesem Fall die Aussagen von Lemma 3.9 und Lemma 3.12. Es wird eine Charakterisierung für den Fall $K_Z(\kappa, \mu) = \min_{\sigma \in \text{Ext}(\mu)} \max_{\tau \in \text{Ext}(\kappa)} K(\tau, \sigma)$ gezeigt. Die entsprechende Charakterisierung für den Fall $K_Z(\kappa, \mu) = \min_{\tau \in \text{Ext}(\kappa)} \max_{\sigma \in \text{Ext}(\mu)} K(\tau, \sigma)$ ergibt sich analog.

Für ein beliebiges, aber festes $\sigma \in \text{Ext}(\mu)$ wird nach Lemma 3.9 der Wert $K(\tau, \sigma)$ über allen $\tau \in \text{Ext}(\kappa)$ maximiert für $\tau = \sigma^R * \kappa$. Nach Lemma 3.12 wird der Wert $K(\sigma^R * \kappa, \sigma)$ über allen $\sigma \in \text{Ext}(\mu)$ minimiert für $\sigma = \rho * \kappa * \mu$. Damit ergibt sich

$$\min_{\sigma \in \text{Ext}(\mu)} \max_{\tau \in \text{Ext}(\kappa)} K(\tau, \sigma) = K((\rho * \kappa * \mu)^R * \kappa, \rho * \kappa * \mu).$$

Da $(\rho * \kappa * \mu)^R * \kappa = \rho^R * \kappa^R * \mu^R * \kappa = \rho^R * \mu^R * \kappa$ gilt, ist die Behauptung bewiesen.

Damit lassen sich alle Versionen von Kendalls Tau-Distanz für zwei schwache Ordnungen mit Hilfe von Verfeinerungen charakterisieren. Die Aussage des

Satzes ergibt sich dann aus der Tatsache, dass sich Verfeinerungen in $\mathcal{O}(n)$ Schritten berechnen lassen und Kendalls Tau-Distanz zwischen zwei totalen Ordnungen in $\mathcal{O}(n \log n)$ Schritten berechnet werden kann. □

Im Folgenden befasst sich dieser Abschnitt mit dem allgemeinsten Fall des Distanzproblems unter Kendalls Tau-Distanz, der Distanzberechnung zwischen partiellen Ordnungen. Es wird gezeigt, dass die Berechnung aller Versionen von Kendalls Tau-Distanz zwischen zwei partiellen Ordnungen entweder **NP**-vollständig oder **coNP**-vollständig ist, selbst wenn eine der beiden Ordnungen eine totale Ordnung ist.

Zunächst wird die **NP**-Vollständigkeit der Berechnung Minimalversion von Kendalls Tau-Distanz zwischen einer totalen und einer partiellen Ordnung durch eine Reduktion vom OSCM-4-Stern Problem, dem einseitigen Zwei-Level Kreuzungsminimierungsproblem, gezeigt. Die **NP**-Vollständigkeit bzw. **coNP**-Vollständigkeit für die Zentralversion von Kendalls Tau-Distanz, die Hausdorff-Version von Kendalls Tau-Distanz und die Maximalversion von Kendalls Tau-Distanz wird später aus diesem Resultat folgen. Die **NP**-Vollständigkeit des OSCM-4-Stern Problems wurde durch eine Reduktion vom Feedback-Arc-Set-Problem gezeigt [MUV02].

Satz 4.2. *Das Distanzproblem für eine totale und eine partielle Ordnung unter der Minimalversion von Kendalls Tau-Distanz ist* **NP***-vollständig.*

Beweis. Zum Beweis der Aussage wird das OSCM-4-Stern Problem benötigt. Dabei ist zunächst ein 4-Stern wie folgt definiert. Ein 4-Stern ist ein ungerichteter Graph bestehend aus fünf Knoten, davon vier Knoten vom Grad 1, die zum fünften Knoten vom Grad 4 adjazent sind. Eine Instanz des OSCM-4-Stern-Problems besteht nun aus einem ungerichteten Wald von *n 4-Sternen*, deren Knoten sich auf zwei Level, dem oberen und dem unteren Level, befinden. Für jeden 4-Stern i befinden sich die vier Knoten $a_1(i), a_2(i), a_3(i), a_4(i)$ vom Grad 1 auf dem oberen Level und der Knoten $a_*(i)$ vom Grad 4 auf dem unteren Level befindet. Dabei wird $a_*(i)$ als *Zentrum* des 4-Sterns bezeichnet. Weiterhin besteht die Instanz aus einer vorgegebenen Permutation σ' der Knoten auf dem oberen Level, sowie aus einem $k' \in \mathbb{N}$. Gefragt ist nun, ob eine Permutation der Knoten auf dem unteren Level existiert, so dass in der entstehenden Zeichnung des Graphen höchstens k' viele Kantenkreuzungen vorhanden sind. Zur Definition des OSCM-4-Stern Problems siehe auch Abbildung 4.1.

In einer Instanz des OSCM-4-Stern Problems sei $\mathcal{A}(i)$ die Menge der Knoten vom Grad 1 des Sterns i, wobei $\mathcal{A}(i) = \{a_1(i), a_2(i), a_3(i), a_4(i)\}$. Es sei

4.1. Komplexität

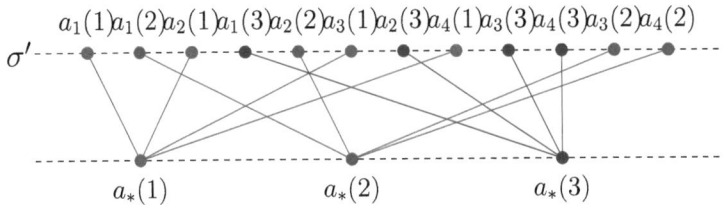

Abbildung 4.1. Zwei-Level Zeichnung einer Instanz des OSCM-4-Stern Problems

weiterhin $\mathcal{A} = \bigcup_{i \in \{1,\ldots,n\}} \mathcal{A}(i)$ die Menge der Knoten vom Grad 1 aller Sterne und damit die Menge aller Knoten auf dem oberen Level. Zuletzt bezeichne $\mathcal{A}_* = \bigcup_{i \in \{1,\ldots,n\}} a_*(i)$ die Menge aller Zentren und damit alle Knoten auf dem unteren Level.

Zum Beweis der **NP**-Vollständigkeit des Distanzproblems unter der Minimalversion von Kendalls Tau-Distanz wird das OSCM-4-Stern Problem, bestehend aus n 4-Sternen, einer Permutation σ' auf $\mathcal{A}$ sowie einem $k' \in \mathbb{N}$, reduziert auf eine Instanz des Distanzproblems, bestehend aus einer partiellen Ordnung κ und einer totalen Ordnung σ über einer Domäne $\mathcal{D}$ sowie aus einem $k \in \mathbb{N}$.

Zunächst werden alle Zentren $a_*(i) \in \mathcal{A}_*$ in vier Knoten vom Grad 1 aufgespalten. Jeder der entstandenen Knoten ist zu einem der Knoten aus $\mathcal{A}(i)$ adjazent und wird im Folgenden mit diesem identifiziert. Damit befindet sich nun auf dem unteren Level eine Knotenmenge mit der selben Kardinalität wie $\mathcal{A}$, wobei durch die Adjazenzbeziehung der Knoten eine Bijektion zwischen den beiden Mengen definiert ist. Das Aufsplitten der Knoten ist in Abbildung 4.2 dargestellt. Damit lässt sich das OSCM-4-Stern Problem nun leicht abgewandelt formulieren. Gegeben ist nun eine Permutation σ' auf einer Domäne $\mathcal{A}$ und ein $k' \in \mathbb{N}$. Gesucht ist weiterhin eine Permutation τ^+ über der Domäne $\mathcal{A}$, so dass in einer entstehenden Zwei-Level-Zeichnung höchstens k' viele Kreuzungen vorhanden sind, jedoch gilt nun die Einschränkung, dass für jedes i die vier Knoten $a_1(i)$, $a_2(i)$, $a_3(i)$ und $a_4(i)$ in τ^+ unmittelbar aufeinander folgen müssen. Diese Eigenschaft von τ^+ wird im Folgenden als *Nichtverschachtelung* (NV) bezeichnet. NV stellt sich formal wie folgt dar.

$$(\text{NV}) \quad \bigvee_{\substack{i,j \in \{1,\ldots,n\} \\ i \neq j}} \mathcal{A}(i) \prec_{\tau^+} \mathcal{A}(j) \vee \mathcal{A}(j) \prec_{\tau^+} \mathcal{A}(i),$$

Die Kreuzungszahl in der Zeichnung entspricht nun Kendalls Tau-Distanz zwischen σ' und τ^+. Eine ausführlichere Betrachtung zum Zusammenhang zwischen der Kreuzungszahl und Kendalls Tau-Distanz findet sich in [BBD09].

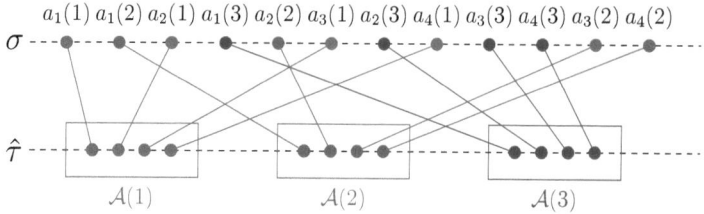

Abbildung 4.2. Die Instanz des OSCM-4-Stern Problems nach dem Aufsplitten der Zentren

Um nun NV zu erzwingen, wird die Domäne $\mathcal{A}$ um Kandidaten erweitert, die ihrer Funktion entsprechend als *Blocker* bezeichnet werden. Entsprechend werden auch in die gegebene totale Ordnung σ' an geeigneten Stellen Blocker eingefügt und so eine totale Ordnung σ konstruiert. Das Ziel dieser Vorgehensweise ist es eine partielle Ordnung κ auf der erweiterten Domäne festzulegen. Für eine totale Erweiterung $\tau \in \text{Ext}(\kappa)$ und ein noch geeignet zu wählendes k soll dann $K(\tau, \sigma) \leq k$ nur möglich sein, wenn NV von τ erfüllt wird. Insgesamt soll $K_{Min}(\kappa, \sigma) \leq k$ gelten, genau dann wenn ein $\tau^* \in \text{Ext}(\kappa)$ existiert mit $K(\sigma, \tau^*) \leq k$, welches zusätzlich NV erfüllt und, eingeschränkt auf die bisherige Domäne $\mathcal{A}$, höchstens k' Kreuzungen zu σ' in einer Zwei-Level Zeichnung verursacht. Die Instanz des OSCM-4-Stern Problems ist dann äquivalent zum Distanzproblem unter der Minimalversion von Kendalls Tau-Distanz auf κ, σ und k.

Für alle $i \in \{1, \ldots, n\}$ werden nun also die Kandidaten $l_1(i), l'_1(i), l_2(i), l'_2(i)$, $r_1(i), r'_1(i), r_2(i)$ und $r'_2(i)$ als Blocker eingeführt. Es wird nun folgende Notation verwendet. Sei $\mathcal{L}_1(i) = \{l_1(i), l'_1(i)\}$, $\mathcal{L}_2(i) = \{l_2(i), l'_2(i)\}$, $\mathcal{R}_1(i) = \{r_1(i), r'_1(i)\}$ und $\mathcal{R}_2(i) = \{r_2(i), r'_2(i)\}$. Weiterhin sei $\mathcal{L}(i) = \mathcal{L}_1(i) \cup \mathcal{L}_2(i)$, $\mathcal{R}(i) = \mathcal{R}_1(i) \cup \mathcal{R}_2(i)$, $\mathcal{L}_1 = \bigcup_{i \in \{1,\ldots,n\}} \mathcal{L}_1(i)$, $\mathcal{L}_2 = \bigcup_{i \in \{1,\ldots,n\}} \mathcal{L}_2(i)$, $\mathcal{R}_1 = \bigcup_{i \in \{1,\ldots,n\}} \mathcal{R}_1(i)$ und $\mathcal{R}_2 = \bigcup_{i \in \{1,\ldots,n\}} \mathcal{R}_2(i)$. Seien zuletzt $\mathcal{B}(i) = \mathcal{L}(i) \cup \mathcal{R}(i)$ die *i-ten Blocker*, $\mathcal{A}(i)$ die *i-ten inneren Kandidaten* und $\mathcal{G}(i) = \mathcal{L}(i) \cup \mathcal{A}(i) \cup \mathcal{R}(i)$ *das i-te Gadget*. Zuletzt sei $\mathcal{D} = \bigcup_{i \in \{1,\ldots,n\}} \mathcal{G}(i)$ die neue Domäne. Aus einer Instanz des OSCM-4-Stern Problems mit n 4-Sternen wird also eine Domäne $\mathcal{D}$ bestehend aus $12n$ Kandidaten konstruiert.

Die partielle Ordnung κ sei durch die folgenden Vorgaben definiert.

$$\forall_{i \in \{1,\ldots,n\}} a_1(i) \prec_\kappa a_2(i) \prec_\kappa a_3(i) \prec_\kappa a_4(i)$$

4.1. Komplexität

$$\bigforall_{i\in\{1,\ldots,n\}} l_1(i) \prec_\kappa l'_1(i) \prec_\kappa l_2(i) \prec_\kappa l'_2(i)$$

$$\bigforall_{i\in\{1,\ldots,n\}} r_1(i) \prec_\kappa r'_1(i) \prec_\kappa r_2(i) \prec_\kappa r'_2(i)$$

$$\bigforall_{i\in\{1,\ldots,n\}} \mathcal{L}(i) \prec_\kappa \mathcal{A}(i) \prec_\kappa \mathcal{R}(i)$$

$$\bigforall_{i,j\in\{1,\ldots,n\}} \bigforall_{g\in\mathcal{G}(i)} \bigforall_{g'\in\mathcal{G}(j)} i \neq j \Rightarrow g \not\prec_\kappa g'$$

Jedes Gadget $\mathcal{G}(i)$ wird also durch κ total geordnet, während Kandidaten aus zwei verschiedenen Gadgets miteinander unvergleichbar sind.

Die totale Ordnung σ auf $\mathcal{D}$ ist wie folgt definiert.

$$\mathcal{R}_2 \prec_\sigma \mathcal{R}_1 \prec_\sigma \mathcal{A} \prec_\sigma \mathcal{L}_2 \prec_\sigma \mathcal{L}_1$$

$$\bigforall_{a,a'\in\mathcal{A}} a \prec_{\sigma'} a' \Rightarrow a \prec_\sigma a' \quad \text{und}$$

$$\bigforall_{i,j\in\{1,\ldots,n\}} i < j \Rightarrow \mathcal{L}_1(i) \prec_\sigma \mathcal{L}_1(j)$$

$$\bigforall_{i,j\in\{1,\ldots,n\}} i < j \Rightarrow \mathcal{R}_2(i) \prec_\sigma \mathcal{R}_2(j)$$

$$\bigforall_{i,j\in\{1,\ldots,n\}} i > j \Rightarrow \mathcal{L}_2(i) \prec_\sigma \mathcal{L}_2(j)$$

$$\bigforall_{i,j\in\{1,\ldots,n\}} i > j \Rightarrow \mathcal{R}_1(i) \prec_\sigma \mathcal{R}_1(j)$$

$$\bigforall_{i\in\{1,\ldots,n\}} l_1(i) \prec_\sigma l'_1(i)$$

$$\bigforall_{i\in\{1,\ldots,n\}} l_2(i) \prec_\sigma l'_2(i)$$

$$\bigforall_{i\in\{1,\ldots,n\}} r_1(i) \prec_\sigma r'_1(i)$$

$$\bigforall_{i\in\{1,\ldots,n\}} r_2(i) \prec_\sigma r'_2(i)$$

Die Anordnung der Kandidaten eines einzelnen Gadgets durch κ und σ ist in Abbildung 4.3 illustriert. Zuletzt sei $k = 32n^2 + 24n + k'$.

Vor dem eigentlichen Korrektheitsbeweis der Reduktion werden nun die Lösungen τ^* des Distanzproblems bezüglich der Anzahl der Kreuzungen verursacht durch Blocker und innere Kandidaten analysiert. Dazu wird folgende Notation verwendet. Für Teilmengen $X, Y \subseteq \mathcal{D}$, sei

$$\chi^{\sigma}_{\tau^*}(X,Y) = |\{(x,y) \in X \times Y : (\sigma(x) - \sigma(y))(\tau^*(x) - \tau^*(y)) < 0\}|$$

und sei $\chi^{\sigma}_{\tau^*}(X) = \frac{1}{2}\chi^{\sigma}_{\tau^*}(X,X)$. Damit zählt also $\chi^{\sigma}_{\tau^*}(X,Y)$ die Paare $(x,y) \in X \times Y$, in denen sich τ^* und σ widersprechen, d. h. in denen τ^* x vor y ordnet und σ y vor x ordnet oder umgekehrt. Dann gilt $K(\tau^*, \sigma) = \chi^{\sigma}_{\tau^*}(\mathcal{D})$.

Kendalls Tau-Distanz zwischen τ^* und σ entspricht wie bereits erwähnt der Kreuzungszahl in einer Zwei-Level-Zeichnung (siehe auch [BBD09]). Diese wiederum setzt sich zusammen aus den Kreuzungen von Kandidaten

- innerhalb eines Gadgets, $\chi^{\sigma}_{\tau^*}(\mathcal{G}(i))$,

- zwischen den Blockern eines Gadgets und den Blockern eines anderen Gadgets, $\chi^{\sigma}_{\tau^*}(\mathcal{B}(i), \mathcal{B}(j))$,

- zwischen den inneren Kandidaten eines Gadgets und den Blockern eines anderen Gadgets, $\chi^{\sigma}_{\tau^*}(\mathcal{A}(i), \mathcal{B}(j))$, sowie

- zwischen den inneren Kandidaten eines Gadgets und den inneren Kandidaten eines anderen Gadgets, $\chi^{\sigma}_{\tau^*}(\mathcal{A}(i), \mathcal{A}(j))$.

Behauptung 4.5. $\chi^{\sigma}_{\tau^*}(\mathcal{G}(i))$, *also die Anzahl der Kreuzungen innerhalb des i-ten Gadgets, ist konstant* 56 *für alle* $i \in \{1, \ldots, n\}$.

Da jedes Gadget sowohl durch σ als auch durch κ total geordnet ist, ist $\chi^{\sigma}_{\tau^*}(\mathcal{G}(i))$ konstant. Der Wert 56 kann anhand von Abbildung 4.3 nachgezählt werden.

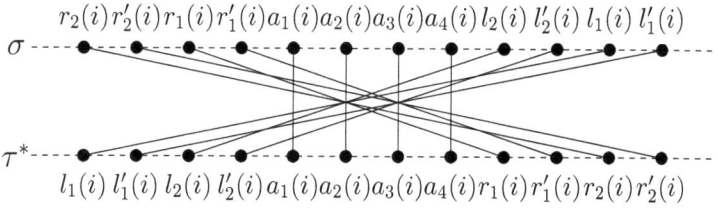

Abbildung 4.3. Die Kreuzungszahl innerhalb eines Gadgets

4.1. Komplexität

Behauptung 4.6. $\chi^{\sigma}_{\tau^*}(\mathcal{B}(i), \mathcal{B}(j))$, *also die Anzahl der Kreuzungen zwischen den Blockern eines Gadgets $\mathcal{G}(i)$ und den Blockern eines anderen Gadgets $\mathcal{G}(j)$, ist 32 wenn $\mathcal{G}(i)$ und $\mathcal{G}(j)$ in τ^* nicht verschachtelt auftreten, d. h. wenn gilt $\mathcal{G}(i) \prec_{\tau^*} \mathcal{G}(j) \vee \mathcal{G}(j) \prec_{\tau^*} \mathcal{G}(i)$, also wenn jeder Kandidat aus $\mathcal{G}(i)$ von τ^* vor jedem Kandidaten aus $\mathcal{G}(j)$ geordnet wird oder umgekehrt. Anderenfalls gilt $\chi^{\sigma}_{\tau^*}(\mathcal{B}(i), \mathcal{B}(j)) > 32$.*

O. B. d. A. sei $i < j$. Da jedes Gadget sowohl von σ als auch von τ^* total geordnet wird, ist $\chi^{\sigma}_{\tau^*}(\mathcal{B}(i), \mathcal{B}(j))$ ausschließlich von der Verschachtelung der beiden Gadgets abhängig, d. h. welcher Blocker des i-ten Gadgets in welchem *Sektor* (zwischen welchen Blockern) des j-ten Gadgets platziert wird (siehe dazu Abbildung 4.4). Die Sektoren des j-ten Gadgets seien dabei wie folgt definiert.

Sektor	Beschreibung
S_0	vor $l_1(j)$
S_1	zwischen $l_1(j)$ und $l'_1(j)$
S_2	zwischen $l'_1(j)$ und $l_2(j)$
S_3	zwischen $l_2(j)$ und $l'_2(j)$
S_4	zwischen $l'_2(j)$ und $r_1(j)$
S_5	zwischen $r_1(j)$ und $r'_1(j)$
S_6	zwischen $r'_1(j)$ und $r_2(j)$
S_7	zwischen $r_2(j)$ und $r'_2(j)$
S_8	nach $r'_2(j)$

Die Anzahl der Kreuzungen kann nun für jedes Paar von Blocker und Sektor getrennt berechnet werden.

Das Problem die Verschachtelung zweier Gadgets mit der kleinsten Anzahl an Kreuzungen zu finden wird nun als Wegeproblem modelliert (siehe Abbildung 4.5). Enthält ein Pfad eine Kante (S_m, b), so entspricht dies dem Platzieren von b in Sektor S_m. Das Gewicht der Kante (S_m, b) entspricht der zusätzlichen Anzahl an Kreuzungen, die entstehen, wenn b in Sektor S_m anstatt in Sektor S_0 platziert wird. Wenn also beispielsweise der Kandidat $r'_1(i)$ in Sektor S_2 platziert wird, d. h. $l'_1(j) \prec_{\tau^*} r'_1(i) \prec_{\tau^*} l_2(j)$, verursacht er $\chi^{\sigma}_{\tau^*}(\{r'_1(i)\}, \mathcal{B}(j)) = 6$ Kreuzungen. Wird $r'_1(i)$ dagegen in Sektor S_0 platziert, d. h. $r'_1(i) \prec_{\tau^*} l_1(j)$, verursacht er $\chi^{\sigma}_{\tau^*}(\{r'_1(i)\}, \mathcal{B}(j)) = 4$ Kreuzungen. Damit wird also das Gewicht der Kante $(S_2, r'_1(i))$ auf $6-4 = 2$ gesetzt. Jeder Pfad im Graphen entspricht also einer möglichen Verschachtelung der Gadgets $\mathcal{G}(i)$ und $\mathcal{G}(j)$. Die Länge des Pfades entspricht der Differenz zwischen dem Wert von $\chi^{\sigma}_{\tau^*}(\mathcal{B}(i), \mathcal{B}(j))$, wenn die entsprechende Verschachtelung gewählt wird, und dem Wert von $\chi^{\sigma}_{\tau^*}(\mathcal{B}(i), \mathcal{B}(j))$,

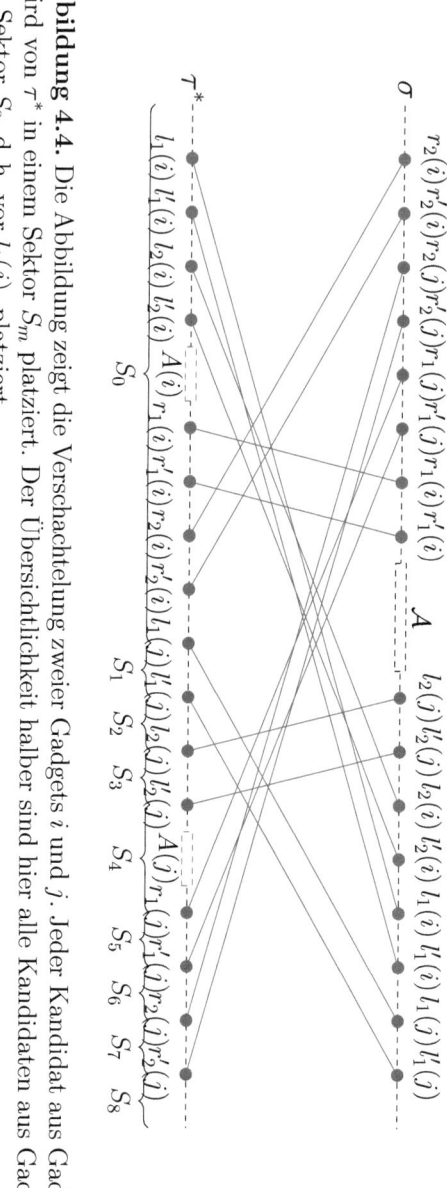

Abbildung 4.4. Die Abbildung zeigt die Verschachtelung zweier Gadgets i und j. Jeder Kandidat aus Gadget i wird von τ^* in einem Sektor S_m platziert. Der Übersichtlichkeit halber sind hier alle Kandidaten aus Gadget i in Sektor S_0, d. h. vor $l_1(j)$, platziert.

4.1. Komplexität

wenn alle Kandidaten aus $\mathcal{B}(i)$ im Sektor S_0, also vor allen Kandidaten aus $\mathcal{B}(j)$, platziert werden. Werden nun alle Kandidaten aus $\mathcal{B}(i)$ im Sektor S_0 platziert, dann ergibt sich durch Nachzählen (siehe Abbildung 4.4) $\chi^{\sigma}_{\tau^*}(\mathcal{B}(i), \mathcal{B}(j)) = 32$. Der Pfadgraph (siehe Abbildung 4.5) enthält nun zwei kürzeste Wege der Länge 0, die den Verschachtelungen entsprechen, in denen $\mathcal{G}(i)$ und $\mathcal{G}(j)$ von τ^* getrennt werden. Diese beiden Verschachtelungen verursachen also jeweils 32 Kreuzungen, während alle anderen Verschachtelungen echt mehr Kreuzungen verursachen. Damit ist die Behauptung bewiesen.

Behauptung 4.7. $\chi^{\sigma}_{\tau^*}(\mathcal{A}(i), \mathcal{B}(j))$, *die Anzahl der Kreuzungen zwischen den inneren Elementen eines Gadgets i und den Blockern eines anderen Gadgets j, beträgt 16, wenn $\mathcal{A}(i)$ und $\mathcal{B}(j)$ von τ^* getrennt werden. Ansonsten gilt* $\chi^{\sigma}_{\tau^*}(\mathcal{A}(i), \mathcal{B}(j)) > 16$.

Jeder innere Kandidat aus $\mathcal{A}(i)$ verursacht Kreuzungen entweder mit allen Kandidaten aus $\mathcal{L}(j)$ oder mit allen Kandidaten aus $\mathcal{R}(j)$. Werden $\mathcal{A}(i)$ und $\mathcal{B}(j)$ von τ^* getrennt, so entstehen keine weiteren Kreuzungen und es gilt $\chi^{\sigma}_{\tau^*}(\mathcal{A}(i), \mathcal{B}(j)) = 16$. Jeder innere Kandidat $a \in \mathcal{A}(i)$, der von τ^* nicht von $\mathcal{A}(j)$ getrennt wird, d. h. $\mathcal{L}(j) \prec_{\tau^*} a \prec_{\tau^*} \mathcal{R}(j)$, verursacht zusätzliche Kosten von 4, da er Kreuzungen sowohl mit den vier Kandidaten aus $\mathcal{L}(j)$ als auch mit den vier Kandidaten aus $\mathcal{R}(j)$ verursacht.

Mit Hilfe der obigen drei Behauptungen lässt sich nun die Korrektheit der Reduktion zeigen.

Zunächst wird angenommen, dass eine Permutation τ^+ über $\mathcal{A}$ für die Instanz des OSCM-4-Stern Problems existiert, die höchstens k' viele Kreuzungen verursacht. Aus τ^+ lässt sich eine totale Erweiterung $\tau^* \in \text{Ext}(\kappa)$ über $\mathcal{D}$ ermitteln, wobei $K(\tau^*, \sigma) \leq k$ ist. Sei τ^* diejenige totale Ordnung, die die einzelnen Gadgets trennt und sie dabei entsprechend der Reihenfolge der Zentren der Sterne aus τ^+ ordnet. Die Gesamtzahl der Kreuzungen zwischen τ^* und σ ergibt sich nun wie folgt.

$$\chi^{\sigma}_{\tau^*}(\mathcal{D}) = \sum_{i \in \{1,\ldots,n\}} \chi^{\sigma}_{\tau^*}(\mathcal{G}(i)) + \sum_{\substack{i,j \in \{1,\ldots,n\} \\ i<j}} \chi^{\sigma}_{\tau^*}(\mathcal{B}(i), \mathcal{B}(j)) +$$

$$+ \sum_{\substack{i,j \in \{1,\ldots,n\} \\ i \neq j}} \chi^{\sigma}_{\tau^*}(\mathcal{A}(i), \mathcal{B}(j)) + \sum_{\substack{i,j \in \{1,\ldots,n\} \\ i<j}} \chi^{\sigma}_{\tau^*}(\mathcal{A}(i), \mathcal{A}(j)) .$$

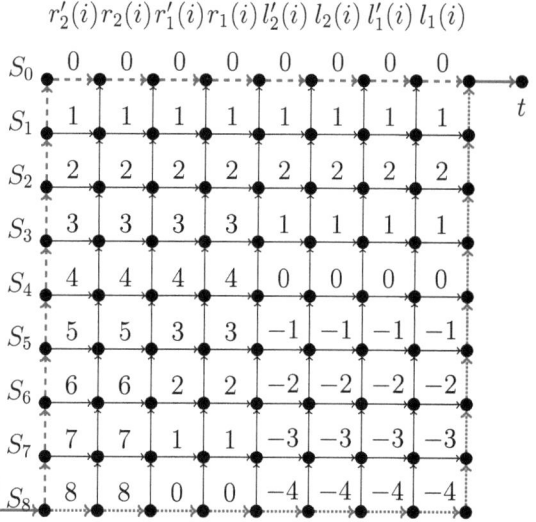

Abbildung 4.5. Die Abbildung zeigt einen Pfadgraph, der die Verschachtelung zweier Gadgets i und j modelliert. Der rote Pfad entspricht der Verschachtelung, die in Abbildung 4.4 dargestellt ist. Der rote und der grüne Pfad sind die beiden kürzesten Wege im Pfadgraph und entsprechen $\mathcal{G}(i) \prec_{\tau^*} \mathcal{G}(j)$ bzw. $\mathcal{G}(j) \prec_{\tau^*} \mathcal{G}(i)$.

4.1. Komplexität

Es werden nun die obigen Behauptungen angewendet, wobei berücksichtigt wird, dass $\mathcal{G}(i)$ und $\mathcal{G}(j)$ für alle $i,j \in \{1,\ldots,n\}$ und $i \neq j$ von τ^* getrennt werden. Damit ergibt sich

$$\sum_{i \in \{1,\ldots,n\}} \chi^{\sigma}_{\tau^*}(\mathcal{G}(i)) = 56n\,,$$

$$\sum_{\substack{i,j \in \{1,\ldots,n\} \\ i<j}} \chi^{\sigma}_{\tau^*}(\mathcal{B}(i),\mathcal{B}(j)) = 32\frac{n(n-1)}{2} \text{ und}$$

$$\sum_{\substack{i,j \in \{1,\ldots,n\} \\ i \neq j}} \chi^{\sigma}_{\tau^*}(\mathcal{A}(i),\mathcal{B}(j)) = 16n(n-1)\,.$$

Aufgrund der Annahme, dass die Lösung τ^+ der Instanz des OSCM-4-Stern Problems höchstens k' Kreuzungen verursacht, folgt zuletzt

$$\sum_{\substack{i,j \in \{1,\ldots,n\} \\ i<j}} \chi^{\sigma}_{\tau^*}(\mathcal{A}(i),\mathcal{A}(j)) \leq k'\,.$$

Das Aufsummieren dieser Werte liefert

$$K_{Min}(\kappa,\sigma) \leq K(\tau^*,\sigma) = \chi^{\sigma}_{\tau^*}(\mathcal{D}) \leq 56n + 32\frac{n(n-1)}{2} + 16n(n-1) + k' =$$
$$= 32n^2 + 24n + k' = k\,.$$

Für den zweiten Teil des Korrektheitsbeweises wird nun angenommen, dass $K_{Min}(\kappa,\sigma) \leq k$ gilt. Dann existiert ein $\tau^* \in \text{Ext}(\kappa)$ mit $K(\tau^*,\sigma) \leq k$. Es werden nun zwei Fälle unterschieden, je nachdem, ob τ^* NV erfüllt oder nicht.

Fall 1: Die Ordnung τ^* erfüllt NV. Dann kann aus τ^* eine Lösung τ^+ für die Instanz des OSCM-4-Stern Problems erzeugt werden, indem die Zentren der Sterne in τ^+ entsprechend der Gadgets in τ^* angeordnet werden. Dann verursacht τ^+ ebenso viele Kreuzungen wie $\chi^{\sigma}_{\tau^*}(\mathcal{A}(i),\mathcal{A}(j))$, die inneren Kandidaten in τ^*. Die Anzahl der Kreuzungen der inneren Kandidaten in τ^* wiederum ergibt sich unter Berücksichtigung der obigen Behauptungen wie folgt.

$$\sum_{\substack{i,j \in \{1,\ldots,n\} \\ i<j}} \chi^{\sigma}_{\tau^*}(\mathcal{A}(i),\mathcal{A}(j)) \leq k - 32n^2 - 24n = k'$$

Fall 2: Die Ordnung τ^* erfüllt NV nicht. Es wird nun eine totale Ordnung $\tau^{**} \in \text{Ext}(\kappa)$ aus τ^* konstruiert. Dabei trennt τ^{**} die einzelnen Gadgets und ordnet sie in der Reihenfolge, in der τ^* die entsprechenden a_1-Kandidaten ordnet, d. h.

$$\bigvee_{\substack{i,j\in\{1,\ldots,n\}\\i\neq j}} \mathcal{G}(i) \prec_{\tau^{**}} \mathcal{G}(j) \Leftrightarrow a_1(i) \prec_{\tau^*} a_1(j).$$

Nun erfüllt τ^{**} offensichtlich NV. Es bleibt $K(\tau^{**},\sigma) \leq K(\tau^*,\sigma) \leq k$ zu zeigen. Angenommen $K(\tau^{**},\sigma) > K(\tau^*,\sigma)$. Aufgrund der obigen Behauptungen verursacht τ^* aber mehr Kreuzungen zwischen Paaren von Blockern und mindestens genauso viele Kreuzungen zwischen Blockern und inneren Kandidaten wie τ^{**}. Damit muss τ^* weniger Kreuzungen zwischen den inneren Kandidaten verursachen als τ^{**}. Sei a ein beliebiger innerer Kandidat und sei j ein Gadget mit $a \notin \mathcal{A}(j)$. Im Vergleich zu τ^{**} kann τ^* höchstens $\chi^\sigma_{\tau^{**}}(\{a\},\mathcal{A}(j)) \leq 4$ Kreuzungen einsparen, indem es a zwischen den Elementen von $\mathcal{A}(j)$ platziert. Dann gilt jedoch wie oben gezeigt $\chi^\sigma_{\tau^*}(\{a\},\mathcal{B}(j)) = \chi^\sigma_{\tau^{**}}(\{a\},\mathcal{B}(j))+4$. Damit kann τ^* durch keine Platzierung der inneren Kandidaten weniger Kreuzungen verursachen als τ^{**} und es gilt $K(\tau^{**},\sigma) \leq K(\tau^*,\sigma) \leq k$. Da τ^{**} zusätzlich NV erfüllt, folgt analog zu Fall 1, dass eine Lösung τ^+ für die Instanz des OSCM-4-Stern Problems existiert, die höchstens k' viele Kreuzungen verursacht.

Zusammenfassend wurde also gezeigt, dass aus einer Instanz des OSCM-4-Stern Problems eine Instanz des Distanzproblems konstruiert werden kann, so dass eine Lösung der Instanz des OSCM-4-Stern Problems mit höchstens k' Kreuzungen existiert, genau dann wenn die Minimalversion von Kendalls Tau-Distanz höchstens den Wert k annimmt. Damit ist das Distanzproblem **NP**-hart. Da in polynomieller Zeit eine totale Ordnung τ^* geraten werden kann, und da ebenfalls in polynomieller Zeit überprüft werden kann, ob $\tau^* \in \mathrm{Ext}(\kappa)$ und $K(\tau^*,\sigma) \leq k$ gilt, ist das Distanzproblem in **NP** und damit **NP**-vollständig. □

Aus der eben gezeigten **NP**-Vollständigkeit des Distanzproblems unter der Minimalversion von Kendalls Tau-Distanz für eine partielle und eine totale Ordnung und der Tatsache, dass die Minimalversion und die Zentralversion von Kendalls Tau-Distanz identisch sind, wenn zumindest eine der beiden beteiligten Ordnungen total ist (Lemma 3.3), ergibt sich sofort das folgende Resultat.

Korollar 4.1. *Das Distanzproblem unter der Zentralversion von Kendalls Tau-Distanz für eine partielle und eine totale Ordnung ist* **NP***-vollständig.*

Das eben gezeigte Resultat bildet nun den Ausgangspunkt für die Analyse der Komplexität des Distanzproblems unter Maximalversion und der Hausdorff-Version von Kendalls Tau-Distanz.

Satz 4.3. *Das Distanzproblem unter Maximalversion von Kendalls Tau-Distanz für eine partielle und eine totale Ordnung ist* **coNP***-vollständig.*

4.1. Komplexität

Beweis. Die **coNP**-Vollständigkeit des Distanzproblems unter der Maximalversion von Kendalls Tau-Distanz zwischen einer partiellen und einer totalen Ordnung wird ausgehend vom entsprechenden Distanzproblem unter der Minimalversion von Kendalls Tau-Distanz gezeigt, dessen **NP**-Vollständigkeit bereits bekannt ist (Satz 4.2). Als Zwischenschritt muss dazu die **NP**-Vollständigkeit eines *modifizierten Distanzproblems* bewiesen werden.

Seien eine partielle Ordnung κ und eine totale Ordnung σ über einer Domäne $\mathcal{D}$, sowie eine natürliche Zahl k eine Instanz des Distanzproblems unter der Minimalversion von Kendalls Tau-Distanz, in welchem gefragt ist, ob $K_{Min}(\kappa, \sigma) \leq k$ gilt. Dieses wird nun auf eine Instanz des modifizierten Distanzproblems, bestehend aus einer partiellen Ordnung κ' und einer totalen Ordnung σ' über $\mathcal{D}$, sowie einer natürlichen Zahl k' reduziert. Im modifizierten Distanzproblem ist gefragt, ob eine totale Erweiterung $\tau' \in \text{Ext}(\kappa')$ existiert mit $K(\tau', \sigma) \geq k'$. Für die Reduktion wird $\kappa' = \kappa$, $\sigma' = \sigma^R$ und $k' = \binom{|\mathcal{D}|}{2} - k$ gesetzt.

Zum Beweis der Korrektheit der Reduktion lässt sich zunächst feststellen, dass für jedes $\tau \in \text{Ext}(\kappa)$, jedes der $\binom{|\mathcal{D}|}{2}$ Paare von Kandidaten genau eins entweder zu $K(\tau, \sigma)$ oder zu $K(\tau, \sigma^R)$ beiträgt, d. h. $K(\tau, \sigma) + K(\tau, \sigma^R) = \binom{|\mathcal{D}|}{2}$. Wegen $\kappa = \kappa'$ folgt dann sofort $\exists \tau \in \text{Ext}(\kappa) : K(\tau, \sigma) \leq k \Leftrightarrow \exists \tau' \in \text{Ext}(\kappa') : K(\tau', \sigma') \geq \binom{|\mathcal{D}|}{2} - k$ und die **NP**-Härte des modifizierten Distanzproblems ist bewiesen. Seine **NP**-Vollständigkeit ergibt sich nun sofort, da die Zugehörigkeit des Problems zur Klasse **NP** offensichtlich ist, und da die obige Reduktion in polynomieller Zeit durchgeführt werden kann.

Aus der **NP**-Vollständigkeit des modifizierten Distanzproblems folgt nun die **coNP**-Vollständigkeit des Distanzproblems unter der Maximalversion von Kendalls Tau-Distanz. Sei eine partielle Ordnung κ'' und eine totale Ordnung τ'' über $\mathcal{D}$, sowie eine natürliche Zahl k'' eine Instanz des Distanzproblems unter der Maximalversion von Kendalls Tau-Distanz, in der gefragt ist, ob $K_{Max}(\kappa'', \sigma'') \leq k''$ gilt. Nach Lemma 3.1 ist gefragt, ob $K(\tau'', \sigma'') \leq k''$ für alle $\tau'' \in \text{Ext}(\kappa'')$ gilt. Damit ist das Distanzproblem unter der Maximalversion von Kendalls Tau-Distanz das komplementäre Problem des modifizierten Distanzproblems. Das komplementäre Problem eines **NP**-vollständigen Problems ist immer **coNP**-vollständig (siehe beispielsweise [GJ90, Pap94]). □

Aus der eben gezeigten **coNP**-Vollständigkeit des Distanzproblems unter der Maximalversion von Kendalls Tau-Distanz für eine partielle und eine totale Ordnung und der Tatsache, dass die Maximalversion und die Hausdorff-Version von Kendalls Tau-Distanz identisch sind, wenn zumindest eine der beiden beteiligten Ordnungen total ist (Lemma 3.3), ergibt sich sofort das folgende Resultat.

Korollar 4.2. *Das Distanzproblem unter der Hausdorff-Version von Kendalls Tau-Distanz für eine partielle und eine totale Ordnung ist* **coNP**-*vollständig.*

4.2 Approximierbarkeit

Es wird nun die Approximierbarkeit des Distanzproblems unter der Minimalversion und der Zentralversion von Kendalls Tau-Distanz zwischen einer partiellen und einer totalen Ordnung betrachtet. Dazu wird gezeigt, dass ersteres Problem ein Spezialfall des eingeschränkten Feedback-Arc-Set-Problems auf Turniergraphen ist. Dieses wiederum ist bereits als 3-approximierbar bekannt [vZW09]. In vorliegendem Spezialfall ist sogar eine 2-Approximation möglich. Um dies zu zeigen, ist eine Anpassung des Beweises aus [vZW09] nötig.

Satz 4.4. *Das Distanzproblem unter der Minimalversion von Kendalls Tau-Distanz zwischen einer partiellen und einer totalen Ordnung ist 2-approximierbar.*

Beweis. Es wird zunächst das eingeschränkte Feedback-Arc-Set-Problem auf Turniergraphen betrachtet, dessen 3-Approximierbarkeit bekannt ist, und als dessen Spezialfall sich das Distanzproblem unter der Minimalversion von Kendalls Tau-Distanz erweisen wird. Eine Instanz des eingeschränkten Feedback-Arc-Set-Problems auf Turniergraphen besteht aus einem Turniergraphen $T = (V, A_{fix} \cup A_{frei})$, wobei die Kanten aus A_{fix} eine partielle Ordnung bilden. Das bedeutet für alle $u, v, w \in V$ gilt $(u, v) \in A_{fix} \land (v, w) \in A_{fix} \Rightarrow (u, w) \in A_{fix}$ (Transitivität) und es existiert kein Zyklus, der ausschließlich aus Kanten aus A_{fix} besteht. Die von einer partiellen Ordnung geforderten Eigenschaften der Symmetrie und der Irreflexivität gelten ebenfalls, da alle in dieser Arbeit betrachteten Graphen schleifenfrei sind, und da es sich bei dem gegebenen Graphen um einen Turniergraphen handelt. Gesucht ist nun eine totale Ordnung τ^* auf V, so dass $x \prec_{\tau^*} y$ für alle Kanten $(x, y) \in A_{fix}$ gilt, und so dass die Anzahl der Kanten $(x, y) \in A_{frei}$, für die $y \prec_{\tau^*} x$ gilt, minimal ist.

Behauptung 4.8. *Das Distanzproblem unter der Minimalversion von Kendalls Tau-Distanz für eine partielle und eine totale Ordnung kann in ein äquivalentes eingeschränktes Feedback-Arc-Set-Problem auf Turniergraphen überführt werden.*

Das Distanzproblem unter der Minimalversion von Kendalls Tau-Distanz zwischen einer partiellen Ordnung κ und einer totalen Ordnung σ über einer

Domäne $\mathcal{D}$ sucht eine totale Erweiterung $\tau^* \in \text{Ext}(\kappa)$, in der so wenige Paare von Kandidaten wie möglich widersprüchlich zu σ geordnet werden. Dabei werden alle Paare von Kandidaten $x, y \in \mathcal{D}$ mit $x \prec_\kappa y$ und $y \prec_\sigma x$ (oder umgekehrt) von τ^* in jedem Fall widersprüchlich zu σ geordnet. Die Anzahl dieser Paare ist für alle totalen Erweiterungen von κ gleich und kann effizient berechnet werden. Eine totale Erweiterung, in der so wenige Paare von Kandidaten wie möglich widersprüchlich zu σ geordnet werden, ist damit gleichzeitig eine totale Erweiterung, in der so wenige Paare von Kandidaten $x, y \in \mathcal{D}$ mit $x \not\prec_\kappa y$ widersprüchlich zu σ geordnet werden.

Um diese totale Erweiterung zu finden werden, nun κ und σ in einen Turniergraphen $T = (V, A_{fix} \cup A_{frei})$ überführt. Führe dazu für jeden Kandidaten einen Knoten ein und für jedes Paar von Knoten $x, y \in V$ eine Kante $(x, y) \in A_{fix}$, wenn $x \prec_\kappa y$ gilt, bzw. eine Kante $(x, y) \in A_{frei}$, wenn $x \not\prec_\kappa y$ und $x \prec_\sigma y$ gilt. Eine Kante $(x, y) \in A_{frei}$ entspricht also einem Paar von Kandidaten, das in κ unvergleichbar ist, während die Richtung der Kante angibt, auf welche Weise die Unvergleichbarkeit σ entsprechend aufgelöst werden sollte.

Da σ als totale Ordnung vollständig ist, entsteht in jedem Fall ein Turniergraph. Da es sich bei κ um eine partielle Ordnung handelt, bilden die Kanten aus A_{fix} ebenfalls eine solche.

Eine totale Ordnung $\tau^* \in \text{Ext}(\kappa)$, die $K(\tau^*, \sigma)$ minimiert, entspricht nun genau einer Permutation τ^* auf V, so dass $x \prec_{\tau^*} y$ für alle Kanten $(x, y) \in A_{fix}$ gilt, und so dass die Anzahl der Kanten $(x, y) \in A_{frei}$, für die $y \prec_{\tau^*} x$ gilt, minimal ist. Umgekehrt entspricht eine Lösung des eingeschränkten Feedback-Arc-Set-Problems einer totalen Erweiterung $\tau^* \in \text{Ext}(\kappa)$ mit $K_{Min}(\kappa, \sigma) = K(\tau^*, \sigma)$. Damit ist die Behauptung bewiesen.

Es ist zu beachten, dass in den auf diese Weise konstruierten Instanzen des eingeschränkten Feedback-Arc-Set-Problems kein Zyklus existiert, der ausschließlich aus Kanten aus A_{frei} besteht, denn diese gehen aus den (zyklenfreien) Vorgaben der totalen Ordnung σ hervor. Im Folgenden wird diese Eigenschaft als *Zyklenfreiheit von A_{frei}* bezeichnet.

Behauptung 4.9. *(angepasst aus [vZW09]) Eine nach Behauptung 4.8 aus einem Distanzproblem für eine totale und eine partielle Ordnung unter der Minimalversion von Kendalls Tau-Distanz hervorgegangene Instanz des eingeschränkten Feedback-Arc-Set-Problems auf Turniergraphen ist 2-approximierbar.*

Das eingeschränkte Feedback-Arc-Set-Problem auf Turniergraphen ist bereits als 3-approximierbar bekannt [vZW09]. Es wird nun gezeigt, dass eine aus einem Distanzproblem hervorgegangene Instanz des Problems sogar 2-approximierbar ist. Dabei wird der Beweis der 3-Approximierbarkeit aus [vZW09] angepasst. Der folgende Beweis entspricht also größtenteils [vZW09], lediglich am Ende des Beweises wird eine Ergänzung vorgenommen, in der die Zyklenfreiheit von A_{frei} genutzt wird, um anstatt einer 3-Approximation eine 2-Approximation zu erreichen. Es bleibt festzuhalten, dass [vZW09] auch 2-approximierbare Spezialfälle des eingeschränkten Feedback-Arc-Set-Problems auf Turniergraphen ermitteln. Diese haben aber andere Voraussetzungen als die hier betrachteten Instanzen.

Die Grundidee des Beweises aus [vZW09] ist, aus der optimalen Lösung eines linearen Programms einen zweiten Turniergraphen abzuleiten, welcher eine untere Schranke für das eingeschränkte Feedback-Arc-Set-Problem auf Turniergraphen darstellt. Aus diesem wird dann mit Hilfe eines Pivotierungsalgorithmus eine totale Ordnung τ^+ auf V berechnet.

Sei also ein Turniergraph $T = \{V, A_{fix} \cup A_{frei}\}$ entsprechend den Bedingungen des eingeschränkten Feedback-Arc-Set-Problems auf Turniergraphen gegeben. Es werden nun folgendermaßen Kantengewichte für die Tupel (x,y) und (y,x) mit $x,y \in V$ definiert. Wenn $(x,y) \in (A_{fix} \cup A_{frei})$ ist, dann sei $w_{xy} = 1$ und $w_{yx} = 0$. Wenn dagegen $(y,x) \in (A_{fix} \cup A_{frei})$ ist, dann sei $w_{xy} = 0$ und $w_{yx} = 1$. Die Eingabe des Pivotierungsalgorithmus ist nun ein zweiter Turniergraph $T' = (V, A')$, welcher aus dem folgenden Linearen Programm (LP) abgeleitet wird. LP enthält Variablen v_{xy} und v_{yx} für alle Tupel (x,y) und (y,x) mit $x,y \in V$. Diese werden benutzt, um A' zu bestimmen.

LP: $\min \sum_{x<y} (v_{xy} w_{yx} + v_{yx} w_{xy})$
wobei (1) $v_{xy} + v_{yz} + v_{zx} \geq 1$ für alle $x \neq y \neq z$
(2) $v_{xy} + v_{yx} = 1$ für alle $x \neq y$
(3) $v_{xy} = 1$ für alle $(x,y) \in A_{fix}$
(4) $v_{xy} \geq 0$ für alle $x \neq y$

Aus einer optimalen Lösung von LP lässt sich T' konstruieren, wobei $(x,y) \in A'$ gilt, wenn $v_{xy} \geq \frac{1}{2}$. Falls $v_{xy} = \frac{1}{2} = v_{yx}$ gilt, kann trotzdem nur entweder $(x,y) \in A'$ oder $(y,x) \in A'$ sein. Diese Entscheidung wird derart getroffen, dass keine Dreiecke entstehen, die eine Kante aus A_{fix} enthalten. Das bedeutet, es wird kein $\{(x,y),(y,z),(z,x)\} \subseteq A'$ existieren, so dass $(x,y) \in A_{fix}$ gilt. Sei dazu $\rho \in \text{Ext}(\kappa)$ eine beliebige totale Erweiterung. Falls $v_{xy} = \frac{1}{2} = v_{yx}$ gilt, dann sei $(x,y) \in A'$, genau dann wenn $x \prec_\rho y$. Angenommen, es ist nun ein Dreieck $\{(x,y),(y,z),(z,x)\} \subseteq A'$ vorhanden, so dass $(x,y) \in A_{fix}$ gilt. Wegen $(x,y) \in A_{fix}$, gilt dann wegen den Bedingungen (2) und (3) von LP auch $v_{xy} = 1$ und $v_{yx} = 0$. Weiterhin ist $v_{yz}, v_{zx} \geq \frac{1}{2}$, weil $(y,z), (z,x) \in A'$ gilt. Da Bedingung (1) von LP auch für das entgegengesetzt gerichtete Dreieck $(x,z),(z,y),(y,x)$ gilt und $v_{yx} = 0$ ist, ist dann $v_{xz} + v_{zy} = 1$. Damit müssen v_{xz} und v_{zy} jeweils exakt den Wert $\frac{1}{2}$ besitzen. Da die Entscheidungen, ob $(y,z) \in A'$

4.2. Approximierbarkeit

oder $(z,y) \in A'$ gilt, bzw. ob $(z,x) \in A'$ oder $(x,z) \in A'$ gilt, anhand von ρ getroffen wurden, und da $\{(x,y),(y,z),(z,x)\} \subseteq A'$ ist, muss $y \prec_\rho z$ und $z \prec_\rho x$ gelten. Aufgrund der Transitivität folgt dann $y \prec_\rho x$. Dies ist nun ein Widerspruch zur Tatsache, dass aus $\rho \in \text{Ext}(\kappa)$ unmittelbar $x \prec_\rho y$ folgt. Damit war die Annahme falsch und es ist sichergestellt, dass A' kein Dreieck enthält, welches eine Kante aus A_{fix} enthält.

Der Pivotierungsalgorithmus berechnet τ^+ aus T' nun rekursiv, indem er wiederholt Pivotknoten bestimmt. Auf die Auswahl des Pivotknotens wird später eingegangen. Für einen Pivotknoten z platziert der Algorithmus einen Knoten y vor oder nach z, abhängig davon, ob $(y,z) \in A'$ oder $(z,y) \in A'$ ist. Anschließend ruft sich der Algorithmus jeweils auf der Menge der Knoten, die vor z platziert wurden, und auf der Menge der Knoten, die nach z platziert wurden, rekursiv auf. Dabei bleibt T' während des kompletten Ablaufs des Algorithmus erhalten und LP wird nicht in jedem Rekursionsschritt neu berechnet.

Für ein Paar von Knoten x,y existiert nun eine einzige Möglichkeit, dass obwohl $(x,y) \in A'$ ist, $y \prec_{\tau^+} x$ gilt. Dazu müssen sich x und y im selben rekursiven Aufruf befunden haben und es muss ein Pivotknoten z gewählt worden sein, so dass $(z,x) \in A'$ und $(y,z) \in A'$ ist. In anderen Worten bilden (x,y), (y,z) und (z,x) ein Dreieck in A'. Damit gilt $\tau^+ \in \text{Ext}(\kappa)$, da eben sichergestellt wurde, dass keine Kante aus A_{fix} (die den Vorgaben von κ entsprechen) an einem Dreieck in A' beteiligt ist.

Es werden nun die Kosten der ermittelten Lösung τ^+ im Vergleich zur optimalen Lösung von LP, welche offensichtlich eine untere Schranke darstellt, analysiert. Dazu werden die Kosten betrachtet, die im ersten rekursiven Aufruf auftreten. Die Kostenanalyse der weiteren rekursiven Aufrufe erfolgt dann analog. Es werden bei der Kostenanalyse Paare von Knoten $\{x,y\}$ betrachtet. Die Kosten von $\{x,y\}$ in τ^+ betragen w_{yx}, wenn $x \prec_{\tau^+} y$ ist, oder w_{xy}, wenn $y \prec_{\tau^+} x$ ist. Die Kosten von x und y in der optimalen Lösung von LP betragen $v_{xy}w_{yx} + v_{yx}w_{xy}$. Im Folgenden sei $c_{xy} = v_{xy}w_{yx} + v_{yx}w_{xy}$.

Sei z der Pivotknoten. In einem rekursiven Aufruf werden die Kosten für Paare von Knoten $\{y,z\}$ und für Paare $\{x,y\}$, bei denen x und y nicht beide vor oder beide nach z platziert werden, betrachtet. Kosten für Paare, die in einem rekursiven Aufruf betrachtet werden, werden also in späteren Aufrufen nicht mehr betrachtet.

Betrachte zunächst die Kosten eines Paares $\{y,z\}$ in τ^+, wobei $y \prec_{\tau^+} z$ gilt. Damit ist $(y,z) \in A'$ und damit ist $v_{yz} \geq \frac{1}{2}$. Es wird nun gezeigt, dass die Kosten für das Paar $\{y,z\}$ in τ^+ höchstens zweimal so groß sind wie seine Kosten in der optimalen Lösung von LP, d. h. $w_{zy} \leq 2c_{yz} = 2(v_{yz}w_{zy} + v_{zy}w_{yz})$. Falls $w_{zy} = 0$ ist, gilt die Ungleichung trivialerweise. Falls $w_{zy} = 1$ und damit

$w_{yz} = 0$ ist, dann erhält man durch Einsetzen dieser Werte als Ungleichung $1 \leq 2v_{yz}$. Da $v_{yz} \geq \frac{1}{2}$ ist, ist die Ungleichung auch in diesem Fall erfüllt. Auf analoge Weise lässt sich zeigen, dass auch die Kosten für ein Paar $\{y, z\}$, wenn y durch den Algorithmus nach z platziert wird, sowie die Kosten für Paare $\{x, y\}$, wenn $\{(x,z), (z,y), (x,y)\} \subseteq A'$ gilt, in τ^+ höchstens zweimal so groß sind wie in der optimalen Lösung von LP.

Als einzige problematische Paare bleiben die *kritischen Kanten* (y, x), die zusammen mit z ein Dreieck bilden, d. h. $\{(x,z), (z,y), (y,x)\} \subseteq A'$. Dadurch ordnet der Algorithmus x vor y obwohl $(y, x) \in A'$ ist. Für einen Pivotknoten z bezeichne $\Delta_z(A')$ die Menge seiner kritischen Kanten, d. h. $\Delta_z(A') = \{(y,x) : (x,z), (z,y), (y,x) \in A'\}$. Es muss nun in jeder Iteration des Algorithmus möglich sein einen Pivotknoten z zu finden, so dass

$$\frac{\sum_{(y,x) \in \Delta_z(A')} w_{yx}}{\sum_{(y,x) \in \Delta_z(A')} c_{yx}} \leq 2,$$

gilt. Damit sind dann die Kosten über die Summe der kritischen Kanten für z in τ^+ höchstens zweimal so groß wie in der optimalen Lösung von LP. Es wird nun gezeigt, dass $\sum_{z \in V} \sum_{(y,x) \in \Delta_z(A')} w_{yx} \leq 2 \cdot \sum_{z \in V} \sum_{(y,x) \in \Delta_z(A')} c_{yx}$ gilt, denn wenn dieses Verhältnis zwischen den Kosten von τ^+ und den Kosten der optimalen Lösung von LP für die Summe aller Pivotknoten gilt, dann existiert immer auch ein einzelner Pivotknoten mit diesem Verhältnis. Jede Kante, die in einem Dreieck in A' enthalten ist, ist für exakt einen Pivotknoten z eine kritische Kante. Deshalb kann anstatt über alle Pivotknoten und dann über alle ihre kritischen Kanten auch über alle Kanten in allen Dreiecken in A' aufsummiert werden. Formal sei Δ die Menge von Dreiecken $\{(x,z), (z,y), (y,x)\} \subseteq A'$ und für ein Dreieck $t \in \Delta$ sei $w(t) = \sum_{e \in t} w_e$ und sei $c(t) = \sum_{e \in t} c_e$. Dann gilt

$$\sum_{z \in V} \sum_{(y,x) \in \Delta_z(A')} w_{yx} = \sum_{t \in \Delta} \sum_{(y,x) \in t} w_{yx} = \sum_{t \in \Delta} w(t) \text{ und}$$

$$\sum_{z \in V} \sum_{(y,x) \in \Delta_z(A')} c_{yx} = \sum_{t \in \Delta} \sum_{(y,x) \in t} c_{yx} = \sum_{t \in \Delta} c(t).$$

Es wird nun gezeigt, dass $w(t) \leq 2c(t)$ für jedes einzelne $t \in \Delta$, und damit erst recht für die Summe über alle $t \in \Delta$, gilt. Dies stellt die Existenz eines geeigneten Pivotknotens sicher und komplettiert den Beweis der Behauptung.

Sei $t = \{e_1, e_2, e_3\}$. Für $e = (x, y)$ sei $w_e = w_{xy}$, $v_e = v_{xy}$, $\overline{w_e} = w_{yx}$, und

4.2. Approximierbarkeit

$\overline{v}_e = v_{yx}$. Es muss also gezeigt werden, dass

$$w(t) = w_{e_1} + w_{e_2} + w_{e_3} \leq$$

$$\leq 2 \left(\underbrace{v_{e_1}\overline{w_{e_1}} + \overline{v_{e_1}}w_{e_1}}_{c_{e_1}} + \underbrace{v_{e_2}\overline{w_{e_2}} + \overline{v_{e_2}}w_{e_2}}_{c_{e_2}} + \underbrace{v_{e_3}\overline{w_{e_3}} + \overline{v_{e_3}}w_{e_3}}_{c_{e_3}} \right) = 2c(t)$$

gilt. Es wurde bereits sichergestellt, dass keine Kante aus A_{fix} an einem Zyklus in A' beteiligt ist, und dass alle Kanten aus A_{fix} in A' vorkommen (Bedingung (3) von LP). Damit besteht t ausschließlich aus Kanten (x, y), so dass entweder $(x, y) \in A_{frei}$ oder $(y, x) \in A_{frei}$ ist. Wegen der Zyklenfreiheit von A_{frei} muss A_{frei} entweder eine oder zwei Kanten von e_1, e_2 und e_3 enthalten. O. B. d. A. sei $e_1 \notin A_{frei}$ und sei $e_3 \in A_{frei}$ und damit $w_{e_1} = 0$ und $w_{e_3} = 1$. Daraus ergibt sich die folgende vereinfachte Ungleichung.

$$w(t) = w_{e_2} + 1 \leq 2 \left(v_{e_1} + v_{e_2}\overline{w_{e_2}} + \overline{v_{e_2}}w_{e_2} + \overline{v_{e_3}} \right) = 2c(t).$$

Es bleiben zwei Fälle zu unterscheiden, je nachdem ob $e_2 \in A_{frei}$ gilt oder nicht.
Fall 1: Sei $e_2 \in A_{frei}$ und damit $w_{e_2} = 1$. Dann ist

$$w(t) = 2 \leq 2 \left(v_{e_1} + \overline{v_{e_2}} + \overline{v_{e_3}} \right) = 2c(t).$$

Es gilt nun $v_{e_1} \geq \frac{1}{2}$, da $e_1 \in A'$ ist. Weiterhin gilt $\overline{v_{e_2}} + \overline{v_{e_3}} \geq \frac{1}{2}$ wegen Bedingung (1) von LP und wegen $\overline{v_{e_1}} \leq \frac{1}{2}$. Damit ist die Ungleichung erfüllt.
Fall 2: Sei $e_2 \notin A_{frei}$ und damit $w_{e_2} = 0$. Dann ist

$$w(t) = 1 \leq 2 \left(v_{e_1} + v_{e_2} + \overline{v_{e_3}} \right) = 2c(t).$$

Es gilt nun wieder $v_{e_1} \geq \frac{1}{2}$ und die Ungleichung ist erfüllt.

Da die Ungleichung in beiden Fällen erfüllt ist, ist die Behauptung bewiesen. Das Distanzproblem unter der Minimalversion von Kendalls Tau-Distanz zwischen einer partiellen Ordnung κ und einer totalen Ordnung σ über einer Domäne $\mathcal{D}$ sucht eine totale Erweiterung $\tau^* \in \text{Ext}(\kappa)$, sodass $K(\tau^*, \sigma)$ minimal ist. Im Beweis zu Behauptung 4.8 wurde bereits festgestellt, dass sich $K(\tau, \sigma)$ für jede totale Erweiterung $\tau \in \text{Ext}(\kappa)$ aus zwei Komponenten zusammensetzt. Zunächst werden alle Paare von Kandidaten $x, y \in \mathcal{D}$ mit $x \prec_\kappa y$ und $y \prec_\sigma x$ (oder umgekehrt) von τ in jedem Fall widersprüchlich zu σ geordnet. Die Anzahl dieser Paare, die im Folgenden mit $\chi(\kappa, \sigma)$ bezeichnet wird, ist für alle totalen Erweiterungen von κ gleich. Die zweite Komponente sind diejenigen Paare von Kandidaten, die in κ unvergleichbar sind, und die in τ widersprüchlich zu σ

geordnet werden, also alle $x, y \in \mathcal{D}$ mit $x \not\prec_\kappa y$, $x \prec_\tau y$ und $y \prec_\sigma x$. Deren Anzahl wird für ein $\tau \in \text{Ext}(\kappa)$ im Folgenden mit $\chi(\tau, \sigma)$ notiert.

Aufgrund von Behauptung 4.8 und Behauptung 4.9 kann eine totale Erweiterung $\tau^+ \in \text{Ext}(\kappa)$ effizient berechnet werden, für die gilt $\chi(\tau^+, \sigma) \leq 2\chi(\tau^*, \sigma)$. Wegen $K(\tau^+, \sigma) = \chi(\kappa, \sigma) + \chi(\tau^+, \sigma)$ und $K(\tau^*, \sigma) = \chi(\kappa, \sigma) + \chi(\tau^*, \sigma)$ gilt dann $K(\tau^+, \sigma) \leq 2K(\tau^*, \sigma)$. Da $K(\tau^+, \sigma)$ ebenfalls effizient berechnet werden kann, ist die Aussage bewiesen. □

Aufgrund der Tatsache, dass für eine partielle und eine totale Ordnung die Minimalversion und die Zentralversion von Kendalls Tau-Distanz zusammenfallen (Lemma 3.3), folgt das entsprechende Resultat für die Zentralversion von Kendalls Tau-Distanz.

Korollar 4.3. *Das Distanzproblem unter der Zentralversion von Kendalls Tau-Distanz zwischen einer partiellen und einer totalen Ordnung ist 2-approximierbar.*

4.3 Parametrisierte Komplexität

Als nächstes wird die parametrisierte Komplexität von Distanzproblemen unter Kendalls Tau-Distanzen betrachtet. Dabei wird gezeigt, dass das Distanzproblem unter der Minimalversion und der Zentralversion von Kendalls Tau-Distanz für eine partielle Ordnung und eine totale Ordnung fixed-parametertractable ist. Zunächst wird das Problem unter der Minimalversion von Kendalls Tau-Distanz betrachtet. Die Fixed-Parameter-Tractability des Problems wird durch Angeben eines linearen Kerns gezeigt. Das bedeutet, es existieren effizient ausführbare Regeln, die die Probleminstanz in eine äquivalente Instanz überführen, deren Größe nur noch von einem Parameter, in diesem Fall von der Schranke k, abhängig ist. Nach Anwendung der Regeln verbleiben im Folgenden nur noch $\mathcal{O}(k)$ viele Kandidaten. Obwohl das Distanzproblem hier nicht explizit in ein Feedback-Arc-Set-Problem überführt wird, lassen sich doch einige Parallelen zum Feedback-Arc-Set Problem auf Turniergraphen ausnutzen. Es bleibt festzuhalten, dass für letzteres Problem ein quadratischer Kern existiert [DGH+10], der sich leicht auf das Distanzproblem übertragen lässt. Einige Ansätze aus [DGH+10] werden deshalb für den folgenden Beweis übernommen. Auch einige Ideen aus [BFG+09a] über die parametrisierte Komplexität von Rangordnungsproblemen unter Kendalls Tau-Distanzen finden Anwendung. Das Feedback-Arc-Set-Problem auf Turniergraphen besitzt weiterhin einen linearen Kern [BFG+11], der sich jedoch nicht ohne weiteres übertragen lässt, und der auch komplexere Regeln benötigt als die hier folgenden.

4.3. Parametrisierte Komplexität

Satz 4.5. *Das Distanzproblem unter der Minimalversion von Kendalls Tau-Distanz für eine partielle und eine totale Ordnung ist fixed-parameter-tractable bezüglich seiner Schranke k, da es einen Kern, bestehend aus $\mathcal{O}(k)$ vielen Kandidaten besitzt. Die Laufzeit für die Berechnung des Kerns ist quadratisch in der Größe der Domäne der gegebenen Ordnungen.*

Beweis. Gegeben seien also im Folgenden eine partielle Ordnung κ und eine totale Ordnung σ über einer Domäne $\mathcal{D}$ sowie ein $k \in \mathbb{N}$ und gefragt sei, ob $K_{Min}(\kappa, \sigma) \leq k$ ist, d.h. ob eine totale Erweiterung $\tau \in \text{Ext}(\kappa)$ existiert, so dass $K(\tau, \sigma) \leq k$ ist. Zunächst wird die Ableitung $\sigma \star \kappa$ betrachtet. Da σ vollständig ist, enthält $\sigma \star \kappa$ keine Unvergleichbarkeiten oder Übernahmen.

Es wird eine einzige Vereinfachungsregel benötigt. Eine solche Regel heißt *gültig*, wenn sie eine Instanz des Distanzproblems in eine bezüglich der Antwort (ja oder nein) äquivalente Instanz überführt.

Zyklenregel: Wenn ein Kandidat $x \in \mathcal{D}$ existiert, der in $\sigma \star \kappa$ in keinem Dreieck enthalten und an keiner Uneinigkeit beteiligt ist, dann entferne x aus κ und σ und belasse k unverändert.

Sei $x \in \mathcal{D}$ ein Kandidat, auf den die Zyklenregel angewendet wird. Dann bezeichnen $\hat{\sigma}$ und $\hat{\kappa}$ die Ordnungen, die aus σ und κ durch das Entfernen von x entstehen. Im Folgenden heißt eine totale Erweiterung $\tau \in \text{Ext}(\kappa)$ *optimal*, wenn $K(\tau, \sigma) \leq k$ gilt. Entsprechend heißt ein $\hat{\tau} \in \text{Ext}(\hat{\kappa})$ optimal, wenn $K(\hat{\tau}, \hat{\sigma}) \leq k$ gilt.

Behauptung 4.10. *Die Zyklenregel ist gültig.*

Sei $x \in \mathcal{D}$ ein Kandidat, auf den die Zyklenregel angewendet wird. Partitioniere nun $\mathcal{D} \setminus \{x\}$ in die Menge der *Vorgänger* und der *Nachfolger* von x in $\sigma \star \kappa$, $\mathcal{X}^- = \{y \in \mathcal{D} \setminus \{x\} : y \prec_{\sigma \star \kappa} x\}$ und $\mathcal{X}^+ = \{z \in \mathcal{D} \setminus \{x\} : x \prec_{\sigma \star \kappa} z\}$. Dann gilt $y \prec_{\sigma \star \kappa} z$ für alle $y \in \mathcal{X}^-$ und $z \in \mathcal{X}^+$, da ansonsten x, y und z ein Dreieck bilden würden. Die Zyklenregel ist nun gültig, wenn $K_{Min}(\kappa, \sigma) \leq k$ gilt, genau dann wenn $K_{Min}(\hat{\kappa}, \hat{\sigma}) \leq k$ gilt.

Angenommen es gilt $K_{Min}(\kappa, \sigma) \leq k$. Zunächst wird gezeigt, dass eine optimale totale Erweiterung $\tau^* \in \text{Ext}(\kappa)$ existiert, so dass $y \prec_{\tau^*} x$ für alle $y \in \mathcal{X}^-$ und $x \prec_{\tau^*} z$ für alle $z \in \mathcal{X}^+$ gilt. Von allen optimalen $\tau \in \text{Ext}(\kappa)$, sei τ' eine derjenigen, die Kendalls Tau-Distanz zu σ minimiert, d.h. für die gilt $K(\tau', \sigma) = K_{Min}(\kappa, \sigma)$. Wenn τ' dem gesuchten τ^* entspricht, dann ist die Aussage bewiesen. Angenommen τ' entspricht also nicht dem gesuchten τ^*, woraus folgt, dass ein $y \in \mathcal{X}^-$ existiert mit $x \prec_{\tau'} y$, oder dass ein $z \in \mathcal{X}^+$ existiert mit $z \prec_{\tau'} x$. Es wird nun ersterer Fall zum Widerspruch geführt. Der zweite Fall liefert analog einen Widerspruch. Von allen Vorgängern $y \in \mathcal{X}^-$ mit $x \prec_{\tau'} y$ sei

y^* derjenige, der von τ' als erstes nach x geordnet wird. Damit existiert kein $y \in \mathcal{X}^-$ mit $x \prec_{\tau'} y$ und $y \prec_{\tau'} y^*$. Es werden zwei Fälle unterschieden.

Fall 1: Die Ordnung τ' ordnet y^* unmittelbar nach x, d. h. es gilt $\tau'(y^*) - \tau'(x) = 1$. Dann sei τ'' die totale Ordnung, die aus τ' durch eine lokale Vertauschung von y^* und x hervorgeht. Es kann nun wegen $y^* \prec_{\sigma \star \kappa} x$ nicht $x \prec_\kappa y^*$ gelten. Außerdem kann nicht $y^* \prec_\kappa x$ gelten, da $\tau' \in \text{Ext}(\kappa)$ und $x \prec_{\tau'} y^*$ gilt. Damit verbleibt als einzige Möglichkeit $x \not\gtrless_\kappa y^*$. Daraus folgt sofort $\tau'' \in \text{Ext}(\kappa)$, weil sich τ'' bis auf die Vorgabe für x und y^* nicht von τ' unterscheidet. Aus $x \not\gtrless_\kappa y^*$ folgt weiterhin, dass $y^* \prec_{\sigma \star \kappa} x$ eine Übergabe ist, die $y^* \prec_\sigma x$ geschuldet ist. Damit trägt aber das Paar $\{x, y^*\}$ zu $K(\tau', \sigma)$ bei, während es zu $K(\tau'', \sigma)$ nicht beiträgt. Da alle anderen Paare von Kandidaten zu $K(\tau', \sigma)$ beitragen, genau dann wenn sie zu $K(\tau'', \sigma)$ beitragen, folgt $K(\tau', \sigma) > K(\tau'', \sigma)$. Dies ist ein Widerspruch zur Annahme, dass $K_{Min}(\kappa, \sigma) = K(\tau', \sigma)$ gilt.

Fall 2: Die Ordnung τ' ordnet y^* nicht unmittelbar nach x, d. h. es gilt $\tau'(y^*) - \tau'(x) > 1$. Betrachte nun den Kandidaten, der von τ' unmittelbar vor y^* geordnet wird, also den Kandidaten $z^* \in \mathcal{D}$, für den $\tau'(y^*) - \tau'(z^*) = 1$ gilt. Da es keinen Vorgänger y mit $x \prec_{\tau'} y$ und $y \prec_{\tau'} y^*$ gibt, muss z^* ein Nachfolger von x in $\sigma \star \kappa$ sein. Sei τ'' die totale Ordnung, die aus τ' durch eine lokale Vertauschung von z^* und y^* hervorgeht. Analog zu Fall 1 kann nun wegen $y^* \prec_{\sigma \star \kappa} z^*$ nicht $z^* \prec_\kappa y^*$ gelten. Außerdem kann nicht $y^* \prec_\kappa z^*$ gelten, da $\tau' \in \text{Ext}(\kappa)$ und $z^* \prec_{\tau'} y^*$ gilt, und es verbleibt als einzige Möglichkeit $y^* \not\gtrless_\kappa z^*$. Damit gilt wieder $\tau'' \in \text{Ext}(\kappa)$, weil sich τ'' bis auf die Vorgabe für y^* und z^* nicht von τ' unterscheidet. Erneut folgt aus $y^* \not\gtrless_\kappa z^*$, dass $y^* \prec_{\sigma \star \kappa} z^*$ eine Übergabe ist, die $y^* \prec_\sigma z^*$ geschuldet ist. Damit trägt das Paar $\{y^*, z^*\}$ zu $K(\tau', \sigma)$ bei, während es zu $K(\tau'', \sigma)$ nicht beiträgt. Alle anderen Paare von Kandidaten tragen wieder zu $K(\tau', \sigma)$ bei, genau dann wenn sie zu $K(\tau'', \sigma)$ beitragen, und es folgt $K(\tau', \sigma) > K(\tau'', \sigma)$. Dies ist erneut ein Widerspruch zur Annahme, dass $K_{Min}(\kappa, \sigma) = K(\tau', \sigma)$ gilt.

Da beide Fälle zu einem Widerspruch führen, existiert, falls $K_{Min}(\kappa, \sigma) \leq k$ gilt, eine optimale totale Erweiterung $\tau^* \in \text{Ext}(\kappa)$ mit $y \prec_{\tau^*} x$ für alle $y \in \mathcal{X}^-$ und $x \prec_{\tau^*} z$ für alle $z \in \mathcal{X}^+$. Sei dann $\hat{\tau}^*$ die totale Ordnung, die aus τ^* durch Entfernen von x hervorgeht. Da die Vorgaben von $\hat{\kappa}$ bis auf die fehlenden Vorgaben für x den Vorgaben von κ entsprechen, und da die Vorgaben von $\hat{\tau}^*$ bis auf die fehlenden Vorgaben für x den Vorgaben für τ^* entsprechen, folgt aus $\tau^* \in \text{Ext}(\kappa)$ sofort $\hat{\tau}^* \in \text{Ext}(\hat{\kappa})$. Es bleibt also zu zeigen, dass $\hat{\tau}^*$ optimal ist.

Es wurde bereits gezeigt, dass $y \prec_{\tau^*} x$ für alle $y \in \mathcal{X}^-$ und $x \prec_{\tau^*} z$ für alle $z \in \mathcal{X}^+$ gilt. Das bedeutet, alle Vorgänger (Nachfolger) von x in $\sigma \star \kappa$ sind auch Vorgänger (Nachfolger) von x in τ^*. Es wird nun gezeigt, dass alle Vorgänger (Nachfolger) von x in τ^* bzw. $\sigma \star \kappa$ auch Vorgänger (Nachfolger)

4.3. Parametrisierte Komplexität

von x in σ sind. Sei $y \in \mathcal{X}^-$. Da auf x die Zyklenregel angewendet wird, kann $y \prec_{\sigma \star \kappa} x$ keine Uneinigkeit sein. Wenn $y \prec_{\sigma \star \kappa} x$ eine Einigkeit ist, dann gilt $y \prec_\sigma x$. Wenn $y \prec_{\sigma \star \kappa} x$ eine Übergabe ist, dann gilt $y \not\prec_\kappa x$ und $y \prec_{\sigma \star \kappa} x$ ist $y \prec_\sigma x$ geschuldet. Damit ist jeder Vorgänger von x in τ^* auch ein Vorgänger von x in σ. Die entsprechende Aussage für die Nachfolger von x lässt sich analog zeigen. Vergleicht man nun $K(\tau^*, \sigma)$ und $K(\hat{\tau}^*, \hat{\sigma})$, so existiert kein Paar von Kandidaten, das x enthält und zu $K(\tau^*, \sigma)$ beiträgt. Da x in $\hat{\tau}^*$ und $\hat{\sigma}$ nicht auftritt, gibt es natürlich auch kein Paar von Kandidaten, das x enthält und zu $K(\hat{\tau}^*, \hat{\sigma})$ beiträgt. Jedes andere Paar von Kandidaten trägt zu $K(\tau^*, \sigma)$ bei, genau dann wenn es zu $K(\hat{\tau}^*, \hat{\sigma})$ beiträgt. Damit gilt $K(\tau^*, \sigma) = K(\hat{\tau}^*, \hat{\sigma})$. Zusammenfassend folgt aus $K_{Min}(\kappa, \sigma) \leq k$ also $K_{Min}(\hat{\kappa}, \hat{\sigma}) \leq k$.

Der zweite Teil des Beweises verwendet ähnliche Methoden. Angenommen es gilt $K_{Min}(\hat{\kappa}, \hat{\sigma}) \leq k$. Es wird nun gezeigt, dass dann eine optimale totale Erweiterung $\hat{\tau}^* \in \text{Ext}(\hat{\kappa})$ existiert, sodass $y \prec_{\hat{\tau}^*} z$ für alle $y \in \mathcal{X}^-$ und $z \in \mathcal{X}^+$ gilt. Von allen optimalen $\hat{\tau} \in \text{Ext}(\hat{\kappa})$ sei $\hat{\tau}'$ eine derjenigen, die Kendalls Tau-Distanz zu $\hat{\sigma}$ minimiert, d.h. es gilt $K_{Min}(\hat{\kappa}, \hat{\sigma}) = K(\hat{\tau}', \hat{\sigma})$. Wenn $\hat{\tau}'$ dem gesuchten $\hat{\tau}^*$ entspricht, ist die Aussage gezeigt. Angenommen $\hat{\tau}'$ entspricht nicht dem gesuchten $\hat{\tau}^*$, woraus folgt, dass ein $y \in \mathcal{X}^-$ und ein $z \in \mathcal{X}^+$ existieren mit $z \prec_{\hat{\tau}'} y$. Offensichtlich existieren dann auch ein $y^* \in \mathcal{X}^-$ und ein $z^* \in \mathcal{X}^+$ mit $\hat{\tau}'(z^*) = \hat{\tau}'(y^*) - 1$. Sei nun $\hat{\tau}''$ diejenige totale Ordnung, die aus $\hat{\tau}'$ durch eine lokale Vertauschung von z^* und y^* hervorgeht. Es kann nun nicht $z^* \prec_{\hat{\kappa}} y^*$ gelten, da $y^* \prec_{\sigma \star \kappa} z^*$ gilt. Ebenso wenig kann $y^* \prec_{\hat{\kappa}} z^*$ gelten, da $\hat{\tau}' \in \text{Ext}(\hat{\kappa})$ und $z^* \prec_{\hat{\tau}'} y^*$ gelten. Damit verbleibt $y^* \not\prec_{\hat{\kappa}} z^*$ als einzige Möglichkeit. Da sich $\hat{\tau}'$ und $\hat{\tau}''$ nur bezüglich der Vorgabe für y^* und z^* voneinander unterscheiden, folgt aus $\hat{\tau}' \in \text{Ext}(\hat{\kappa})$ sofort $\hat{\tau}'' \in \text{Ext}(\hat{\kappa})$. Aus $y^* \not\prec_{\hat{\kappa}} z^*$ folgt weiterhin, dass $y^* \prec_{\sigma \star \kappa} z^*$ eine Übergabe ist, die $y^* \prec_{\hat{\sigma}} z^*$ geschuldet ist. Damit trägt das Paar $\{y^*, z^*\}$ zu $K(\hat{\tau}', \hat{\sigma})$ bei, zu $K(\hat{\tau}'', \hat{\sigma})$ jedoch nicht. Da alle anderen Paare zu $K(\hat{\tau}', \hat{\sigma})$ beitragen, genau dann wenn sie zu $K(\hat{\tau}'', \hat{\sigma})$ beitragen, folgt $K(\hat{\tau}', \hat{\sigma}) > K(\hat{\tau}'', \hat{\sigma})$. Dies ist ein Widerspruch zur Annahme, dass $K_{Min}(\hat{\kappa}, \hat{\sigma}) = K(\hat{\tau}', \hat{\sigma})$ gilt. Damit existiert, falls $K_{Min}(\hat{\kappa}, \hat{\sigma}) \leq k$ ist, eine optimale totale Erweiterung $\hat{\tau}^* \in \text{Ext}(\hat{\kappa})$, so dass $y \prec_{\hat{\tau}^*} z$ für alle $y \in \mathcal{X}^-$ und $z \in \mathcal{X}^+$ gilt. An dieser Stelle bleibt festzuhalten, dass aus jedem optimalen $\hat{\tau}$ ein solches $\hat{\tau}^*$ effizient berechnet werden kann, indem - solange vorhanden - Kandidaten $y^* \in \mathcal{X}^-$ und $z^* \in \mathcal{X}^+$ mit $\hat{\tau}(z^*) = \hat{\tau}(y^*) - 1$ ermittelt werden und auf diesen eine lokale Vertauschung ausgeführt wird.

Sei nun τ^* diejenige totale Ordnung, die aus $\hat{\tau}^*$ entsteht, indem x zwischen dem als letzten geordneten $y \in \mathcal{X}^-$ und dem als erstes geordneten $z \in \mathcal{X}^+$ eingefügt wird. Damit ist jeder Vorgänger (Nachfolger) von x in $\sigma \star \kappa$ auch ein Vorgänger (Nachfolger) von x in τ^*. Im ersten Teil des Beweises wurde bereits gezeigt, dass jeder Vorgänger (Nachfolger) von x in $\sigma \star \kappa$ auch ein Vorgänger (Nachfolger) von x in σ ist. Vergleicht man nun wieder $K(\tau^*, \sigma)$ und $K(\hat{\tau}^*, \hat{\sigma})$, so existiert deshalb wiederum kein Paar von Kandidaten, das x enthält und zu $K(\tau^*, \sigma)$ oder zu $K(\hat{\tau}^*, \hat{\sigma})$ beiträgt. Jedes andere Paar von Kandidaten trägt zu $K(\tau^*, \sigma)$ bei, genau dann wenn es zu $K(\hat{\tau}^*, \hat{\sigma})$ beiträgt. Damit folgt aus $K(\hat{\tau}^*, \hat{\sigma}) \leq k$ also $K(\tau^*, \sigma) \leq k$ und es gilt insgesamt $K_{Min}(\kappa, \sigma) \leq k$, genau dann wenn $K_{Min}(\hat{\kappa}, \hat{\sigma}) \leq k$ gilt.

Zusammenfassend ist die Zyklenregel also gültig und die Behauptung ist bewiesen. Wenn das Distanzproblem für κ, σ und k einen Kandidaten enthält, auf den die Zyklenregel anwendbar ist, dann kann stattdessen auch das Distanzproblem für $\hat{\kappa}$, $\hat{\sigma}$ und k betrachtet werden. Es bleibt festzuhalten, dass im Falle einer positiven Antwort des Distanzproblems für $\hat{\kappa}$, $\hat{\sigma}$ und k aus einem optimalen $\hat{\tau} \in \text{Ext}(\hat{\kappa})$ effizient ein optimales $\tau \in \text{Ext}(\kappa)$ berechnet werden kann.

Im Folgenden wird nun gezeigt, dass eine Instanz des Distanzproblems im Falle einer positiven Antwort immer aus höchstens $2k$ Kandidaten besteht.

Behauptung 4.11. *Das Distanzproblem unter der Minimalversion von Kendalls Tau-Distanz für eine partielle und eine totale Ordnung besitzt einen linearen Kern, bestehend aus höchstens $2k$ Kandidaten.*

Es wird eine Instanz des Distanzproblems bestehend aus einer partiellen Ordnung κ und einer totalen Ordnung σ über einer Domäne $\mathcal{D}$ sowie einem $k \in \mathbb{N}$ betrachtet, auf die die Zyklenregel nicht mehr anwendbar ist. Betrachte erneut die Ableitung $\sigma \star \kappa$. Die Kandidaten x, y und z seien ein Dreieck in $\sigma \star \kappa$ mit $x \prec_{\sigma \star \kappa} y$, $y \prec_{\sigma \star \kappa} z$ und $z \prec_{\sigma \star \kappa} x$. Es wird zunächst gezeigt, dass eine dieser Vorgaben eine Uneinigkeit ist, und dass zwei dieser Vorgaben Übergaben sind. Offensichtlich sind nicht alle drei Vorgaben Übergaben, denn dann würde $x \not\prec_\kappa y \wedge y \not\prec_\kappa z \wedge z \not\prec_\kappa x$ und damit $x \prec_\sigma y \wedge y \prec_\sigma z \wedge z \prec_\sigma x$ folgen und σ wäre keine totale Ordnung. Entsprechend sind nicht alle drei Vorgaben Einigkeiten oder Uneinigkeiten, da dann $x \prec_\kappa y \wedge y \prec_\kappa z \wedge z \prec_\kappa x$ folgen würde und κ keine partielle Ordnung wäre. Damit ist zumindest eine der Vorgaben, o. B. d. A. $x \prec_{\sigma \star \kappa} y$, eine Einigkeit oder Uneinigkeit und zumindest eine der Vorgaben, o. B. d. A. $z \prec_{\sigma \star \kappa} x$, eine Übergabe. Damit gilt $x \prec_\kappa y$, $x \not\prec_\kappa z$ und $z \prec_\sigma x$. Angenommen die verbleibende Vorgabe $y \prec_{\sigma \star \kappa} z$ ist eine Einigkeit oder eine Uneinigkeit. Dies impliziert $y \prec_\kappa z$. Da bereits $x \prec_\kappa y$ gilt, folgt nun $x \prec_\kappa z$ aufgrund der Transitivität von κ. Dies widerspricht jedoch $x \not\prec_\kappa z$. Damit ist $y \prec_{\sigma \star \kappa} z$ eine Übergabe und es gilt $y \not\prec_\kappa z$ und $y \prec_\sigma z$. Schließlich ist $x \prec_{\sigma \star \kappa} y$ eine Uneinigkeit und keine Einigkeit, da eine Einigkeit $x \prec_\sigma y$ implizieren würde. Wegen $y \prec_\sigma z$, $z \prec_\sigma x$ und der Transitivität von σ gilt aber

$y \prec_\sigma x$. Zusammenfassend besteht also jedes Dreieck aus einer Uneinigkeit und zwei Übergaben.

Angenommen $K_{Min}(\kappa, \sigma) \leq k$. Dann existiert eine totale Erweiterung $\tau^* \in \text{Ext}(\kappa)$ mit $K(\tau^*, \sigma) \leq k$. Damit gibt es höchstens k viele Paare von Kandidaten $x, y \in \mathcal{D}$ mit $x \prec_{\tau^*} y$ und $y \prec_\sigma x$. Offensichtlich widerspricht τ^* mindestens einer von drei Vorgaben, die in $\sigma \star \kappa$ ein Dreieck bilden. Es widerspricht jedoch nicht der Uneinigkeit, da aus einer Uneinigkeit $x \prec_{\sigma \star \kappa} y$ sofort $x \prec_\kappa y$ und damit $x \prec_{\tau^*} y$ folgt. Damit widerspricht τ^* zumindest einer Übergabe, die im Folgenden als *teure Übergabe* bezeichnet wird. Insgesamt enthält ein Dreieck also eine Uneinigkeit und zumindest eine teure Übergabe. Eine Uneinigkeit $x \prec_{\sigma \star \kappa} y$ trägt zu $K(\tau^*, \sigma)$ bei, da $y \prec_\sigma x$ und $x \prec_\kappa y$ gelten, wobei letzteres $x \prec_{\tau^*} y$ impliziert. Eine teure Übergabe trägt ebenfalls zu $K(\tau^*, \sigma)$ bei, da $x \prec_\sigma y$ und $y \prec_{\tau^*} x$ gelten. Wegen $K(\tau^*, \sigma) \leq k$ können zusammen höchstens k Uneinigkeiten und teure Übergaben in $\sigma \star \kappa$ vorhanden sein. Entsprechend können höchstens $2k$ *teure Kandidaten*, also Kandidaten, die an einer Uneinigkeit oder einer teuren Übergabe beteiligt sind, vorhanden sein. Zum Beweis der Behauptung genügt es also zu zeigen, dass jeder Kandidat teuer ist. Wenn ein Kandidat an einem Dreieck beteiligt ist, dann ist er an einer Uneinigkeit oder einer teuren Übergabe oder an beidem beteiligt. Wenn ein Kandidat nicht in einem Dreieck enthalten ist, dann ist er an einer Uneinigkeit beteiligt, da ansonsten die Zyklenregel auf ihn anwendbar wäre. In jedem Fall ist ein Kandidat also teuer. Damit existieren nur noch höchstens $2k$ Kandidaten und die Behauptung ist bewiesen.

Im Folgenden bleibt noch die Laufzeit zu untersuchen, mit der der lineare Kern berechnet werden kann. Dabei sei $|\mathcal{D}| = n$.

Behauptung 4.12. *Der lineare Kern kann in einer Laufzeit von $\mathcal{O}(n^2)$ berechnet werden.*

Es wird die Ableitung $\sigma \star \kappa$ als gerichteter Graph $G = (V, E)$ betrachtet mit einem Knoten für jeden Kandidaten $x \in \mathcal{D}$ und einer Kante $(x, y) \in E$, genau dann wenn $x \prec_{\sigma \star \kappa} y$ gilt. Damit ergibt sich sofort $|V| = n$, und da σ vollständig ist, $|E| = \binom{n}{2} \in \mathcal{O}(n^2)$. Aufgrund der Vollständigkeit von σ ist G also ein Turniergraph.

Gesucht sind nun zunächst alle Knoten, die in G an keinem Dreieck beteiligt sind. Da G ein Turniergraph ist, ist ein Knoten an einem Dreieck beteiligt, genau dann wenn er an einem Zyklus beteiligt ist, und es genügt alle Knoten zu finden, die an einem Zyklus beteiligt sind. Aus der Definition einer starken Zusammenhangskomponente ergibt sich, dass sich zwei Knoten $x, y \in V$ in einer starken Zusammenhangskomponente befinden, genau dann wenn ein Zyklus

Z existiert mit $x, y \in Z$. Umgekehrt besteht eine starke Zusammenhangskomponente nur aus einem einzelnen Knoten $x \in V$, genau dann wenn für keinen Knoten $y \in V$ mit $y \neq x$ ein Zyklus Z existiert mit $x, y \in Z$. Die Knoten, die an keinem Zyklus beteiligt sind, können also einfach ermittelt werden, indem die starken Zusammenhangskomponenten von G ermittelt werden. Dafür existieren mehrere auf der Tiefensuche basierende Algorithmen (beispielsweise [Tar72, CM96]) mit einer Laufzeit von $\mathcal{O}(|V| + |E|)$, in diesem Fall also $\mathcal{O}(n^2)$.

Weiterhin müssen alle Kandidaten bestimmt werden, die an einer Uneinigkeit beteiligt sind. Dies kann durch eine Suche über allen Vorgaben trivial in $\mathcal{O}(n^2)$ durchgeführt werden.

Da durch die Anwendung der Zyklenregel keine neuen Zyklen oder Uneinigkeiten entstehen, genügt es die obigen Verfahren einmal als Vorarbeit auszuführen. Damit ist die Behauptung bewiesen.

Die Fixed-Parameter-Tractability des Problems folgt unmittelbar aus der Existenz eines effizient berechenbaren linearen Kerns [DF99, FG06, Nie06]. □

Aufgrund der Tatsache, dass für eine partielle und eine totale Ordnung die Minimalversion und die Zentralversion von Kendalls Tau-Distanz zusammenfallen (Lemma 3.3), folgt das entsprechende Resultat für die Zentralversion von Kendalls Tau-Distanz.

Korollar 4.4. *Das Distanzproblem unter der Zentralversion von Kendalls Tau-Distanz für eine partielle und eine totale Ordnung ist fixed-parameter-tractable bezüglich seiner Schranke k, da es einen Kern, bestehend aus $\mathcal{O}(k)$ vielen Kandidaten besitzt. Die Laufzeit für die Berechnung des Kerns ist quadratisch in der Größe der Domäne der gegebenen Ordnungen.*

4.4 Zusammenfassung

Dieses Kapitel befasste sich mit Distanzproblemen unter Verallgemeinerungen von Kendalls Tau-Distanz. Dabei wurden im Wesentlichen zwei Ergebnisse erzielt.

- Die Distanzprobleme für zwei schwache Ordnungen sind für alle Verallgemeinerungen von Kendalls Tau-Distanz effizient lösbar.

- Die Distanzprobleme für zwei partielle Ordnungen sind für alle Verallgemeinerungen von Kendalls Tau-Distanz **NP**-vollständig oder **coNP**-vollständig. Dies gilt sogar, wenn eine der beiden Ordnungen total ist.

4.4. Zusammenfassung

Letzterer Spezialfall ist aber zumindest 2-approximierbar und fixed-parameter-tractable für die Minimalversion und die Zentralversion von Kendalls Tau-Distanz.

Ein offenes Problem, auf dessen Komplexität die vorliegenden Ergebnisse keinerlei Rückschlüsse zulassen, sind Distanzprobleme unter den Verallgemeinerungen von Kendalls Tau-Distanz für Intervallordnungen. Eine Antwort auf dieses Problem wäre ein weiterer Schritt, um die Grenze zwischen effizient lösbaren und **NP**-vollständigen bzw. **coNP**-vollständigen Distanzproblemen exakt festlegen zu können.

Offen bleibt sowohl die Frage nach der Approximierbarkeit als auch nach der parametrisierten Komplexität der Distanzprobleme unter Kendalls Tau-Distanzen für zwei partielle Ordnungen. Entsprechend dem Ergebnis über das Distanzproblem für eine totale und eine partielle Ordnung, das sich für die Minimalversion von Kendalls Tau-Distanz als Spezialfall des eingeschränkten Feedback-Arc-Set-Problems auf Turniergraphen darstellt (Satz 4.4), stellt sich die Frage, ob hier ein Zusammenhang zum eingeschränkten Feedback-Arc-Set-Problem auf allgemeineren Graphen besteht, und ob sich bekannte Approximationsalgorithmen [ENSS98] oder Fixed-Parameter-Algorithmen für das allgemeine Feedback-Arc-Set Problem [CLL+08] hier übertragen oder sogar verbessern lassen. Hoffnung macht diesbezüglich die Tatsache, dass die entstehenden Graphen sich aus zwei partiellen Ordnungen zusammensetzen und daher nicht völlig beliebig sind. Obwohl das Feedback-Arc-Set Problem zu den am intensivsten studierten **NP**-vollständigen Problemen zählt, scheint dieser durchaus interessante Spezialfall weder bezüglich seiner Approximierbarkeit, noch bezüglich seiner parametrisierten Komplexität betrachtet worden zu sein.

Es muss aber definitiv davon ausgegangen werden, dass auch für diesen Spezialfall die hier verwendeten Techniken zur Ermittlung eines linearen Kerns zum Beweis der Fixed-Parameter-Tractability nicht übertragen werden können. In der vorliegenden Arbeit war es dazu im Wesentlichen ausreichend, für eine partielle Ordnung κ und eine totale Ordnung σ die Ableitung $\sigma \star \kappa$ zu betrachten und darin alle Kandidaten, die nicht an einem Zyklus der Länge zwei (Uneinigkeit) oder der Länge drei (Dreieck) beteiligt sind, zu entfernen. An einem einfachen Beispiel lässt sich erkennen, dass das Entfernen aller Kandidaten, die nicht an einem Zyklus in $\mu \star \kappa$ oder $\kappa \star \mu$ beteiligt sind, für zwei partielle Ordnungen κ und μ nicht ausreichend sein kann. Sei dazu $\mathcal{D} = \{c_1, \ldots, c_n\}$, wobei n eine gerade Zahl ist. Sei ferner κ durch die Vorgaben $c_i \leq c_{i+1}$ für alle geraden i mit $1 \leq i \leq n-1$ und durch die Vorgabe $c_n \leq c_1$ gegeben. Weiterhin sei μ durch die Vorgaben $c_i \leq c_{i+1}$ für alle ungeraden i mit $1 \leq i \leq n$ gegeben. Zuletzt sei beispielsweise $k = 1$. Sowohl $\mu \star \kappa$ als auch $\kappa \star \mu$ entspricht nun einem einzigen Zyklus bestehend aus allen n Kandidaten. Damit kann kein Kandidat entfernt werden und die Größe der Instanz des Distanzproblems für κ und μ bleibt von n abhängig.

5 Distanzprobleme unter Spearmans Footrule-Distanzen

Dieses Kapitel befasst sich mit Distanzproblemen unter den verschiedenen Varianten von Spearmans Footrule-Distanz. Für totale Ordnungen kann Spearmans Footrule-Distanz trivial in $\mathcal{O}(n)$ Zeit berechnet werden. Fagin et al. [FKM+06] zeigen, dass sich die Hausdorff-Version von Spearmans Footrule-Distanz für zwei schwache Ordnungen mittels Verfeinerungen charakterisieren lässt. Daraus ergibt sich für die Berechnung dieser Distanz ebenfalls eine Laufzeit von $\mathcal{O}(n)$. In den Laufzeiten bezeichnet n jeweils die Größe der Domäne der gegebenen Ordnungen. **NP**-harte Varianten von Distanzproblemen unter Varianten von Spearmans Footrule-Distanz, die Approximationsalgorithmen oder eine Analyse der parametrisierten Komplexität erfordern würden, wurden bislang nicht betrachtet.

5.1 Komplexität

Es werden zunächst Distanzprobleme für schwache Ordnungen betrachtet. Dabei werden die Ergebnisse von Fagin et al. [FKM+06] über das Distanzproblem für zwei schwache Ordnungen unter der Hausdorff-Version von Spearmans

Footrule-Distanz auf Distanzprobleme für schwache Ordnungen unter den anderen Verallgemeinerungen von Spearmans Footrule-Distanz übertragen. Insgesamt ergibt sich dann das folgende Resultat.

Satz 5.1. *Seien κ und μ zwei schwache Ordnungen über einer Domäne $\mathcal{D}$ und sei $n = |\mathcal{D}|$. Dann sind die folgenden Probleme in einer Laufzeit von $\mathcal{O}(n)$ lösbar:*

(i) das Distanzproblem unter der Hausdorff-Version von Spearmans Footrule-Distanz für κ und μ (aus [FKM$^+$06]),

(ii) das Distanzproblem unter der Minimalversion von Spearmans Footrule-Distanz für κ und μ,

(iii) das Distanzproblem unter der Maximalversion von Spearmans Footrule-Distanz für κ und μ und

(iv) das Distanzproblem unter der Zentralversion von Spearmans Footrule-Distanz für κ und μ.

Beweis. Der Beweis dieser Aussagen läuft weitestgehend analog zum Beweis von Satz 4.1 ab, in dem die entsprechenden Aussagen für die Varianten von Kendalls Tau-Distanz gezeigt werden.

Die folgende Behauptung charakterisiert die Hausdorff-Version von Spearmans Footrule-Distanz zwischen κ und μ mit Hilfe von Verfeinerungen. Ihre Korrektheit wurde von Fagin et al. [FKM$^+$06] gezeigt.

Behauptung 5.1. *[FKM$^+$06] Für eine beliebige totale Ordnung ρ über $\mathcal{D}$ gilt*

$$F_H(\kappa, \mu) = \max\{F(\rho * \mu * \kappa, \rho * \kappa^R * \mu), F(\rho * \mu^R * \kappa, \rho * \kappa * \mu)\}.$$

Eine entsprechende Charakterisierung der Minimalversion von Spearmans Footrule-Distanz lautet wie folgt.

Behauptung 5.2. *Für eine beliebige totale Ordnung ρ über $\mathcal{D}$ gilt*

$$F_{Min}(\kappa, \mu) = F(\rho * \mu * \kappa, \rho * \kappa * \mu).$$

Der Beweis der Behauptung kombiniert die Aussagen von Lemma 3.7 und Lemma 3.10. Für ein beliebiges, aber festes $\sigma \in \text{Ext}(\mu)$ wird nach Lemma 3.7 der Wert $F(\tau, \sigma)$ über allen $\tau \in \text{Ext}(\kappa)$ minimiert für $\tau = \sigma * \kappa$. Nach Lemma 3.10

5.1. Komplexität

wird der Wert $F(\sigma * \kappa, \sigma)$ über allen $\sigma \in \text{Ext}(\mu)$ minimiert für $\sigma = \rho * \kappa * \mu$. Damit ergibt sich

$$\min_{\sigma \in \text{Ext}(\mu)} \min_{\tau \in \text{Ext}(\kappa)} F(\tau, \sigma) = F(\rho * \kappa * \mu * \kappa, \rho * \kappa * \mu).$$

Da $\rho * \kappa * \mu * \kappa = \rho * \mu * \kappa$ gilt, ist die Behauptung bewiesen.

Eine entsprechende Behauptung für die Maximalversion von Spearmans Footrule-Distanz lässt sich auf ähnliche Weise zeigen.

Behauptung 5.3. *Für eine beliebige totale Ordnung ρ über $\mathcal{D}$ gilt*

$$F_{Max}(\kappa, \mu) = F(\rho^R * \mu^R * \kappa, \rho * \kappa^R * \mu).$$

Der Beweis der Behauptung kombiniert in diesem Fall die Aussagen von Lemma 3.9 und Lemma 3.11. Für ein beliebiges, aber festes $\sigma \in \text{Ext}(\mu)$ wird nach Lemma 3.9 der Wert $F(\tau, \sigma)$ über allen $\tau \in \text{Ext}(\kappa)$ maximiert für $\tau = \sigma^R * \kappa$. Nach Lemma 3.11 wird der Wert $F(\sigma^R * \kappa, \sigma)$ über allen $\sigma \in \text{Ext}(\mu)$ maximiert für $\sigma = \rho * \kappa^R * \mu$. Damit ergibt sich

$$\max_{\sigma \in \text{Ext}(\mu)} \max_{\tau \in \text{Ext}(\kappa)} F(\tau, \sigma) = F((\rho * \kappa^R * \mu)^R * \kappa, \rho * \kappa^R * \mu).$$

Da $(\rho * \kappa^R * \mu)^R * \kappa = \rho^R * \kappa * \mu^R * \kappa = \rho^R * \mu^R * \kappa$ gilt, ist die Behauptung bewiesen.

Zuletzt wird eine entsprechende Behauptung für die Zentralversion von Spearmans Footrule-Distanz ebenfalls auf ähnliche Weise gezeigt.

Behauptung 5.4. *Für eine beliebige totale Ordnung ρ über $\mathcal{D}$ gilt*

$$F_Z(\kappa, \mu) = \min\{F(\rho^R * \mu^R * \kappa, \rho * \kappa * \mu), F(\rho * \mu * \kappa, \rho^R * \kappa^R * \mu)\}.$$

Der Beweis der Behauptung kombiniert in diesem Fall die Aussagen von Lemma 3.9 und Lemma 3.12. Es wird eine Charakterisierung für den Fall $F_Z(\kappa, \mu) = \min_{\sigma \in \text{Ext}(\mu)} \max_{\tau \in \text{Ext}(\kappa)} F(\tau, \sigma)$ gezeigt. Die entsprechende Charakterisierung für den Fall $F_Z(\kappa, \mu) = \min_{\tau \in \text{Ext}(\kappa)} \max_{\sigma \in \text{Ext}(\mu)} F(\tau, \sigma)$ ergibt sich analog.

Für ein beliebiges, aber festes $\sigma \in \text{Ext}(\mu)$ wird nach Lemma 3.9 der Wert $F(\tau, \sigma)$ über allen $\tau \in \text{Ext}(\kappa)$ maximiert für $\tau = \sigma^R * \kappa$. Nach Lemma 3.12 wird der Wert $F(\sigma^R * \kappa, \sigma)$ über allen $\sigma \in \text{Ext}(\mu)$ minimiert für $\sigma = \rho * \kappa * \mu$. Damit ergibt sich

$$\min_{\sigma \in \text{Ext}(\mu)} \max_{\tau \in \text{Ext}(\kappa)} F(\tau, \sigma) = F((\rho * \kappa * \mu)^R * \kappa, \rho * \kappa * \mu).$$

Da $(\rho * \kappa * \mu)^R * \kappa = \rho^R * \kappa^R * \mu^R * \kappa = \rho^R * \mu^R * \kappa$ gilt, ist die Behauptung bewiesen.

Damit lassen sich alle Varianten von Spearmans Footrule-Distanz für zwei schwache Ordnungen mit Hilfe von Verfeinerungen charakterisieren. Die Aussage des Satzes ergibt sich aus der Tatsache, dass sich sowohl Verfeinerungen als auch Spearmans Footrule-Distanz zwischen zwei totalen Ordnungen jeweils in $\mathcal{O}(n)$ berechnen lassen. □

Das Distanzproblem unter der Minimalversion und der Zentralversion von Spearmans Footrule-Distanz für eine Intervallordnung und eine totale Ordnung kann ebenfalls in Linearzeit gelöst werden. Die zugrunde liegende Idee entstammt dabei einem Algorithmus von Lawler [Law78] für ein Single-Processor-Scheduling-Problem. Es wird zunächst das Distanzproblem unter der Minimalversion von Spearmans Footrule-Distanz untersucht. Das Ergebnis für die Zentralversion von Spearmans Footrule-Distanz ergibt sich dann aus Lemma 3.3.

Satz 5.2. *Sei κ eine Intervallordnung und sei σ eine totale Ordnung über einer Domäne $\mathcal{D}$ und sei $n = |\mathcal{D}|$. Dann ist das Distanzproblem unter der Minimalversion von Spearmans Footrule-Distanz für κ und σ in einer Laufzeit von $\mathcal{O}(n)$ lösbar.*

Beweis. Sei für die Intervallordnung κ für jeden Kandidaten $c \in \mathcal{D}$ ein Intervall $[l_c, r_c]$ gegeben. Der folgende Algorithmus berechnet nun eine totale Erweiterung $\tau^* \in \text{Ext}(\kappa)$ mit $F(\tau^*, \sigma) = F_{Min}(\kappa, \sigma)$. Der Algorithmus konstruiert τ^* in $|\mathcal{D}|$ vielen einzelnen Schritten. Für $t = 1, \ldots, |\mathcal{D}|$ wird im t-ten Schritt derjenige Kandidat $x \in \mathcal{D}$ bestimmt, für den $\tau^*(x) = t$ gilt. Dies wird als das *Platzieren von x an Position t* bezeichnet. In jedem Schritt t speichert der Algorithmus die Menge der *zulässigen* Kandidaten $\mathcal{A}_t$. Dies sind alle noch nicht platzierten Kandidaten x für die alle Kandidaten y mit $y \prec_\kappa x$ bereits an einer Position kleiner als t platziert wurden. Dies stellt sicher, dass die berechnete totale

5.1. Komplexität

Ordnung τ^* eine totale Erweiterung der Intervallordnung κ ist.

Algorithmus 5.1. Berechnung der Minimalversion von Spearmans Footrule-Distanz für eine Intervallordnung und eine totale Ordnung

Input : Intervallordnung κ, totale Ordnung σ über einer Domäne $\mathcal{D}$
Output : Totale Ordnung $\tau^* \in \text{Ext}(\kappa)$ mit $F(\tau^*, \sigma) = F_{Min}(\kappa, \sigma)$
foreach $x \in \mathcal{D}$ **do** setze $\tau^*(x) \leftarrow \bot$
for $t = 1, \ldots, |\mathcal{D}|$ **do**
$\quad \mathcal{A}_t = \{x \in \mathcal{D} : \tau^*(x) = \bot \land \forall_{y \prec_\kappa x} \tau^*(y) \neq \bot\}$
$\quad \mathcal{T}_t = \{x \in \mathcal{A}_t : \sigma(x) \leq t\}$
$\quad \mathcal{E}_t = \{x \in \mathcal{A}_t : \sigma(x) > t\}$
$\quad$ **if** $\mathcal{T}_t \neq \emptyset$ **then**
$\quad\quad$ | wähle einen beliebigen Kandidaten $x \in \mathcal{T}_t$ und setze $\tau^*(x) \leftarrow t$
$\quad$ **else**
$\quad\quad$ | wähle einen beliebigen Kandidaten $x \in \mathcal{E}_t$ mit $r_x = \min_{y \in \mathcal{E}_t} r_y$ und setze $\tau^*(x) \leftarrow t$

end
return τ^*

Die in Schritt t zulässigen Kandidaten werden in *verspätete* Kandidaten $\mathcal{T}_t$ (für *tardy*) und in *verfrühte* Kandidaten $\mathcal{E}_t$ (für *early*) partitioniert. Ein Kandidat ist verspätet, wenn sein Beitrag zu $F(\tau^*, \sigma)$ sich um eins erhöhen würde, wenn er anstatt im t-ten Schritt im $t+1$-ten Schritt platziert werden würde. Entsprechend ist ein Kandidat verfrüht, wenn sein Beitrag zu $F(\tau^*, \sigma)$ um eins sinken würde, wenn er anstatt im t-ten Schritt im $t+1$-ten Schritt platziert werden würde. Es ist zu beachten, dass derjenige Kandidat x, für den $\sigma(x) = t$ gilt, der also, wenn er im t-ten Schritt platziert wird, nichts zu $F(\tau^*, \sigma)$ beiträgt, zu den verspäteten Kandidaten gehört. Weiterhin ist anzumerken, dass jeder Kandidat höchstens einmal von einem verfrühten zu einem verspäteten Kandidaten wird.

Wenn verspätete Kandidaten vorhanden sind, wählt der Algorithmus einen beliebigen von ihnen aus und platziert ihn an Position t. Andernfalls wird ein beliebiger Kandidat unter denjenigen verfrühten Kandidaten ausgewählt, die in κ die kleinste rechte Intervallgrenze besitzen.

Im Folgenden wird die Korrektheit von Algorithmus 5.1 gezeigt. Dabei heißt eine totale Erweiterung $\tau \in \text{Ext}(\kappa)$ mit $F(\tau, \sigma) = F_{Min}(\kappa, \sigma)$ *optimal*.

Behauptung 5.5. *Die totale Ordnung τ^*, die Algorithmus 5.1 berechnet, ist* *optimal.*

Die Tatsache, dass $\tau^* \in \text{Ext}(\kappa)$ gilt, folgt sofort aus der Definition der zulässigen Kandidaten.

Für eine optimale totale Ordnung τ sei nun $s(\tau)$ die Länge des Präfixes, in welchem τ mit τ^* übereinstimmt, d. h. für alle $i \leq s(\tau)$ gilt $\tau^{*-1}(i) = \tau^{-1}(i)$. Es wird nun mit τ' eine derjenigen optimalen totalen Ordnungen betrachtet, deren Wert $s(\tau')$ maximal ist. Wenn $s(\tau') = |\mathcal{D}|$ ist, dann stimmen τ^* und τ' komplett überein und die Behauptung ist bewiesen. Es wird daher $s(\tau') < |\mathcal{D}|$ angenommen und zum Widerspruch geführt. Der Übersichtlichkeit halber sei im Folgenden $z = s(\tau')$. Betrachte nun den Kandidaten x mit $\tau^*(x) = \tau'(x) = z$ und den Kandidaten y mit $\tau^*(y) = z + 1$ und $\tau'(y) > z + 1$. Der Kandidat x ist also der letzte Kandidat im gemeinsamen Präfix von τ^* und τ', und y ist derjenige Kandidat, der von τ^* an der ersten Position geordnet wird, an der sich τ^* und τ' unterscheiden. Es wird nun aus τ' durch Verschiebungen und Vertauschungen eine optimale totale Ordnung τ'' erzeugt, für die $\tau^{*-1}(i) = \tau''^{-1}(i)$ für alle $i \leq z + 1$ gilt. Dies ist dann ein Widerspruch zur Tatsache, dass der Wert $z = s(\tau')$ maximal ist unter allen optimalen totalen Ordnungen. Sei $\mathcal{X} = \{c \in \mathcal{D} : \tau'(x) < \tau'(c) < \tau'(y)\}$ die Menge aller Kandidaten, die von τ' zwischen x und y geordnet werden. Es werden zwei Fälle unterschieden.

Fall 1: Als y von Algorithmus 5.1 an Position $z + 1$ in τ^* platziert wurde, war y verspätet, d. h. $y \in \mathcal{T}_{z+1}$. Damit gilt $\sigma(y) \leq z + 1$. Sei nun τ'' diejenige totale Ordnung, die aus τ' durch eine Linksverschiebung von y auf Position $z+1$ entsteht. Für alle $c \in \mathcal{X}$ gilt dann $\tau''(c) = \tau'(c) + 1$ (siehe Abbildung 5.1).

Da $\tau^* \in \text{Ext}(\kappa)$ gilt und τ^* den Kandidaten y vor jedem Kandidaten $c \in \mathcal{X}$ ordnet, kann nicht $c \prec_\kappa y$ gelten. Da auch $\tau' \in \text{Ext}(\kappa)$ gilt und τ' den Kandidaten y nach jedem Kandidaten $c \in \mathcal{X}$ ordnet, kann umgekehrt auch nicht $y \prec_\kappa c$ gelten. Daraus folgt $y \not\gtrless_\kappa c$ für alle $c \in \mathcal{X}$. Da sich τ'' von τ' nur bezüglich der Vorgaben für y und die Kandidaten aus $\mathcal{X}$ unterscheidet, folgt aus $\tau' \in \text{Ext}(\kappa)$ auch $\tau'' \in \text{Ext}(\kappa)$.

Es werden nun $F(\tau'', \sigma)$ und $F(\tau', \sigma)$ verglichen. Dabei gilt $\tau''(c) = \tau'(c)$ für alle $c \in \mathcal{D} \setminus (\mathcal{X} \cup \{y\})$, $\tau''(c) = \tau'(c) + 1$ für alle $c \in \mathcal{X}$, und zuletzt $\tau''(y) = \tau'(y) - |\mathcal{X}|$. Einerseits kann nun für jeden Kandidaten $c \in \mathcal{X}$ sein Beitrag zu $F(\tau'', \sigma)$ um eins größer sein als sein Beitrag zu $F(\tau', \sigma)$. Andererseits ist wegen $\tau''(y) = z+1$, $\tau'(y) = z+1+|X|$ und $\sigma(y) \leq z+1$ der Beitrag von y zu $F(\tau'', \sigma)$ um $|\mathcal{X}|$ kleiner als sein Beitrag zu $F(\tau', \sigma)$. Da alle verbleibenden Kandidaten zu $F(\tau'', \sigma)$ genauso viel beitragen wie zu $F(\tau', \sigma)$, gilt $F(\tau'', \sigma) \leq F(\tau', \sigma)$.

5.1. Komplexität 99

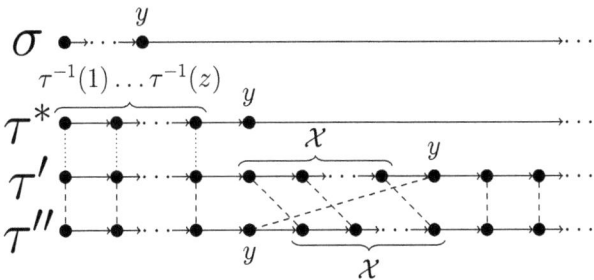

Abbildung 5.1. σ, τ^*, τ' und τ'' aus Fall 1 von Behauptung 5.5.

Damit ist auch τ'' optimal, was einen Widerspruch darstellt zur Tatsache, dass der Wert $z = s(\tau')$ maximal ist unter allen optimalen totalen Ordnungen.

Fall 2: Als y von Algorithmus 5.1 an Position $z+1$ in τ^* platziert wurde, war y verfrüht, d. h. $\mathcal{T}_{z+1} = \emptyset$ und $y \in \mathcal{E}_{z+1}$.

Zunächst wird $\mathcal{X} \subseteq \mathcal{A}_{z+1}$ gezeigt, woraus zusammen mit der Tatsache, dass $\mathcal{T}_{z+1} = \emptyset$ gilt, $\mathcal{X} \subseteq \mathcal{E}_{z+1}$ folgt. Angenommen es existiert ein $c \in \mathcal{X}$ mit $c \notin \mathcal{A}_{z+1}$. Dann existiert zumindest ein Kandidat c', der zulässig ist, und der verhindert, dass c ebenfalls zulässig ist. Es gilt also $c' \prec_\kappa c$ bzw. $r_{c'} < l_c$. Wegen $\mathcal{T}_{z+1} = \emptyset$ muss $c' \in \mathcal{E}_{z+1}$ gelten. Da der Algorithmus nicht c' sondern y an Position $z+1$ platziert hat, muss $r_y \le r_{c'}$ sein (siehe Zeile 9 von Algorithmus 5.1). Dies impliziert jedoch $y \prec_\kappa c$, was wegen $c \prec_{\tau'} y$ und $\tau' \in \text{Ext}(\kappa)$ nicht gelten kann. Damit ist die Annahme zum Widerspruch geführt und es gilt $\mathcal{X} \subseteq \mathcal{A}_{z+1}$, woraus wiederum $\mathcal{X} \subseteq \mathcal{E}_{z+1}$ folgt.

Aus diesem Zwischenergebnis folgen nun zwei wichtige Tatsachen. Zum einen ist $\sigma(c) > z+1$ für alle $c \in \mathcal{X}$ und zum anderen sind alle Kandidaten aus $\mathcal{X} \cup \{y\}$ paarweise unvergleichbar in κ, da sie ansonsten nicht alle zur gleichen Zeit verfügbar sein könnten.

Die totale Ordnung τ'' entsteht nun aus τ' durch mehrere Vertauschungen (siehe Abbildung 5.2). Sei $c_1 \in \mathcal{X}$ der Kandidat mit $\tau'(c_1) = z+1$. Es wird nun eine Vertauschung von y und c_1 ausgeführt. Falls $\sigma(c_1) \ge z+1+|\mathcal{X}|$ ist, endet die Folge von Operationen an dieser Stelle. Wenn andernfalls $z+1 < \sigma(c_1) < z+1+|\mathcal{X}|$ gilt, dann sei $c_2 \in \mathcal{X}$ der Kandidat mit $\sigma(c_1) = \tau'(c_2)$. Es wird nun eine Vertauschung von c_1 und c_2 ausgeführt. Diese Prozedur wird nun so lange wiederholt, bis ein Kandidat c_i mit $\sigma(c_i) \ge z+1+|\mathcal{X}|$ in eine Vertauschung involviert ist. Aufgrund des Schubfachprinzips wird dieser Fall eintreten.

Es wurden nur Vertauschungen durchgeführt, die Kandidaten aus $\mathcal{X} \cup \{y\}$

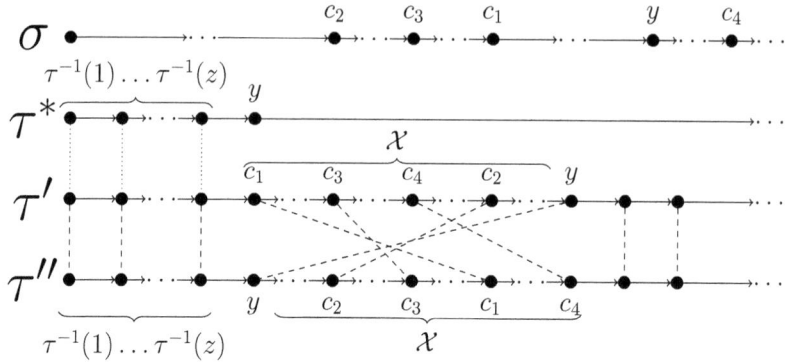

Abbildung 5.2. σ, τ^*, τ' und τ'' aus Fall 2 von Behauptung 5.5. In diesem Beispiel gilt $\tau''(y) = \tau'(c_1)$, $\tau''(c_1) = \tau'(c_2)$, $\tau''(c_2) = \tau'(c_3)$, $\tau''(c_3) = \tau'(c_4)$ und $\tau''(c_4) = \tau'(y)$.

betreffen. Auch die Kandidaten, die jeweils zwischen den betroffenen Kandidaten geordnet waren, sind ausschließlich aus $\mathcal{X} \cup \{y\}$. Diese Kandidaten sind, wie bereits gezeigt, in κ paarweise unvergleichbar. Damit folgt aus $\tau' \in \mathrm{Ext}(\kappa)$ sofort $\tau'' \in \mathrm{Ext}(\kappa)$.

Es werden nun wieder $F(\tau'', \sigma)$ und $F(\tau', \sigma)$ verglichen. Alle $c \in \mathcal{D} \setminus (\mathcal{X} \cup \{y\})$ und alle $c \in \mathcal{X}$, die nicht von einer Vertauschung betroffen waren, tragen zu $F(\tau'', \sigma)$ genauso viel bei wie zu $F(\tau', \sigma)$, da $\tau''(c) = \tau'(c)$ gilt. Da y von τ'' um $|\mathcal{X}|$ Positionen weiter links geordnet wird als von τ', d. h. $\tau''(y) = \tau'(y) - |\mathcal{X}|$, und da $\sigma(y) > z$ gilt, trägt y zu $F(\tau'', \sigma)$ um bis zu $|\mathcal{X}|$ mehr bei als zu $F(\tau', \sigma)$. Für jeden Kandidaten $c \in \mathcal{X}$, der von einer Vertauschung betroffen ist, gilt nun $|\tau'(c) - \tau''(c)| = i_c$ für ein $i_c \geq 1$. Jeder dieser Kandidaten wird von τ'' um i_c Positionen näher an $\sigma(c)$ geordnet als von τ' und trägt damit zu $F(\tau'', \sigma)$ um i_c weniger bei als zu $F(\tau', \sigma)$. Insgesamt gilt $\sum_{c \in \mathcal{X}} i_c \geq |\mathcal{X}|$, da mit dem Kandidaten c_1 begonnen wird, für den $\tau'(c_1) = z + 1$ gilt, und da in der letzten Vertauschung ein Kandidat an Position $z + 1 + |\mathcal{X}|$ platziert wird. Damit gilt $F(\tau'', \sigma) \leq F(\tau', \sigma)$ und τ'' ist optimal, was einen Widerspruch darstellt zur Tatsache, dass der Wert $z = s(\tau')$ maximal ist unter allen optimalen totalen Ordnungen.

Damit ist die Behauptung, d. h. die Korrektheit von Algorithmus 5.1, gezeigt. Zur Vervollständigung des Satzes muss noch dessen Laufzeit betrachtet werden.

Behauptung 5.6. *Algorithmus 5.1 berechnet τ^* in Linearzeit.*

5.1. Komplexität

Algorithmus 5.1 benötigt $|\mathcal{D}|$ viele Schleifendurchläufe. Für eine lineare Laufzeit darf also ein einzelner Schleifendurchlauf nur konstante Zeit benötigen. Dazu ist es nötig, dass die Mengen $\mathcal{A}$, $\mathcal{L}$ und $\mathcal{E}$ nicht in jedem Durchlauf neu berechnet werden, sondern in konstanter Zeit aus den entsprechenden Mengen im vorhergehenden Schleifendurchlauf berechenbar sind.

Die Intervalle der Kandidaten werden in einer Hash-Tabelle $h[\,]$ der Größe $|\mathcal{D}|$ gespeichert. An dieser Stelle kann ausgenutzt werden, dass die Intervallgrenzen natürliche Zahlen zwischen 1 und $|\mathcal{D}|$ sind. Für einen Kandidaten x wird das Intervall $I(x) = [l_x, r_x]$ an den Positionen $h[l_x]$ und $h[r_x]$ abgelegt, wodurch der Beginn und das Ende des Intervalls aus $h[\,]$ ablesbar sind. Sobald ein Kandidat vom Algorithmus platziert wurde, werden seine Einträge aus $h[\,]$ gelöscht. Insgesamt enthält $h[\,]$ also höchstens $2|\mathcal{D}|$ viele Einträge und kann in $\mathcal{O}(|\mathcal{D}|)$ Schritten initialisiert werden.

Weiterhin wird jedem Kandidaten ein Attribut *time* vergeben, welches angibt, ob er verspätet oder verfrüht ist. Initial sind alle Kandidaten verfrüht. In jedem Schritt t des Algorithmus wird das *time*-Attribut des Kandidaten $x \in \mathcal{D}$ mit $\sigma^{-1}(x) = t$ von verfrüht auf verspätet geändert. Die Initialisierung und das Update von *time* können also insgesamt in $\mathcal{O}(|\mathcal{D}|)$ Schritten durchgeführt werden.

Die Mengen $\mathcal{T}$ und $\mathcal{E}$ werden in einer Datenstruktur abgelegt, die ein Einfügen und Löschen eines Elements in konstanter Zeit erlaubt, z. B. in einer Liste. Die Menge $\mathcal{A}$ wird nicht explizit gespeichert, sondern ergibt sich aus $\mathcal{T}$ und $\mathcal{E}$.

Die Mengen $\mathcal{T}$ und $\mathcal{E}$ werden von einer Sweepline L berechnet, die $h[\,]$ schrittweise von $h[1]$ bis $h[|\mathcal{D}|]$ durchläuft. Dabei wird L nach folgenden Regeln bewegt. Sei $L = h[i]$ die aktuelle Position von L in $h[\,]$. Solange im Hash-Bucket $h[i]$ die rechte Intervallgrenze r_x eines Kandidaten $x \in \mathcal{D}$ gespeichert ist, wird L nicht bewegt. Sobald die letzte rechte Intervallgrenze eines Kandidaten aus $h[i]$ gelöscht wird, wird L schrittweise weiterbewegt bis zum ersten Hash-Bucket $h[j]$, in dem die rechte Intervallgrenze eines Kandidaten gespeichert ist. Damit ist L immer auf dem Hash-Bucket platziert, indem die kleinste rechte Intervallgrenze eines noch nicht platzierten Kandidaten gespeichert ist. Wird L auf bzw. über ein Hash-Bucket bewegt, so werden alle Kandidaten, deren linke Intervallgrenze darin abgelegt ist, je nach ihrem *time*-Attribut zu $\mathcal{T}$ oder zu $\mathcal{E}$ hinzugefügt. Auf diese Weise kann kein Kandidat zu $\mathcal{T}$ oder $\mathcal{E}$ hinzugefügt werden, der noch nicht zulässig ist. Insgesamt wird L also über $|\mathcal{D}|$ viele Hash-Buckets bewegt, die zusammen $2|\mathcal{D}|$ Einträge enthalten.

Soll nun in einem Schritt t des Algorithmus ein Kandidat platziert werden, so muss getestet werden, ob $\mathcal{T} = \emptyset$ gilt. Ist dies nicht der Fall, so kann ein beliebiger Kandidat aus $\mathcal{T}$ gewählt werden, der dann an Position t in τ^* platziert und aus $h[\,]$ gelöscht wird. Gilt dagegen $\mathcal{T} = \emptyset$, so muss einer der Kandidaten aus $\mathcal{E}$ mit der kleinsten rechten Intervallgrenze platziert werden. Dieser kann nun anhand der Position von L in konstanter Zeit gefunden werden. Damit läuft ein Schleifendurchlauf des Algorithmus in konstanter Zeit ab und für das gesamte Verfahren ergibt sich eine lineare Laufzeit von $\mathcal{O}(|\mathcal{D}|)$. Damit ist die Behauptung bewiesen.

Aus Behauptung 5.5 und Behauptung 5.6 ergibt sich die Aussage des Satzes.
□

Da die Minimal- und die Zentralversion von Spearmans Footrule-Distanz und für eine Intervallordnung und eine totale Ordnung zusammenfallen (Lemma 3.3), kann obiges Resultat übertragen werden.

Korollar 5.1. *Sei κ eine Intervallordnung und sei σ eine totale Ordnung über einer Domäne $\mathcal{D}$ und sei $n = |\mathcal{D}|$. Dann ist das Distanzproblem unter der Zentralversion von Spearmans Footrule-Distanz für κ und σ in einer Laufzeit von $\mathcal{O}(n)$ lösbar.*

Während sich die Distanzprobleme für zwei schwache Ordnungen bzw. für eine Intervallordnung und eine totale Ordnung unter der Minimalversion und der Zentralversion von Spearmans Footrule-Distanz effizient lösen lassen, bietet sich ein deutlich verändertes Bild, sobald partielle Ordnungen ins Spiel kommen. So wird im Folgenden gezeigt, dass die entsprechenden Distanzprobleme für eine partielle und eine totale Ordnung **NP**-vollständig sind.

Satz 5.3. *Das Distanzproblem unter der Minimalversion von Spearmans Footrule-Distanz für eine partielle und eine totale Ordnung ist **NP**-vollständig.*

Beweis. Das Distanzproblem unter der Minimalversion von Spearmans Footrule-Distanz fragt für eine partielle Ordnung κ und eine totale Ordnung σ über einer Domäne $\mathcal{D}$ sowie für ein $k \in \mathbb{N}$, ob $F_{Min}(\kappa, \sigma) \leq k$ gilt. Die **NP**-Vollständigkeit des Distanzproblems lässt sich durch eine Reduktion vom Clique-Problem, welches als **NP**-vollständig bekannt ist [Kar72, GJ90], zeigen. Für einen Graphen $G = (\mathcal{V}, \mathcal{E})$ und ein $k' \in \mathbb{N}$ fragt das Clique-Problem, ob eine Teilmenge der Knoten $\mathcal{V}^* \subseteq \mathcal{V}$ existiert, so dass $|\mathcal{V}^*| = k'$ und $\{u, v\} \in \mathcal{E}$ für alle $u, v \in \mathcal{V}^*$ gilt. Der von $\mathcal{V}^*$ induzierte Teilgraph wird dann als *Clique der Größe k'* bezeichnet.

Sei also ein Graph $G = (\mathcal{V}, \mathcal{E})$ mit $\mathcal{V} = \{v_1, \ldots, v_n\}$ und $\mathcal{E} = \{e_1, \ldots, e_m\}$ sowie ein $k' \in \mathbb{N}$ eine Instanz des Clique-Problems. Dieses ist für $k' \leq 2$ trivial lösbar, da hier lediglich nach der Existenz eines Knotens ($k' = 1$) bzw. einer Kante ($k' = 2$) gefragt ist. Damit ist das Clique-Problem für $k' \geq 3$ **NP**-vollständig und für die folgende Reduktion kann eben diese Tatsache angenommen werden. Der Übersichtlichkeit halber sei außerdem $k^* = k' + \binom{k'}{2}$. Es lässt sich weiterhin feststellen, dass das Clique-Problem für $m \geq k^*$ **NP**-vollständig bleibt, da andernfalls Knoten v'_i, v''_i und Kanten $\{v'_i, v''_i\}$ für $1 \leq i \leq k^* - |\mathcal{E}|$ zu $\mathcal{V}$ bzw. $\mathcal{E}$ hinzugefügt werden, die wegen $k' \geq 3$ die Lösung nicht beeinflussen können. Im Folgenden gelte also $m \geq k^*$.

Eine Instanz des Clique-Problems wird nun auf eine Instanz des Distanzproblems wie folgt reduziert. Verwende $\mathcal{V}$ und $\mathcal{E}$ als Mengen von Kandidaten. Führe außerdem zwei weitere Mengen von Kandidaten $\mathcal{B} = \{b_1, \ldots, b_{n^8}\}$ (für Blocker) und $\mathcal{F} = \{f_1, \ldots, f_{m-k^*}\}$ (für Füllelemente) ein. Damit ist $\mathcal{D} = \mathcal{V} \cup \mathcal{E} \cup \mathcal{B} \cup \mathcal{F}$. Die totale Ordnung σ wird nun konstruiert als

$$[\mathcal{E}] \prec_\sigma [\mathcal{B}] \prec_\sigma [\mathcal{V}] \prec_\sigma [\mathcal{F}].$$

Dabei müssen $\mathcal{V}, \mathcal{E}, \mathcal{B}$ und $\mathcal{F}$ in beliebiger, aber eindeutiger Weise total geordnet sein. Der Einfachheit halber seien sie jeweils entsprechend der aufsteigenden Nummerierung ihrer Elemente total geordnet. Die partielle Ordnung κ wird wie folgt konstruiert. Die Kandidaten aus $\mathcal{F}$ sind in κ auf dieselbe Weise total geordnet wie in σ, also entsprechend ihrer aufsteigenden Nummerierung. Die Kandidaten aus $\mathcal{V}$ sind paarweise unvergleichbar in κ, ebenso die Kandidaten aus $\mathcal{E}$ und $\mathcal{B}$. Weiterhin ist $b \not\succeq_\kappa c$ für alle $b \in \mathcal{B}$ und $c \in \{\mathcal{V} \cup \mathcal{E} \cup \mathcal{F}\}$ sowie $f \prec_\kappa c$ für alle $f \in \mathcal{F}$ und $c \in \{\mathcal{V} \cup \mathcal{E}\}$. Der wichtigste Teil der Reduktion ist die Beziehung zwischen $\mathcal{V}$ und $\mathcal{E}$ in κ. Für alle $v \in \mathcal{V}$ und $e \in \mathcal{E}$ gilt hier $v \prec_\kappa e$, falls e in G inzident zu v ist, und anderenfalls $v \not\succeq_\kappa e$. Diese Eigenschaft wird im Folgenden als *Inzidenzeigenschaft* bezeichnet. Die Spezifikation von σ und κ ist in Abbildung 5.3 dargestellt. Zuletzt sei $k = \left(2m - 2\binom{k'}{2}\right) n^8 + 10n^4$.

Eine totale Ordnung $\tau \in \text{Ext}(\kappa)$ wird als *optimal* bezeichnet, wenn $F(\tau, \sigma) = F_{Min}(\kappa, \sigma)$ ist. Vor dem eigentlichen Korrektheitsbeweis der Reduktion wird eine hilfreiche Behauptung gezeigt, die besagt, dass immer eine optimale Ordnung existiert, die die Blocker an dieselben Positionen ordnet wie σ dies tut.

Behauptung 5.7. *Es existiert eine optimale Ordnung τ^*, so dass $\tau^*(b) = \sigma(b)$ für alle $b \in \mathcal{B}$.*

Für eine optimale Ordnung τ sei $s(\tau)$ die Länge des Präfixes von $b_1, \ldots, b_{n^8}$, die τ an dieselbe Position ordnet wie σ. Für alle $1 \leq i \leq s(\tau)$ gilt also $\tau(b_i) = \sigma(b_i)$. Von allen optimalen Ordnungen sei nun τ' diejenige, die $s(\tau')$ maximiert. Falls $s(\tau') = n^8$, so ordnet τ' alle Kandidaten $b \in \mathcal{B}$ an dieselbe Position wie σ und die Behauptung ist bewiesen. Es wird also angenommen, dass $s(\tau') < n^8$ gilt und dies zum Widerspruch geführt. Der Übersichtlichkeit halber sei $z =$

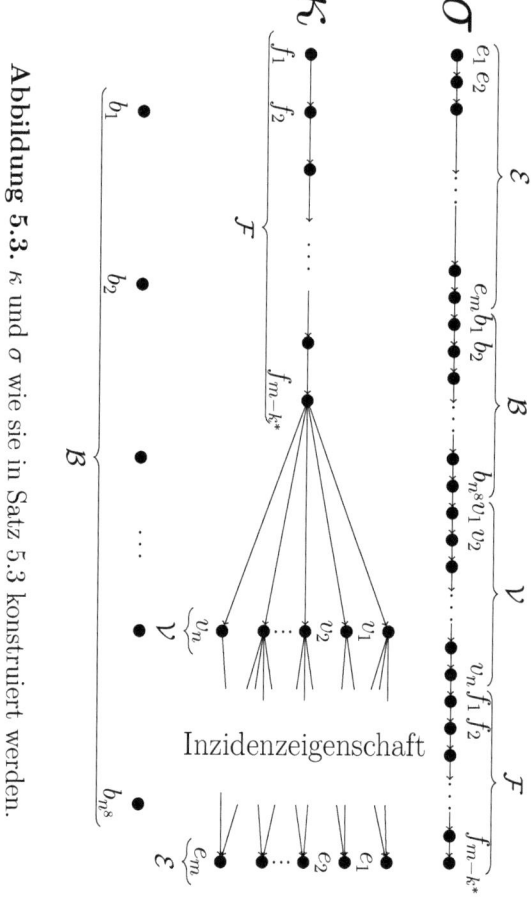

Abbildung 5.3. κ und σ wie sie in Satz 5.3 konstruiert werden.

5.1. Komplexität

$s(\tau')$. Im Folgenden wird nun gezeigt, dass aus τ' mittels Verschiebungen und Vertauschungen eine totale Ordnung τ'' erzeugt werden kann, welche ebenfalls optimal ist, und für die $\sigma(b_i) = \tau''(b_i)$ für alle $1 \leq i \leq z + 1 = s(\tau') + 1$ gilt. Dies stellt dann einen Widerspruch dar zur Annahme, dass τ' den Wert $s(\tau')$ maximiert. Betrachte dazu nun den Kandidaten b_{z+1}. Es werden zwei Fälle unterschieden.

Fall 1: Es gilt $\tau'(b_{z+1}) > \sigma(b_{z+1})$. Sei $\mathcal{X} = \{c \in \mathcal{D} : \tau'(b_z) < \tau'(c) < \tau'(b_{z+1})\}$. Damit enthält $\mathcal{X}$ also alle Kandidaten, die von τ' zwischen b_z und b_{z+1} geordnet werden. Sei nun τ'' die totale Ordnung, die aus τ' entsteht, indem eine Linksverschiebung von b_{z+1} auf die Position $\tau'(b_z) + 1 = \sigma(b_{z+1})$ ausgeführt wird. Dadurch wird jedes $c \in \mathcal{X}$ um eine Position in die Gegenrichtung verschoben (siehe Abbildung 5.4). Da b_{z+1} in κ zu allen anderen Kandidaten unvergleichbar ist, und da sich τ'' von τ' nur in den Vorgaben bezüglich b_{z+1} und den Kandidaten aus $\mathcal{X}$ unterscheidet, folgt aus $\tau' \in \mathrm{Ext}(\kappa)$ sofort $\tau'' \in \mathrm{Ext}(\kappa)$.

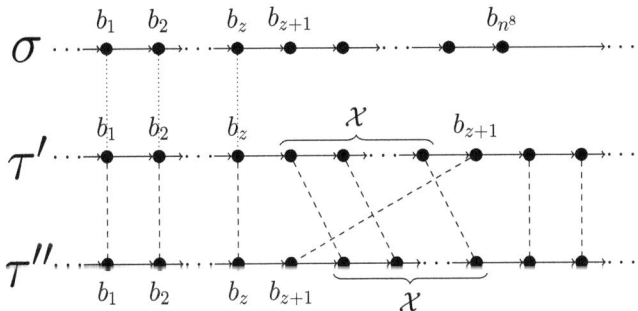

Abbildung 5.4. σ, τ' und τ'' wie sie in Fall 1 von Behauptung 5.7 (Satz 5.3) auftreten

Es werden nun $F(\tau'', \sigma)$ und $F(\tau', \sigma)$ verglichen. Dabei gilt $\tau''(c) = \tau'(c)$ für alle $c \in \mathcal{D} \setminus (\mathcal{X} \cup \{b_{z+1}\})$, $\tau''(c) = \tau'(c) + 1$ für alle $c \in \mathcal{X}$, und zuletzt $\tau''(b_{z+1}) = \tau'(b_{z+1}) - |\mathcal{X}|$. Einerseits trägt also jedes $c \in \mathcal{X}$ zu $F(\tau'', \sigma)$ um höchstens eins mehr bei als zu $F(\tau', \sigma)$. Auf der anderen Seite trägt b_{z+1} wegen $\tau''(b_{z+1}) = \sigma(b_{z+1})$ zu $F(\tau'', \sigma)$ um $|\mathcal{X}|$ weniger bei als zu $F(\tau', \sigma)$. Alle weiteren Kandidaten tragen zu $F(\tau'', \sigma)$ genauso viel bei wie zu $F(\tau', \sigma)$. Damit gilt $F(\tau'', \sigma) \leq F(\tau', \sigma)$ und τ'' ist ebenfalls optimal. Da keiner der Kandidaten $b_1, \ldots, b_z$ von der Verschiebung betroffen wurde, gilt $\sigma(b_i) = \tau''(b_i)$ für alle

$1 \leq i \leq z+1 = s(\tau')+1$. Dies stellt einen Widerspruch dar zur Annahme, dass τ' den Wert $s(\tau')$ maximiert.

Fall 2: Es gilt $\tau'(b_{z+1}) < \sigma(b_{z+1})$. Da $\sigma(b_i) = \tau'(b_i)$ für alle $1 \leq i \leq z$ gilt, folgt daraus sofort $\tau'(b_{z+1}) < \tau'(b_1)$. Die Methoden, mit denen dieser Fall zum Widerspruch geführt wird, gleichen weitestgehend denen aus Fall 1. Sei $\mathcal{X} = \{c \in \mathcal{D} : \tau'(b_{z+1}) < \tau'(c) < \tau'(b_1)\}$. Damit enthält $\mathcal{X}$ also alle Kandidaten, die von τ' zwischen b_{z+1} und b_1 geordnet werden. Sei τ'' die totale Ordnung, die aus τ' entsteht, indem eine Rechtsverschiebung von b_{z+1} auf Position $\tau'(b_1) - 1$ durchgeführt wird. Dadurch wird jedes $c \in \mathcal{X}$ um eine Position in die Gegenrichtung verschoben (siehe Abbildung 5.5). Da b_{z+1} in κ zu allen anderen Kandidaten unvergleichbar ist, folgt analog zu Fall 1 aus $\tau' \in \text{Ext}(\kappa)$ sofort $\tau'' \in \text{Ext}(\kappa)$.

Es wird nun wieder $F(\tau'', \sigma)$ und $F(\tau', \sigma)$ verglichen. Dabei gilt $\tau''(c) = \tau'(c)$ für alle $c \in \mathcal{D} \setminus (\mathcal{X} \cup \{b_{z+1}\})$, $\tau''(c) = \tau'(c) - 1$ für alle $c \in \mathcal{X}$ und $\tau''(b_{z+1}) = \tau'(b_{z+1}) + |\mathcal{X}|$. Einerseits trägt also jedes $c \in \mathcal{X}$ zu $F(\tau'', \sigma)$ um höchstens eins mehr bei als zu $F(\tau', \sigma)$. Auf der anderen Seite gilt $|\sigma(b_{z+1}) - \tau''(b_{z+1})| = z+1$ und $|\sigma(b_{z+1}) - \tau'(b_{z+1})| = z+1+|\mathcal{X}|$, weshalb b_{z+1} zu $F(\tau'', \sigma)$ um $|\mathcal{X}|$ weniger beiträgt als zu $F(\tau', \sigma)$. Alle weiteren Kandidaten tragen zu $F(\tau'', \sigma)$ genauso viel bei wie zu $F(\tau', \sigma)$. Damit gilt $F(\tau'', \sigma) \leq F(\tau', \sigma)$ und τ'' ist ebenfalls optimal. Da keiner der Kandidaten $b_1, \ldots, b_z$ von der Verschiebung betroffen wurde, gilt $\sigma(b_i) = \tau''(b_i)$ für alle $1 \leq i \leq z$.

Sei nun x derjenige Kandidat mit $\tau''(x) = \sigma(b_{z+1})$ und sei τ''' die totale Ordnung, die aus τ'' durch eine Vertauschung von b_{z+1} und x entsteht (siehe Abbildung 5.5). Da τ'' zwischen b_{z+1} und x genau die Kandidaten $b_1, \ldots, b_z$ ordnet, welche in κ zu allen anderen Kandidaten unentschieden sind, und da auch b_{z+1} und x in κ zueinander unentschieden sind, folgt aus $\tau'' \in \text{Ext}(\kappa)$ sofort $\tau''' \in \text{Ext}(\kappa)$.

Es wird nun $F(\tau''', \sigma)$ und $F(\tau'', \sigma)$ verglichen. Es gilt $\tau'''(c) = \tau''(c)$ für alle $c \in \mathcal{D} \setminus \{b_{z+1}, x\}$, $\tau'''(x) = \tau''(x) - (z+1)$ und $\tau'''(b_{z+1}) = \tau''(b_{z+1}) + z + 1$. Damit kann einerseits x zu $F(\tau''', \sigma)$ um bis zu $z+1$ mehr beitragen als zu $F(\tau'', \sigma)$. Auf der anderen Seite trägt b_{z+1} wegen $\tau'''(b_{z+1}) = \sigma(b_{z+1})$ zu $F(\tau''', \sigma)$ um genau $z+1$ weniger bei als zu $F(\tau'', \sigma)$. Alle weiteren Kandidaten tragen zu $F(\tau''', \sigma)$ genauso viel bei wie zu $F(\tau'', \sigma)$. Damit gilt $F(\tau''', \sigma) \leq F(\tau'', \sigma) \leq F(\tau', \sigma)$ und τ''' ist ebenfalls optimal. Da keiner der Kandidaten $b_1, \ldots, b_z$ von der Vertauschungsoperation betroffen wurde, gilt $\sigma(b_i) = \tau'''(b_i)$ für alle $1 \leq i \leq z+1 = s(\tau')+1$. Dies stellt einen Widerspruch dar zur Annahme, dass τ' den Wert $s(\tau')$ maximiert.

5.1. Komplexität 107

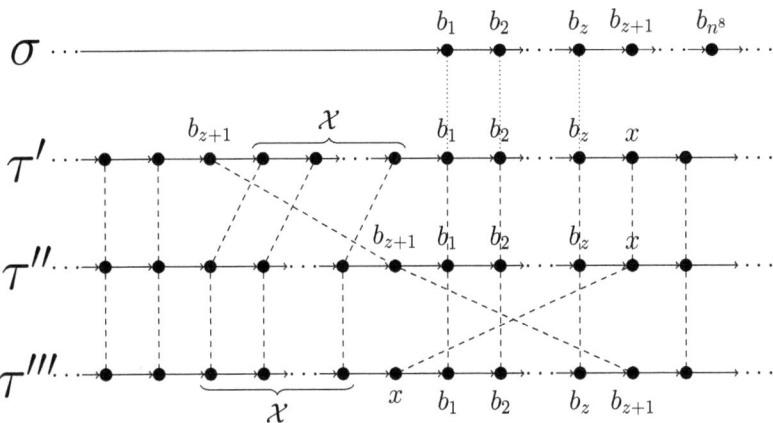

Abbildung 5.5. σ, τ', τ'' und τ''' wie sie in Fall 2 von Behauptung 5.7 (Satz 5.3) auftreten

Damit liefern beide Fälle einen Widerspruch und Behauptung 5.7 ist bewiesen. Mit Hilfe von Behauptung 5.7 lässt sich nun die Korrektheit der Reduktion zeigen, d. h. G besitzt eine Clique der Größe k', genau dann wenn $F_{Min}(\kappa, \sigma) \leq k$ ist.

Angenommen G enthält eine Clique der Größe k'. Das bedeutet, es existiert ein vollständiger Subgraph $G^* = (\mathcal{V}^*, \mathcal{E}^*)$, wobei $|\mathcal{V}^*| = k'$ und $|\mathcal{E}^*| = \binom{k'}{2}$ ist. Daraus wird nun eine totale Ordnung τ^* über $\mathcal{D}$ konstruiert als

$$[\mathcal{F}] \prec_{\tau^*} [\mathcal{V}^*] \prec_{\tau^*} [\mathcal{E}^*] \prec_{\tau^*} [\mathcal{B}] \prec_{\tau^*} [\mathcal{V} \setminus \mathcal{V}^*] \prec_{\tau^*} [\mathcal{E} \setminus \mathcal{E}^*],$$

wobei $\mathcal{B}$ und $\mathcal{F}$ jeweils entsprechend der aufsteigenden Nummerierung ihrer Elemente total geordnet sind. Die Mengen $\mathcal{V}^*, \mathcal{E}^*, \mathcal{V} \setminus \mathcal{V}^*$ und $\mathcal{E} \setminus \mathcal{E}^*$ sind jeweils beliebig total geordnet (siehe Abbildung 5.6).

Es muss nun gezeigt werden, dass $\tau^* \in \text{Ext}(\kappa)$ und $F(\tau^*, \sigma) \leq k$ gilt, woraus wiederum $F_{Min}(\kappa, \sigma) \leq k$ folgt. Zunächst wird $\tau^* \in \text{Ext}(\kappa)$ verifiziert. Dass τ^* bis auf die Inzidenzeigenschaft alle Vorgaben von κ erfüllt, ergibt sich direkt aus der Spezifikation von κ und von τ^*. Auch die Inzidenzeigenschaft, d. h. die Tatsache, dass keine Kante vor einem zu ihr inzidenten Knoten geordnet wird, lässt sich leicht verifizieren. Eine Verletzung der Inzidenzeigenschaft würde nur dann auftreten, wenn eine Kante aus $\mathcal{E}^*$ zu einem Knoten aus $\mathcal{V} \setminus \mathcal{V}^*$ inzident

108 Kapitel 5. Distanzprobleme unter Spearmans Footrule-Distanzen

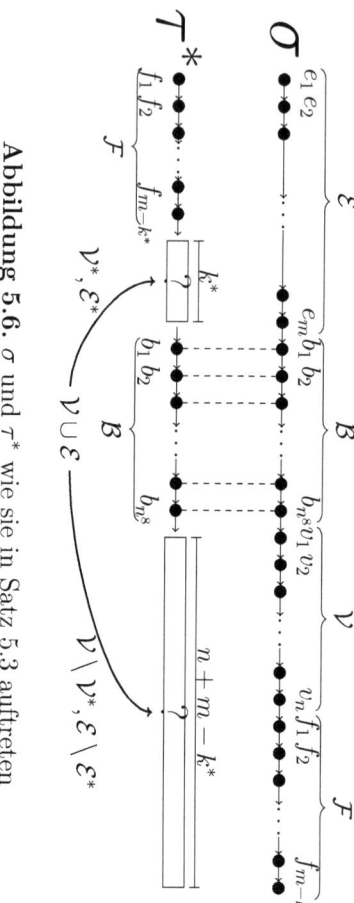

Abbildung 5.6. σ und τ^* wie sie in Satz 5.3 auftreten

5.1. Komplexität

wäre. Da aber $G^* = (\mathcal{V}^*, \mathcal{E}^*)$ eine Clique in G ist, kann dies nicht der Fall sein. Damit gilt $\tau^* \in \mathrm{Ext}(\kappa)$.

Als Nächstes wird $F(\tau^*, \sigma)$ betrachtet. Man stellt leicht fest, dass τ^* und σ beide jeweils m Kandidaten vor b_1 ordnen. Da beide die Kandidaten aus $\mathcal{B}$ in derselben Reihenfolge direkt hintereinander ordnen, folgt $\tau^*(b) = \sigma(b)$ für alle $b \in \mathcal{B}$. Damit tragen die Kandidaten $b \in \mathcal{B}$ nichts zu $F(\tau^*, \sigma)$ bei. Seiner Funktion im Folgenden entsprechend wird $\mathcal{B}$ wieder als *Blocker* bezeichnet.

Alle Kandidaten $c \in \{\mathcal{V} \cup \mathcal{E} \cup \mathcal{F}\}$ werden nun dahingehend unterschieden, ob sie sowohl von τ^* als auch von σ vor dem Blocker geordnet werden (*Typ 1*), ob sie sowohl von τ^* als auch von σ nach dem Blocker geordnet werden (*Typ 2*), oder ob sie von τ^* vor dem Blocker und von σ nach dem Blocker geordnet werden oder umgekehrt (*Typ 3*). Wie sich aus der Spezifikation von τ^* und σ (siehe noch einmal Abbildung 5.6) ergibt, sind alle $e \in \mathcal{E}^*$ vom Typ 1, alle $v \in \mathcal{V} \setminus \mathcal{V}^*$ vom Typ 2 und alle $c \in \{\mathcal{F} \cup \mathcal{V}^* \cup (\mathcal{E} \setminus \mathcal{E}^*)\}$ vom Typ 3. Insgesamt gibt es also $n - k' + \binom{k'}{2} \leq n + m$ viele Kandidaten vom Typ 1 und 2 sowie $m - k^* + k' + m - \binom{k'}{2} = 2m - 2\binom{k'}{2}$ viele Kandidaten vom Typ 3. Da sowohl τ^* als auch σ jeweils m Kandidaten vor dem Blocker und $n + m - k^* \leq n + m$ Kandidaten nach dem Blocker ordnen, trägt ein Kandidat vom Typ 1 oder 2 höchstens $n + m$ zu $F(\tau^*, \sigma)$ bei. Ein Kandidat vom Typ 3 dagegen kann bis zu $|\mathcal{D}| = n^8 + n + m + m - k^* \leq n^8 + n + 2m$ zu $F(\tau^*, \sigma)$ beitragen. Unter Berücksichtigung der Tatsachen, dass $k' \leq n$ und $m \leq n^2$ gilt, werden diese Werte nun aufsummiert.

$$
\begin{aligned}
F(\tau^*, \sigma) &\leq (n+m)(n+m) + \left(2m - 2\binom{k'}{2}\right)(n^8 + n + 2m) \\
&= (n+m)(n+m) + \left(2m - 2\binom{k'}{2}\right)n^8 + \left(2m - 2\binom{k'}{2}\right)(n + 2m) \\
&\leq \left(2m - 2\binom{k'}{2}\right)n^8 + (n+m)(n+m) + 2m(n + 2m) \\
&= \left(2m - 2\binom{k'}{2}\right)n^8 + n^2 + 2mn + m^2 + 2mn + 4m^2 \\
&\leq \left(2m - 2\binom{k'}{2}\right)n^8 + 5n^4 + 4n^3 + n^2 \\
&\leq \left(2m - 2\binom{k'}{2}\right)n^8 + 10n^4 \\
&= k.
\end{aligned}
$$

Da $F_{Min}(\kappa,\sigma) \leq F(\tau^*,\sigma)$ ist, folgt $F_{Min}(\kappa,\sigma) \leq k$.

Für den zweiten Teil des Beweises wird nun angenommen, dass $F_{Min}(\kappa,\sigma) \leq k$ ist. Dann existiert wegen Behauptung 5.7 eine totale Ordnung $\tau^* \in \text{Ext}(\kappa)$, so dass $F(\tau^*,\sigma) \leq k$ und $\tau^*(b) = \sigma(b)$ für alle $b \in \mathcal{B}$ gilt. Damit trägt jeder Kandidat aus $\mathcal{B}$ null zu $F(\tau^*,\sigma)$ bei. Die Menge $\mathcal{B}$ wird wieder als Blocker bezeichnet und es werden analog zum ersten Teil des Beweises die Kandidaten aus $\mathcal{V} \cup \mathcal{E} \cup \mathcal{F}$ in Typ 1, 2 oder 3 eingeteilt. Wegen $|\mathcal{B}| = n^8$ trägt jeder Kandidat vom Typ 3 mindestens n^8 zu $F(\tau^*,\sigma)$ bei. Da $F(\tau^*,\sigma) \leq k = \left(2m - 2\binom{k'}{2}\right)n^8 + 10n^4$ ist, können also höchstens $\lfloor \frac{k}{n^8} \rfloor = 2m - 2\binom{k'}{2}$ Kandidaten vom Typ 3 sein. Da $\tau^* \in \text{Ext}(\kappa)$ ist, ordnet τ^* alle Kandidaten aus $\mathcal{F}$ vor allen Kandidaten aus $\mathcal{V} \cup \mathcal{E}$. Von diesen wiederum müssen zumindest einige vor dem Blocker geordnet werden, da $|\mathcal{V} \cup \mathcal{E}| = n + m$ ist, τ^* jedoch nur $n + m - k^*$ viele Kandidaten nach dem Blocker ordnet (siehe noch einmal Abbildung 5.6). Damit werden alle $m - k^*$ Kandidaten aus $\mathcal{F}$ von τ^* ebenfalls vor dem Blocker geordnet. Da sie von σ jedoch nach dem Blocker geordnet werden, sind sie vom Typ 3. Daraus folgt, dass höchstens $2m - 2\binom{k'}{2} - (m - k^*) = m + k' - \binom{k'}{2}$ viele Kandidaten aus $\mathcal{V} \cup \mathcal{E}$ vom Typ 3 sein können. Aus der Spezifikation von κ und σ ergibt sich, dass ein $v \in \mathcal{V}$ vom Typ 3 ist, genau dann wenn v von τ^* vor dem Blocker geordnet wird. Dagegen ist ein $e \in \mathcal{E}$ vom Typ 3, genau dann wenn e von τ^* nach dem Blocker geordnet wird. Seien nun $\mathcal{V}^*$ bzw. $\mathcal{E}^*$ die Mengen derjenigen Kandidaten aus $\mathcal{V}$ bzw. $\mathcal{E}$, die von τ^* vor dem Blocker geordnet werden. Damit sind $|\mathcal{V}^*| + |\mathcal{E} \setminus \mathcal{E}^*|$ viele Kandidaten aus $\mathcal{V} \cup \mathcal{E}$ vom Typ 3. Da τ^* nun m Kandidaten vor dem Blocker ordnet, von denen $m - k^*$ aus $\mathcal{F}$ sind, gilt $|\mathcal{V}^*| + |\mathcal{E}^*| = k^*$. Es wird nun gezeigt, dass $|\mathcal{V}^*| = k'$ ist, indem alle anderen Fälle zum Widerspruch geführt werden.

Fall 1: Angenommen es gilt $|\mathcal{V}^*| > k'$, woraus dann $|\mathcal{E}^*| < \binom{k'}{2}$ folgt. Dann sind $|\mathcal{V}^*| + |\mathcal{E} \setminus \mathcal{E}^*| = |\mathcal{V}^*| + |\mathcal{E}| - |\mathcal{E}^*| > k' + m - \binom{k'}{2}$ viele Kandidaten vom Typ 3. Dies ist ein Widerspruch zur Tatsache, dass höchstens $m + k' - \binom{k'}{2}$ Kandidaten aus $\mathcal{V} \cup \mathcal{E}$ vom Typ 3 sind.

Fall 2: Angenommen es gilt $|\mathcal{V}^*| < k'$, woraus dann $|\mathcal{E}^*| > \binom{k'}{2}$ folgt. Da $\tau^* \in \text{Ext}(\kappa)$ ist, besitzt es die Inzidenzeigenschaft, d. h. jede Kante wird von τ^* nach den beiden zu ihr inzidenten Knoten geordnet. Da die einzigen Knoten, die vor $\mathcal{E}^*$ geordnet werden, diejenigen aus $\mathcal{V}^*$ sind, folgt, dass jede Kante aus $\mathcal{E}^*$ ausschließlich zu Knoten aus $\mathcal{V}^*$ inzident ist. Das bedeutet, dass mehr als $\binom{k'}{2}$ viele Kanten zu weniger als k' vielen Knoten inzident sind. Dies ist offensichtlich ein Widerspruch.

Damit ist nun bekannt, dass $|\mathcal{V}^*| = k'$ und $|\mathcal{E}^*| = \binom{k'}{2}$ ist. Da wegen der

Inzidenzeigenschaft von τ^* jede der $\binom{k'}{2}$ Kanten aus $\mathcal{E}^*$ zu zwei der k' Knoten aus $\mathcal{V}^*$ inzident ist, ist $G^* = (\mathcal{V}^*, \mathcal{E}^*)$ eine Clique der Größe k' in G. Damit ist die Korrektheit der Reduktion bewiesen.

Die **NP**-Vollständigkeit des Distanzproblems folgt nun sofort, da sowohl die polynomielle Laufzeit der Reduktion als auch die Zugehörigkeit des Problems zur Klasse **NP** offensichtlich sind. □

Da die Minimal- und die Zentralversion von Spearmans Footrule-Distanz und für eine partielle und eine totale Ordnung zusammenfallen (Lemma 3.3), kann obiges Resultat übertragen werden.

Korollar 5.2. *Das Distanzproblem unter der Zentralversion von Spearmans Footrule-Distanz für eine partielle und eine totale Ordnung ist* **NP***-vollständig.*

5.2 Approximierbarkeit

Analog zum Distanzproblem unter der Minimalversion und der Zentralversion von Kendalls Tau-Distanz für eine partielle und eine totale Ordnung kann auch das Distanzproblem unter der Minimalversion und der Zentralversion von Spearmans Footrule-Distanz für eine partielle und eine totale Ordnung bis auf einen konstanten Faktor approximiert werden. Dabei wird ausgenutzt, dass sich die Varianten von Kendalls Tau-Distanz und von Spearmans Footrule-Distanz für partielle Ordnungen nur um einen konstanten Faktor unterscheiden.

Satz 5.4. *Das Distanzproblem unter der Minimalversion von Spearmans Footrule-Distanz zwischen einer partiellen und einer totalen Ordnung ist 4-approximierbar.*

Beweis. In Satz 4.4 wurde gezeigt, dass das Distanzproblem unter der Minimalversion von Kendalls Tau-Distanz für eine partielle Ordnung κ und eine totale Ordnung σ über einer Domäne $\mathcal{D}$ 2-approximierbar ist. Wegen $K_{Min}(\kappa, \sigma) \leq F_{Min}(\kappa, \sigma) \leq 2K_{Min}(\kappa, \sigma)$ (Lemma 3.14) ist eine 2-Approximation für das Distanzproblem unter der Minimalversion von Kendalls Tau-Distanz gleichzeitig eine 4-Approximation für das entsprechende Distanzproblem unter der Minimalversion von Spearmans Footrule-Distanz. □

Aufgrund der Tatsache, dass für eine partielle und eine totale Ordnung die Minimalversion nd die Zentralversion von Spearmans Footrule-Distanz zusammenfallen (Lemma 3.3), folgt das entsprechende Resultat für die Zentralversion von Spearmans Footrule-Distanz.

Korollar 5.3. *Das Distanzproblem unter der Zentralversion von Spearmans Footrule-Distanz zwischen einer partiellen und einer totalen Ordnung ist 4-approximierbar.*

5.3 Parametrisierte Komplexität

Der folgende Abschnitt befasst sich mit der parametrisierten Komplexität des Distanzproblems unter der Minimalversion von Spearmans Footrule-Distanz für eine totale und eine partielle Ordnung. Dabei wird die Fixed-Parameter-Tractability des Problems bezüglich seiner Schranke k durch das Angeben eines linearen Kerns bestehend aus $2k$ Kandidaten gezeigt.

Es wird zunächst das folgende allgemeine Resultat über Spearmans Footrule-Distanz für zwei totale Ordnungen benötigt.

Lemma 5.1. *Seien σ und τ zwei totale Ordnungen über einer Domäne $\mathcal{D}$. Seien weiterhin $x, y \in \mathcal{D}$ mit $\sigma(x) < \sigma(y)$ und $\tau(x) = \tau(y) + 1$. Sei nun τ' diejenige totale Ordnung, die aus τ durch eine lokale Vertauschung von x und y hervorgeht. Dann gilt $F(\sigma, \tau') \leq F(\sigma, \tau)$.*

Beweis. Es wird eine vollständige Fallunterscheidung bestehend aus drei Fällen durchgeführt (siehe Abbildung 5.7).

Fall 1: Sei $\tau(x) \leq \sigma(x)$. Dann gilt $|\tau'(x) - \sigma(x)| = |\tau(x) - \sigma(x)| + 1$. Wegen $\tau(y) = \tau(x) - 1$, $\tau(x) \leq \sigma(x)$ und $\sigma(x) < \sigma(y)$ folgt $\tau(y) < \sigma(y)$ und damit $|\tau'(y) - \sigma(y)| = |\tau(y) - \sigma(y)| - 1$. Da für alle $z \in \mathcal{D}$ mit $z \neq x, y$ offensichtlich $|\tau'(z) - \sigma(z)| = |\tau(z) - \sigma(z)|$ gilt, folgt $F(\tau', \sigma) = F(\tau, \sigma)$.

Fall 2: Sei $\sigma(x) < \tau(x) \leq \sigma(y)$. Wegen $\sigma(x) < \tau(x)$ gilt $|\tau'(x) - \sigma(x)| = |\tau(x) - \sigma(x)| - 1$. Wegen $\tau(x) \leq \sigma(y)$ und $\tau(y) = \tau(x) - 1$ gilt $\tau(y) < \sigma(y)$ und damit $|\tau'(y) - \sigma(y)| = |\tau(y) - \sigma(y)| - 1$. Da wieder für alle $z \in \mathcal{D}$ mit $z \neq x, y$ offensichtlich $|\tau'(z) - \sigma(z)| = |\tau(z) - \sigma(z)|$ gilt, folgt $F(\tau', \sigma) = F(\tau, \sigma) - 2$.

Fall 3: Sei $\tau(x) > \sigma(y)$. Wegen $\tau(x) > \sigma(y)$ und $\sigma(y) > \sigma(x)$ gilt $\tau(x) > \sigma(x)$ und damit $|\tau'(x) - \sigma(x)| = |\tau(x) - \sigma(x)| - 1$. Wegen $\tau(x) > \sigma(y)$ und $\tau(y) = \tau(x) - 1$ gilt $\tau(y) \geq \sigma(y)$ und damit $|\tau'(y) - \sigma(y)| = |\tau(y) - \sigma(y)| + 1$. Da wieder für alle $z \in \mathcal{D}$ mit $z \neq x, y$ offensichtlich $|\tau'(z) - \sigma(z)| = |\tau(z) - \sigma(z)|$ gilt, folgt $F(\tau', \sigma) = F(\tau, \sigma)$.

In allen drei Fällen gilt also $F(\tau', \sigma) \leq F(\tau, \sigma)$. Damit ist die Korrektheit der Aussage bewiesen. □

5.3. Parametrisierte Komplexität

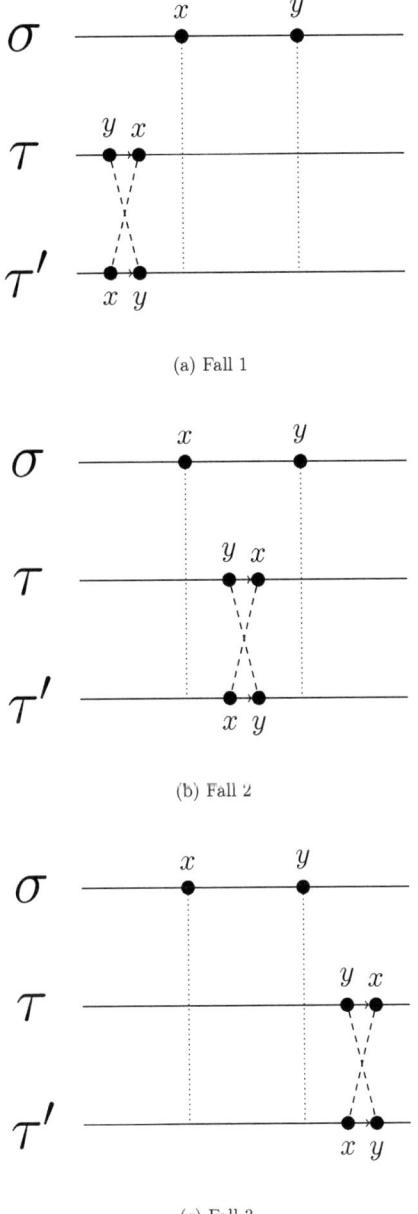

(a) Fall 1

(b) Fall 2

(c) Fall 3

Abbildung 5.7. Illustration der drei Fälle aus Lemma 5.1

Der nun folgende Beweis der Fixed-Parameter-Tractability des Distanzproblems unter der Minimalversion von Spearmans Footrule-Distanz für eine totale und eine partielle Ordnung ähnelt stark dem Beweis der Fixed-Parameter-Tractability des Distanzproblems unter der Minimalversion von Kendalls Tau-Distanz für eine totale und eine partielle Ordnung (Satz 4.5). Die Tatsache, dass das Distanzproblem unter der Minimalversion von Kendalls Tau-Distanz für eine partielle und eine totale Ordnung einen linearen Kern bestehend aus höchstens $2k$ Kandidaten besitzt (Behauptung 4.11), kann im Beweis sogar direkt verwendet werden.

Satz 5.5. *Das Distanzproblem unter der Minimalversion von Spearmans Footrule-Distanz für eine partielle und eine totale Ordnung ist fixed-parameter-tractable bezüglich seiner Schranke k, da es einen Kern, bestehend aus $\mathcal{O}(k)$ vielen Kandidaten, besitzt. Die Laufzeit für die Berechnung des Kerns ist quadratisch in der Größe der Domäne der gegebenen Ordnungen.*

Beweis. Seien im Folgenden eine partielle Ordnung κ und eine totale Ordnung σ über einer Domäne $\mathcal{D}$ sowie ein $k \in \mathbb{N}$ eine Instanz des Distanzproblems unter der Minimalversion von Spearmans Footrule-Distanz. Gefragt ist also, ob $F_{Min}(\kappa, \sigma) \leq k$ ist, d. h. ob eine totale Erweiterung $\tau \in \text{Ext}(\kappa)$ existiert, so dass $F(\tau, \sigma) \leq k$ ist.

Es wird wieder die Ableitung $\sigma \star \kappa$ betrachtet. Da σ vollständig ist, enthält $\sigma \star \kappa$ keine Unvergleichbarkeiten oder Übernahmen.

Erneut wird die Zyklenregel als einzige Vereinfachungsregel benötigt.

Zyklenregel: Wenn ein Kandidat $x \in \mathcal{D}$ existiert, der in $\sigma \star \kappa$ in keinem Dreieck enthalten und an keiner Uneinigkeit beteiligt ist, dann entferne x aus κ und σ und belasse k unverändert.

Es wird nun gezeigt, dass die Zyklenregel auch für die Minimalversion von Spearmans Footrule-Distanz gültig ist. Sei $x \in \mathcal{D}$ ein Kandidat, auf den die Zyklenregel angewendet wird. Dann bezeichnen $\hat{\sigma}$ und $\hat{\kappa}$ die Ordnungen, die aus σ und κ durch das Entfernen von x entstehen. Im Folgenden heißt eine totale Erweiterung $\tau \in \text{Ext}(\kappa)$ *optimal*, wenn $F(\tau, \sigma) \leq k$ gilt. Entsprechend heißt ein $\hat{\tau} \in \text{Ext}(\hat{\kappa})$ optimal, wenn $F(\hat{\tau}, \hat{\sigma}) \leq k$ gilt.

Behauptung 5.8. *Die Zyklenregel ist gültig.*

Sei $x \in \mathcal{D}$ ein Kandidat, auf den die Zyklenregel angewendet wird. Partitioniere nun $\mathcal{D} \setminus \{x\}$ in die Menge der *Vorgänger* und der *Nachfolger* von x in $\sigma \star \kappa$, $\mathcal{X}^- = \{y \in \mathcal{D} \setminus \{x\} : y \prec_{\sigma \star \kappa} x\}$ und $\mathcal{X}^+ = \{z \in \mathcal{D} \setminus \{x\} : x \prec_{\sigma \star \kappa} z\}$. Dann gilt $y \prec_{\sigma \star \kappa} z$ für alle $y \in \mathcal{X}^-$ und $z \in \mathcal{X}^+$, da ansonsten x, y und z ein Dreieck

5.3. Parametrisierte Komplexität

bilden würden. Die Zyklenregel ist nun gültig, wenn $F_{Min}(\kappa, \sigma) \leq k$ gilt, genau dann wenn $F_{Min}(\hat{\kappa}, \hat{\sigma}) \leq k$ gilt.

Angenommen es gilt $F_{Min}(\kappa, \sigma) \leq k$. Zunächst wird gezeigt, dass eine optimale totale Erweiterung $\tau^* \in \text{Ext}(\kappa)$ existiert, so dass $y \prec_{\tau^*} x$ für alle $y \in \mathcal{X}^-$ und $x \prec_{\tau^*} z$ für alle $z \in \mathcal{X}^+$ gilt. Für eine optimale totale Erweiterung $\tau \in \text{Ext}(\kappa)$ sei $s(\tau)$ die Anzahl aller Paare $\{x,y\}$ mit $y \in \mathcal{X}^-$ und $x \prec_\tau y$ plus die Anzahl aller Paare $\{x,z\}$ mit $z \in \mathcal{X}^+$ und $z \prec_\tau x$ plus die Anzahl aller Paare $\{y,z\}$ mit $y \in \mathcal{X}^-$, $z \in \mathcal{X}^+$ und $z \prec_\tau y$. Von allen optimalen totalen Erweiterungen $\tau \in \text{Ext}(\kappa)$ sei τ' eine derjenigen mit dem minimalen Wert $s(\tau')$. Wenn $s(\tau') = 0$ gilt, dann entspricht τ' dem gesuchten τ^* und die Aussage ist bewiesen. Angenommen es gilt also $s(\tau') > 0$, woraus folgt, dass ein $y \in \mathcal{X}^-$ existiert mit $x \prec_{\tau'} y$, oder dass ein $z \in \mathcal{X}^+$ existiert mit $z \prec_{\tau'} x$, oder dass ein $y \in \mathcal{X}^-$ und ein $z \in \mathcal{X}^+$ existieren mit $z \prec_{\tau'} y$. Es wird nun ersterer Fall zum Widerspruch geführt. Die beiden anderen Fälle liefern analog einen Widerspruch. Von allen Vorgängern $y \in \mathcal{X}^-$ mit $x \prec_{\tau'} y$ sei y^* derjenige, der von τ' als erstes nach x geordnet wird. Damit existiert also kein $y \in \mathcal{X}^-$ mit $x \prec_{\tau'} y$ und $y \prec_{\tau'} y^*$. Es werden zwei Fälle unterschieden.

Fall 1: Die Kandidaten x und y^* werden von τ' direkt nebeneinander geordnet, also $\tau'(y^*) - \tau'(x) = 1$. In diesem Fall sei τ'' diejenige totale Ordnung, die aus τ' durch eine lokale Vertauschung von x und y^* entsteht. Damit gilt $s(\tau'') = s(\tau') - 1$. Da $y^* \prec_{\sigma \star \kappa} x$ gilt, folgt, dass nicht $x \prec_\kappa y^*$ gelten kann. Da laut Annahme $\tau' \in \text{Ext}(\kappa)$ ist und $x \prec_{\tau'} y^*$ gilt, kann auch nicht $y^* \prec_\kappa x$ gelten, weshalb x und y^* in κ unvergleichbar sein müssen. Da τ'' sich nur bezüglich der Vorgabe für x und y^* von τ' unterscheidet, ist dann auch $\tau'' \in \text{Ext}(\kappa)$. Wegen $y^* \not\prec_\kappa x$ handelt es sich weiterhin bei $y^* \prec_{\sigma \star \kappa} x$ um eine Übergabe, die $y^* \prec_\sigma x$ geschuldet ist. Damit gilt nach Lemma 5.1 $F(\tau'', \sigma) \leq F(\tau', \sigma) \leq k$ und τ'' ist ebenfalls optimal. Dies ist jedoch ein Widerspruch zur Tatsache, dass τ' eine optimale totale Erweiterung mit minimalem Wert $s(\tau')$ ist.

Fall 2: Die totale Ordnung τ' ordnet y^* nicht unmittelbar nach x, d. h. es gilt $\tau'(y^*) - \tau'(x) > 1$. Betrachte nun den Kandidaten, der von τ' unmittelbar vor y^* geordnet wird, also den Kandidaten $z^* \in \mathcal{D}$, für den $\tau'(y^*) - \tau'(z^*) = 1$ gilt. Da es keinen Vorgänger y mit $x \prec_{\tau'} y$ und $y \prec_{\tau'} y^*$ gibt, muss z^* ein Nachfolger von x in $\sigma \star \kappa$ sein. Sei τ'' die totale Ordnung, die aus τ' durch eine lokale Vertauschung von z^* und y^* hervorgeht. Damit gilt wieder $s(\tau'') = s(\tau') - 1$. Analog zu Fall 1 kann nun nicht $z^* \prec_\kappa y^*$ gelten, wegen $y^* \prec_{\sigma \star \kappa} z^*$. Außerdem kann nicht $y^* \prec_\kappa z^*$ gelten, da $\tau' \in \text{Ext}(\kappa)$ und $z^* \prec_{\tau'} y^*$ gelten, und es verbleibt als einzige Möglichkeit $y^* \not\prec_\kappa z^*$. Damit gilt wieder $\tau'' \in \text{Ext}(\kappa)$, weil sich τ'' bis auf die Vorgabe für y^* und z^* nicht von τ' unterscheidet. Erneut folgt aus $y^* \not\prec_\kappa z^*$, dass $y^* \prec_{\sigma \star \kappa} z^*$ eine Übergabe ist, die $y^* \prec_\sigma z^*$ geschuldet ist. Aufgrund von Lemma 5.1 gilt dann $F(\tau'', \sigma) \leq F(\tau', \sigma) \leq k$ und τ'' ist ebenfalls optimal. Dies ist jedoch erneut ein Widerspruch zur Tatsache, dass τ' eine optimale totale Erweiterung mit minimalem Wert $s(\tau')$ ist.

Da beide Fälle zu einem Widerspruch führen, existiert, falls $F_{Min}(\kappa, \sigma) \leq k$ gilt, eine optimale totale Erweiterung $\tau^* \in \text{Ext}(\kappa)$ mit $y \prec_{\tau^*} x$ für alle $y \in \mathcal{X}^-$ und $x \prec_{\tau^*} z$ für alle $z \in \mathcal{X}^+$. Sei dann $\hat{\tau}^*$ die totale Ordnung, die aus τ^* durch Entfernen von x hervorgeht. Da die Vorgaben von $\hat{\kappa}$ bis auf die fehlenden Vorgaben für x den Vorgaben von κ entsprechen, und da die Vorgaben von $\hat{\tau}^*$ bis auf die fehlenden Vorgaben für x den Vorgaben von τ^* entsprechen, folgt aus $\tau^* \in \text{Ext}(\kappa)$ sofort $\hat{\tau}^* \in \text{Ext}(\hat{\kappa})$. Es bleibt also zu zeigen, dass $\hat{\tau}^*$ optimal ist.

Es wurde bereits gezeigt, dass $y \prec_{\tau^*} x$ für alle $y \in \mathcal{X}^-$ und $x \prec_{\tau^*} z$ für alle $z \in \mathcal{X}^+$ gilt. Das bedeutet, alle Vorgänger (Nachfolger) von x in $\sigma \star \kappa$ sind auch Vorgänger (Nachfolger) von x in τ^*. Es wird nun analog zu Behauptung 4.10 gezeigt, dass alle Vorgänger (Nachfolger) von x in τ^* bzw. $\sigma \star \kappa$ auch Vorgänger (Nachfolger) von x in σ sind. Sei $y \in \mathcal{X}^-$. Da auf x die Zyklenregel angewendet wird, kann $y \prec_{\sigma \star \kappa} x$ keine Uneinigkeit sein. Wenn $y \prec_{\sigma \star \kappa} x$ eine Einigkeit ist, dann gilt $y \prec_\sigma x$. Wenn $y \prec_{\sigma \star \kappa} x$ eine Übergabe ist, dann gilt $y \not\prec_\kappa x$ und $y \prec_{\sigma \star \kappa} x$ ist $y \prec_\sigma x$ geschuldet. Damit ist jeder Vorgänger von x in τ^* auch ein Vorgänger von x in σ. Die entsprechende Aussage für die Nachfolger von x lässt sich analog zeigen.

Vergleicht man nun $F(\tau^*, \sigma)$ und $F(\hat{\tau}^*, \hat{\sigma})$, so gilt $\tau^*(y) = \hat{\tau}^*(y)$ und $\sigma(y) = \hat{\sigma}(y)$ für jeden Vorgänger $y \in \mathcal{X}^-$. Daraus folgt $|\tau^*(y) - \sigma(y)| = |\hat{\tau}^*(y) - \hat{\sigma}(y)|$. Weiterhin gilt $\tau^*(z) - 1 = \hat{\tau}^*(z)$ und $\sigma(z) - 1 = \hat{\sigma}(z)$ für jeden Nachfolger $z \in \mathcal{X}^+$. Daraus folgt $|\tau^*(z) - \sigma(z)| = |\hat{\tau}^*(z) - \hat{\sigma}(z)|$. Zuletzt gilt $\tau^*(x) = \sigma(x)$. Damit trägt x null zu $F(\tau^*, \sigma)$ bei. Da der Kandidat x nicht zur Domäne von $\hat{\tau}^*$ und $\hat{\sigma}$ gehört, trägt er zu $F(\hat{\tau}^*, \hat{\sigma})$ offensichtlich ebenfalls null bei. Insgesamt trägt also jeder Kandidat aus $\mathcal{D}$ ebenso viel zu $F(\tau^*, \sigma)$ bei wie zu $F(\hat{\tau}^*, \hat{\sigma})$. Damit folgt aus $F(\tau^*, \sigma) \leq k$ sofort $F(\hat{\tau}^*, \hat{\sigma}) \leq k$.

Für die Korrektheit der Behauptung bleibt noch zu zeigen, dass $F_{Min}(\hat{\kappa}, \hat{\sigma}) \leq k \Rightarrow F_{Min}(\kappa, \sigma) \leq k$ gilt. Dies kann jedoch größtenteils analog zum bisherigen Beweis geschehen. Sei also $F_{Min}(\hat{\kappa}, \hat{\sigma}) \leq k$. Es wird nun gezeigt, dass dann eine optimale totale Erweiterung $\hat{\tau}^* \in \text{Ext}(\hat{\kappa})$ existiert, so dass $y \prec_{\hat{\tau}^*} z$ für alle $y \in \mathcal{X}^-$ und $z \in \mathcal{X}^+$ gilt. Für eine optimale totale Erweiterung $\hat{\tau} \in \text{Ext}(\hat{\kappa})$ sei nun $s(\hat{\tau})$ die Anzahl aller Paare $\{y, z\}$ mit $y \in \mathcal{X}^-$, $z \in \mathcal{X}^+$ und $z \prec_{\hat{\tau}} y$. Von allen optimalen totalen Erweiterungen $\hat{\tau} \in \text{Ext}(\hat{\kappa})$ sei $\hat{\tau}'$ eine derjenigen mit dem minimalen Wert $s(\hat{\tau}')$. Wenn $s(\hat{\tau}') = 0$ gilt, dann entspricht $\hat{\tau}'$ dem gesuchten $\hat{\tau}^*$ und die Aussage ist bewiesen. Angenommen es gilt also $s(\hat{\tau}') > 0$, woraus folgt, dass ein $y \in \mathcal{X}^-$ und ein $z \in \mathcal{X}^+$ existieren mit $z \prec_{\hat{\tau}'} y$.

Offensichtlich existieren dann auch ein $y^* \in \mathcal{X}^-$ und ein $z^* \in \mathcal{X}^+$ mit $\hat{\tau}'(z^*) = \hat{\tau}'(y^*) - 1$. Sei nun $\hat{\tau}''$ diejenige totale Ordnung, die aus $\hat{\tau}'$ durch eine lokale Vertauschung von z^* und y^* hervorgeht. Damit ist $s(\hat{\tau}'') = s(\hat{\tau}') - 1$. Es kann nun nicht $z^* \prec_{\hat{\kappa}} y^*$ gelten, da $y^* \prec_{\sigma\star\kappa} z^*$ gilt. Ebenso wenig kann $y^* \prec_{\hat{\kappa}} z^*$ gelten, da $\hat{\tau}' \in \text{Ext}(\hat{\kappa})$ und $z^* \prec_{\hat{\tau}'} y^*$ gelten. Damit verbleibt $y^* \not\prec_{\hat{\kappa}} z^*$ als einzige Möglichkeit. Da sich $\hat{\tau}'$ und $\hat{\tau}''$ nur bezüglich der Vorgabe für y^* und z^* voneinander unterscheiden, folgt aus $\hat{\tau}' \in \text{Ext}(\hat{\kappa})$ sofort $\hat{\tau}'' \in \text{Ext}(\hat{\kappa})$. Aus $y^* \not\prec_{\hat{\kappa}} z^*$ folgt weiterhin, dass $y^* \prec_{\sigma\star\kappa} z^*$ eine Übergabe ist, die $y^* \prec_{\hat{\sigma}} z^*$ geschuldet ist. Dann folgt aus Lemma 5.1 $F(\hat{\tau}'', \hat{\sigma}) \leq F(\hat{\tau}', \hat{\sigma}) \leq k$. Dies ist jedoch ein Widerspruch zur Tatsache, dass $\hat{\tau}'$ eine optimale totale Erweiterung mit minimalem Wert $s(\hat{\tau}')$ ist. Damit existiert, falls $F_{Min}(\hat{\kappa}, \hat{\sigma}) \leq k$ ist, eine optimale totale Erweiterung $\hat{\tau}^* \in \text{Ext}(\hat{\kappa})$, so dass $y \prec_{\hat{\tau}^*} z$ für alle $y \in \mathcal{X}^-$ und $z \in \mathcal{X}^+$ gilt. An dieser Stelle kann erneut festgehalten werden, dass aus jedem optimalen $\hat{\tau}$ ein solches $\hat{\tau}^*$ effizient berechnet werden kann, indem - solange vorhanden - Kandidaten $y^* \in \mathcal{X}^-$ und $z^* \in \mathcal{X}^+$ mit $\hat{\tau}(z^*) = \hat{\tau}(y^*) - 1$ ermittelt werden und auf diesen eine lokale Vertauschung ausgeführt wird.

Sei nun τ^* die totale Ordnung, die aus $\hat{\tau}^*$ durch das Einfügen von x zwischen dem von $\hat{\tau}^*$ als letztes geordneten $y \in \mathcal{X}^-$ und dem als erstes geordneten $z \in \mathcal{X}^+$ entsteht. Analog zu oben lässt sich nun zeigen, dass $\tau^* \in \text{Ext}(\kappa)$ gilt. Ebenfalls analog lässt sich durch Berechnung des Beitrags der einzelnen Kandidaten zu $F(\tau^*, \sigma)$ und zu $F(\hat{\tau}^*, \hat{\sigma})$ zeigen, dass $F(\tau^*, \sigma) \leq k$, und damit dass $F_{Min}(\kappa, \sigma) \leq k$ ist.

Damit gilt $F_{Min}(\kappa, \sigma) \leq k$, genau dann wenn $F_{Min}(\hat{\kappa}, \hat{\sigma}) \leq k$ gilt, die Zyklenregel ist gültig und die Behauptung ist bewiesen. Enthält also das Distanzproblem für κ, σ und k einen Kandidaten x, auf den die Zyklenregel anwendbar ist, dann kann es gelöst werden, indem x aus κ und σ entfernt wird und das Distanzproblem für $\hat{\kappa}$, $\hat{\sigma}$ und k gelöst wird. Es bleibt anzumerken, dass im Falle einer positiven Antwort des Distanzproblems für κ, σ und k leicht eine totale Erweiterung $\tau \in \text{Ext}(\kappa)$ mit $F(\tau, \sigma) \leq k$ bestimmt werden kann. Wenn das Distanzproblem für $\hat{\kappa}$, $\hat{\sigma}$ und k positiv beantwortet wird, kann aus einer totalen Ordnung $\hat{\tau} \in \text{Ext}(\hat{\kappa})$ mit $F(\hat{\tau}, \hat{\sigma}) \leq k$ effizient eine totale Erweiterung $\hat{\tau}^* \in \text{Ext}(\hat{\kappa})$ mit $F(\hat{\tau}^*, \hat{\sigma}) \leq k$ berechnet werden, für die $y \prec_{\hat{\tau}^*} z$ für alle $y \in \mathcal{X}^-$ und alle $z \in \mathcal{X}^+$ gilt. Aus dieser wiederum kann durch geeignetes Einfügen von x das gesuchte τ bestimmt werden.

Mit Hilfe der Zyklenregel lässt sich nun die Fixed-Parameter-Tractability des Distanzproblems unter der Minimalversion von Spearmans Footrule-Distanz zwischen einer partiellen und einer totalen Ordnung zeigen.

Behauptung 5.9. *Das Distanzproblem unter der Minimalversion von Spear-*

mans Footrule-Distanz für eine partielle und eine totale Ordnung besitzt einen linearen Kern, bestehend aus höchstens $2k$ Kandidaten.

Aus $F_{Min}(\kappa, \sigma) \leq k$ folgt wegen Lemma 3.14 sofort $K_{Min}(\kappa, \sigma) \leq k$. Für eine Instanz des Distanzproblems unter der Minimalversion von Kendalls Tau-Distanz zwischen einer partiellen und einer totalen Ordnung, in der die Zyklenregel nicht mehr anwendbar ist, ist bereits aus Behauptung 4.11 bekannt, dass sie nur aus höchstens $2k$ Kandidaten bestehen kann. Damit ist die Behauptung bewiesen.

Die Existenz des linearen Kerns folgt aus Behauptung 5.8 und aus Behauptung 5.9. Die Laufzeit, die zur Berechnung des Kerns nötig ist, wurde bereits in Behauptung 4.12 gezeigt.

Aus der Existenz eines effizient berechenbaren, linearen Kerns folgt sofort die Fixed-Parameter-Tractability des Problems [DF99, FG06, Nie06]. □

Aufgrund der Tatsache, dass für eine partielle und eine totale Ordnung die Minimalversion und die Zentralversion von Spearmans Footrule-Distanz zusammenfallen (Lemma 3.3), folgt das entsprechende Resultat für die Zentralversion von Spearmans Footrule-Distanz.

Korollar 5.4. *Das Distanzproblem unter der Zentralversion von Spearmans Footrule-Distanz für eine partielle und eine totale Ordnung ist fixed-parameter-tractable bezüglich seiner Schranke k, da es einen Kern, bestehend aus $\mathcal{O}(k)$ vielen Kandidaten, besitzt. Die Laufzeit für die Berechnung des Kerns ist quadratisch in der Größe der Domäne der gegebenen Ordnungen.*

5.4 Zusammenfassung

Dieses Kapitel befasste sich mit Distanzproblemen unter Verallgemeinerungen von Spearmans Footrule-Distanz. Dabei wurden im Wesentlichen zwei Ergebnisse erzielt, die denen über Distanzprobleme unter Verallgemeinerungen von Kendalls Tau-Distanz beinahe gleichen.

- Die Distanzprobleme für zwei schwache Ordnungen sind für alle Verallgemeinerungen von Spearmans Footrule-Distanz effizient lösbar. Weiterhin ist das Distanzproblem unter der Minimalversion und der Zentralversion von Spearmans Footrule-Distanz für eine totale Ordnung und eine Intervallordnung effizient lösbar.

5.4. Zusammenfassung

- Die Distanzprobleme für zwei partielle Ordnungen sind für die Minimalversion und die Zentralversion von Spearmans Footrule-Distanz **NP**-vollständig. Dies gilt sogar, wenn eine der beiden Ordnungen total ist. Letzterer Spezialfall ist aber zumindest 4-approximierbar und fixed-parameter-tractable für die Minimalversion und die Zentralversion von Spearmans Footrule-Distanz.

Es liegt nahe, zu versuchen Algorithmus 5.1 zur Berechnung der Minimalversion von Spearmans Footrule-Distanz zwischen einer totalen Ordnung und einer Intervallordnung auf die Berechnung der Minimalversion von Spearmans Footrule-Distanz zwischen einer schwachen Ordnung und einer Intervallordnung zu übertragen, indem beispielsweise neben verfrühten und verspäteten Kandidaten noch *passende* Kandidaten eingeführt werden. Damit ergibt sich die folgende Vermutung.

Vermutung 5.1. *Das Distanzproblem für eine schwache Ordnung und eine Intervallordnung unter der Minimalversion von Spearmans Footrule-Distanz ist effizient lösbar.*

Ein offenes Problem, auf dessen Komplexität die vorliegenden Ergebnisse keinerlei Rückschlüsse zulassen, sind Distanzprobleme unter den Verallgemeinerungen von Spearmans Footrule-Distanz für zwei Intervallordnungen. Ebenfalls offen ist die Frage, ob sich Algorithmus 5.1 zur Berechnung der Maximalversion und der Hausdorff-Version von Spearmans Footrule-Distanz abwandeln lässt. Diese Distanzen scheinen hier eine zusätzliche Schwierigkeit im Vergleich zur Minimalversion von Spearmans Footrule-Distanz aufzuweisen. Während Algorithmus 5.1 für jeden Kandidaten eine "optimale Position" kennt, an der dieser platziert werden sollte, existiert beispielsweise bei der Maximalversion von Spearmans Footrule-Distanz stattdessen eine "ungünstigste Position", um einen Kandidaten zu platzieren. Dabei ergibt sich die Entscheidungsmöglichkeit, den Kandidaten möglichst früh vor oder möglichst spät nach dieser Position zu platzieren.

Offen bleibt weiterhin die Frage nach der Komplexität der Distanzprobleme für partielle Ordnungen unter der Hausdorff-Version und der Maximalversion von Spearmans Footrule-Distanz. Die **coNP**-Härte der entsprechenden Probleme unter der Hausdorff-Version und der Maximalversion von Kendalls Tau-Distanz folgt beinahe unmittelbar aus der **NP**-Härte der Probleme unter der Minimalversion von Kendalls Tau-Distanz. Dabei wird im Wesentlichen die Tatsache ausgenutzt, dass für zwei totale Ordnungen σ und τ über einer Domäne $\mathcal{D}$ immer $K(\sigma, \tau) + K(\sigma, \tau^R) = K(\tau, \tau^R)$ ist. Spearmans Footrule-Distanz weist eine solche Eigenschaft jedoch nicht auf, so dass sich dieser Weg hier nicht beschreiten lässt. Eine Abwandlung der Reduktion vom Clique-Problem (Satz 5.3) scheitert ebenfalls, da Behauptung 5.7 über die Position des Blockers auf die Maximalversion und die Hausdorff-Version von Spearmans Footrule-Distanz nicht übertragbar erscheint. Trotzdem ist nicht zu erwarten, dass sich die Distanzprobleme für partielle Ordnungen unter der Maximalversion und der Hausdorff-Version von Spearmans Footrule-Distanz effizient lösen lassen, so dass folgende Vermutung nahe liegt.

Vermutung 5.2. *Das Distanzproblem für partielle Ordnungen unter der Maximalversion und der Hausdorff-Version von Spearmans Footrule-Distanz ist* coNP-*vollständig.*

Die Frage nach der Approximierbarkeit und der parametrisierten Komplexität der Distanzprobleme unter den Verallgemeinerungen von Spearmans Footrule-Distanz ist durch Äquivalenzbeziehungen (Lemma 3.14) eng mit den entsprechenden Fragestellungen unter den Verallgemeinerungen von Kendalls Tau-Distanz verknüpft. Eine Beantwortung der offenen Probleme in diesem Bereich sollte sich also auf die jeweils andere Problemstellung übertragen lassen.

6
Rangordnungsprobleme unter Kendalls Tau-Distanzen

Dieses Kapitel befasst sich mit Rangordnungsproblemen unter den verschiedenen Verallgemeinerungen von Kendalls Tau Distanz. Das Rangordnungsproblem für totale Ordnungen unter Kendalls Tau-Distanz ist **NP**-vollständig [BTT89b]. Die **NP**-Vollständigkeit gilt sogar für eine konstante, gerade Anzahl von mindestens vier gegebenen Ordnungen [BBD09, DKNS01a]. Während das Problem für eine und für zwei gegebene Ordnungen offensichtlich effizient lösbar ist, ist die Komplexität für eine ungerade Anzahl von mindestens drei Ordnungen ein offenes Problem. Das Rangordnungsproblem unter Kendalls Tau-Distanz für totale Ordnungen ist weiterhin bis auf einen konstanten Faktor approximierbar [ACN08, Ail10a, BBD09, vZW09]. Es existiert außerdem ein PTAS für das Problem [KMS07]. Die Approximationen lassen sich teilweise auf das Rangordnungsproblem unter der Minimalversion von Kendalls Tau-Distanz für schwache Ordnungen übertragen [Ail10a, vZW09]. Das Rangordnungsproblem für totale Ordnungen unter Kendalls Tau-Distanz ist zuletzt auch als fixed-parameter-tractable für diverse Parameter bekannt [BFG+09a, BFG+09b, BGKN11, BBN10, KS10, Sim09].

6.1 Komplexität

Im Folgenden wird die Komplexität der Rangordnungsprobleme unter den Verallgemeinerungen von Kendalls Tau-Distanz für partielle Ordnungen untersucht. Aus den bekannten Ergebnissen für totale Ordnungen folgt sofort deren **NP**-Härte. Es wird nun noch gezeigt, dass das Rangordnungsproblem für partielle Ordnungen unter den Verallgemeinerungen von Kendalls Tau-Distanz bereits ab zwei gegebenen Ordnungen **NP**-hart bzw. **coNP**-hart ist und unter der Maximalversion und der Hausdorff-Version von Kendalls Tau-Distanz nicht mehr in der Komplexitätsklasse **NP** liegt, außer wenn **NP** = **coNP** gilt.

Satz 6.1. *Das Rangordnungsproblem für partielle Ordnungen unter der Minimalversion und der Zentralversion von Kendalls Tau-Distanz ist* **NP**-*vollständig. Die* **NP**-*Vollständigkeit gilt sogar für eine konstante Anzahl von mindestens zwei Ordnungen.*

Beweis. Nach Satz 4.2 ist das Distanzproblem unter der Minimalversion von Kendalls Tau-Distanz für eine totale und eine partielle Ordnung **NP**-hart. Nach Lemma 3.15 folgt daraus sofort die **NP**-Härte des Rangordnungsproblems unter der Minimalversion von Kendalls Tau-Distanz für zwei Ordnungen. Entsprechendes gilt wegen Korollar 4.1 und Lemma 3.15 für das Rangordnungsproblem unter der Zentralversion von Kendalls Tau-Distanz.

Das Rangordnungsproblem mit zwei gegebenen Ordnungen lässt sich auf die Rangordnungsprobleme mit jeder größeren Anzahl an Ordnungen reduzieren, indem eine entsprechende Anzahl an leeren Ordnungen über der Domäne $\mathcal{D}$ des Rangordnungsproblems hinzugefügt wird. Eine leere Ordnung κ besitzt keine Vorgaben und die Menge der totalen Erweiterungen von κ enthält alle Permutationen über $\mathcal{D}$. Für jede totale Ordnung τ gilt damit $K_{Min}(\kappa, \tau) = K(\tau, \tau) = 0$. Wegen Lemma 3.3 folgt daraus auch $K_Z(\kappa, \tau) = 0$. Damit ist die Minimalversion bzw. die Zentralversion von Kendalls Tau-Distanz zwischen den zusätzlichen Ordnungen und jeder möglichen totalen Ordnung identisch und erstere haben keinen Einfluss auf die Lösung des Rangordnungsproblems unter der Minimalversion bzw. der Zentralversion von Kendalls Tau-Distanz

Das Rangordnungsproblem für eine beliebige Anzahl an Wählern liegt innerhalb der Komplexitätsklasse **NP**. Eine Instanz des Rangordnungsproblems bestehend aus Ordnungen $\kappa_1, \ldots, \kappa_r$ und einem $k \in \mathbb{N}$ kann durch eine nichtdeterministische Turingmaschine wie folgt in polynomieller Zeit gelöst werden. Es wird eine totale Ordnung τ^* sowie weitere totale Ordnungen $\kappa'_1, \ldots, \kappa'_r$ geraten. Anschließend wird verifiziert, dass $\kappa'_1 \in \text{Ext}(\kappa_1), \ldots, \kappa'_r \in \text{Ext}(\kappa_r)$ gilt, und dass $\sum_{i=1}^{r} K(\kappa'_i, \tau^*) \le k$ ist. Aus Letzterem folgt $\sum_{i=1}^{r} K_{Min}(\kappa_i, \tau^*) \le k$ bzw. nach Lemma 3.3 $\sum_{i=1}^{r} K_Z(\kappa_i, \tau^*) \le k$. □

Satz 6.2. *Das Rangordnungsproblem für partielle Ordnungen unter der Maximalversion und der Hausdorff-Version von Kendalls Tau-Distanz ist sowohl* **NP***-hart, als auch* **coNP***-hart. Die* **NP***-Härte gilt auch für eine konstante, gerade Anzahl von mindestens vier gegebenen Ordnungen. Die* **coNP***-Härte gilt sogar für eine konstante Anzahl von mindestens zwei gegebenen Ordnungen. Das Problem liegt in der Komplexitätsklasse* **NP**^{NP}*, jedoch nicht in* **NP***, außer wenn* **NP** = **coNP** *gilt.*

Beweis. Die **NP**-Härte der Probleme folgt, wie bereits erwähnt, aus Lemma 3.2 und aus der **NP**-Härte des Rangordnungsproblems für totale Ordnungen unter Kendalls Tau-Distanz [BTT89b, BBD09, DKNS01a].

Nach Satz 4.3 ist das Distanzproblem unter der Maximalversion von Kendalls Tau-Distanz für eine totale und eine partielle Ordnung **coNP**-hart. Nach Lemma 3.15 folgt daraus sofort die **coNP**-Härte des Rangordnungsproblems unter der Maximalversion von Kendalls Tau-Distanz für zwei gegebene Ordnungen. Entsprechendes gilt wegen Korollar 4.2 und Lemma 3.15 für das Rangordnungsproblem unter der Hausdorff-Version von Kendalls Tau-Distanz.

Vom Rangordnungsproblem mit zwei gegebenen Ordnungen lässt sich auf die Rangordnungsprobleme mit jeder größeren Anzahl an Ordnungen reduzieren, indem wieder eine entsprechende Anzahl an leeren Ordnungen über der Domäne $\mathcal{D}$ des Rangordnungsproblems hinzugefügt wird. Für eine leere Ordnung κ und für jede beliebige totale Ordnung τ gilt nun $\tau^R \in \text{Ext}(\kappa)$ und damit $K_{Max}(\kappa, \tau) = K(\tau^R, \tau) = \binom{|\mathcal{D}|}{2}$. Wegen Lemma 3.3 folgt daraus auch $K_H(\kappa, \tau) = \binom{|\mathcal{D}|}{2}$. Damit haben die zusätzlichen Ordnungen keinen Einfluss auf die Lösung des Rangordnungsproblems unter der Maximalversion oder der Hausdorff-Version von Kendalls Tau-Distanz.

Das Rangordnungsproblem für eine beliebige Anzahl an gegebenen Ordnungen liegt innerhalb der Komplexitätsklasse **NP**^{NP}, also der Klasse der Probleme, die durch eine **NP**-Turingmaschine gelöst werden können, die Zugriff auf ein Orakel hat. Das Orakel ist dabei wieder eine **NP**-Turingmaschine. Eine Instanz des Rangordnungsproblems bestehend aus Ordnungen $\kappa_1, \ldots, \kappa_r$ und einem $k \in \mathbb{N}$ kann durch eine solche Turingmaschine wie folgt in polynomieller Zeit gelöst werden. Es werden eine totale Ordnung τ^* sowie Zahlen $k_1, \ldots, k_r \in \mathbb{N}$ geraten. Anschließend wird mit Hilfe des Orakels verifiziert, dass $K_{Max}(\kappa_i, \tau^*) \le k_i$ für jedes $1 \le i \le r$ gilt. Weiterhin wird verifiziert, dass $\sum_{i=1}^{r} k_i \le k$ gilt. Damit folgt dann $\sum_{i=1}^{r} K_{Max}(\kappa_i, \tau^*) \le k$ bzw. nach Lemma 3.3 $\sum_{i=1}^{r} K_H(\kappa_i, \tau^*) \le k$.

Ein Problem, das gleichzeitig **NP**-hart und **coNP**-hart ist, liegt bekanntermaßen nicht in **NP**, wenn nicht **NP** = **coNP** gilt. □

6.2 Zusammenfassung

Die wesentliche Erkenntnis aus diesem Kapitel ist, dass die **NP**-Härte des Rangordnungsproblems, die für totale Ordnungen und Kendalls Tau-Distanz ab einer geraden Anzahl von vier gegebenen Ordnungen gilt, für partielle Ordnungen und die Minimalversion bzw. die Zenatralversion von Kendalls Tau-Distanz schon ab einer geraden oder ungeraden Anzahl von zwei gegebenen Ordnungen gilt. Für das Rangordnungsproblem unter der Maximalversion und der Hausdorff-Version von Kendalls Tau-Distanz gilt entsprechend die **coNP**-Härte ab einer geraden oder ungeraden Anzahl von zwei gegebenen Ordnungen.

Das Rangordnungsproblem unter der Minimalversion von Kendalls Tau-Distanz für nur eine gegebene Ordnung ist trivial lösbar, da jede von deren totalen Erweiterungen einen Konsens darstellt, und dieser damit leicht mittels eines Topsort-Verfahrens gefunden werden kann. Umso interessanter ist die Tatsache, dass das Rangordnungsproblem für nur eine gegebene Ordnung unter der Maximalversion von Kendalls Tau-Distanz offen ist, denn hier müsste eine Art „Zentrum" für alle totalen Erweiterungen gefunden werden.

Die wohl interessanteste offene Frage ist die exakte Einordnung des Rangordnungsproblems für partielle Ordnungen unter der Maximalversion und der Hausdorff-Version von Kendalls Tau-Distanz in die polynomielle Hierarchie. Es wurde gezeigt, dass das Problem nicht in der Klasse **NP** liegt, außer wenn **NP** =**coNP** gilt, und dass es sicher in der Komplexitätsklasse **NP^{NP}** liegt. Es scheint die Struktur eines **NP^{NP}**-vollständigen Problems zu besitzen [SU02], daher liegt die folgende Vermutung nahe.

Vermutung 6.1. *Das Rangordnungsproblem für partielle Ordnungen unter der Maximal- bzw. der Hausdorff-Version von Kendalls Tau-Distanz ist* **NP^{NP}**-*vollständig.*

Für einen möglichen Beweis dieser Vermutung kann zum einen eine Sammlung von **NP^{NP}**-vollständigen Problemen von Schaefer und Umans [SU02] hilfreich sein und zum anderen eine Arbeit über Probleme, die als **NP**-hart bzw. **coNP**-hart bekannt waren, und die mittlerweile als **P$^{NP}_{||}$**-vollständige Probleme identifiziert wurden [HHR97b].

Offen bleiben die Fragen nach der Approximierbarkeit und der parametrisierten Komplexität des Rangordnungsproblems unter der Minimalversion und der Zentralversion von Kendalls Tau-Distanz für partielle Ordnungen. Die Approximationsalgorithmen, die bereits für das Rangordnungsproblem unter der Minimalversion von Kendalls Tau-Distanz für schwache Ordnungen bzw. unter Kendalls Tau-Distanz für totale Ordnungen existieren [ACN08, Ail10a, BBD09, vZW09], eignen sich hier nicht ohne Weiteres. So scheitern beispielsweise einfache Algorithmen, wie die Auswahl einer gegebenen totalen Ordnung als Konsens, schon an der Tatsache, dass keine totalen Ordnungen mehr gegeben sind. Andere Approximationsalgorithmen für Probleme unter schwachen Ordnungen bauen auf Verfeinerungen auf [Ail10a]. Diese sind aber für partielle Ordnungen nicht mehr definiert bzw. ihre Anwendung liefert keine Ordnung. Ähnlich verhält es sich beim Versuch bestehende Fixed-Parameter-Algorithmen vom Rangordnungsproblem unter Kendalls Tau-Distanz für totale Ordnungen zu übertragen. Diese bauen beispielsweise auf der Betrachtung von „widersprüchlichen Paaren" in den gegebenen Ordnungen auf [BFG+09a]. Die Erweiterung auf die Betrachtung von Unentschieden oder Unvergleichbarkeiten wird dabei durch Verwendung einer Profilvektor-Version von Kendalls Tau-Distanz vorgenommen. Deren Beziehung zu den in dieser Arbeit verwendeten Varianten von Kendalls Tau-Distanz ist für partielle Ordnungen unbekannt (siehe dazu auch Kapitel 8.1).

7
Rangordnungsprobleme unter Spearmans Footrule-Distanzen

Dieses Kapitel befasst sich mit Rangordnungsproblemen unter der Minimalversion und der Zentralversion von Spearmans Footrule-Distanz. Während das Rangordnungsproblem unter Spearmans Footrule-Distanz für totale Ordnungen als effizient lösbares, bipartites Matching-Problem formuliert werden kann [DKNS01a], wird hier gezeigt, dass das Problem für schwache Ordnungen unter der Minimalversion und der Zentralversion von Spearmans Footrule-Distanz **NP**-vollständig ist. Sobald partielle Ordnungen ins Spiel kommen, ist die **NP**-Vollständigkeit sogar schon ab zwei Ordnungen gegeben.

7.1 Komplexität

Bevor das Rangordnungsproblem unter der Minimalversion von Spearmans Footrule-Distanz für schwache Ordnungen analysiert werden kann, müssen zunächst Linear-Arrangement-Probleme betrachtet werden, die im Folgenden für Reduktionen benötigt werden.

Eine Instanz des Optimal-Linear-Arrangement-Problems besteht aus einem Graphen $G = (V, E)$ und einem $k \in \mathbb{N}$. Gefragt ist, ob eine Permutation τ^*

über V existiert, für die $\sum_{\{u,v\}\in E} |\tau^*(u) - \tau^*(v)| \leq k$ gilt. Das Problem ist als **NP**-vollständig bekannt [GJS76, GJ90]. Das Maximum-Optimal-Linear-Arrangement-Problem ist eine Abwandlung, in der für einen Graphen $G = (V,E)$ und ein $k \in \mathbb{N}$ gefragt wird, ob eine Permutation τ^* über V existiert, so dass $\sum_{\{u,v\}\in E} |\tau^*(u) - \tau^*(v)| \geq k$ ist. Es wird nun zunächst die **NP**-Vollständigkeit des Maximum-Optimal-Linear-Arrangement-Problems durch eine Reduktion vom Optimal-Linear-Arrangement-Problem gezeigt.

Lemma 7.1. *Maximum-Optimal-Linear-Arrangement ist* **NP**-*vollständig.*

Beweis. Seien ein Graph $G = (V,E)$ und ein $k \in \mathbb{N}$ eine beliebige Instanz des Optimal-Linear-Arrangement-Problems, wobei $n = |V|$ sei. Diese wird auf eine Instanz des Maximum-Optimal-Linear-Arrangement-Problems, einen Graphen $G' = (V', E')$ und ein $k' \in \mathbb{N}$, wie folgt reduziert. Setze $V' = V$, $E' = \{\{u,v\} : \{u,v\} \notin E \wedge u \neq v\}$ und $k' = \frac{n^3-n}{6} - k$. Der Graph G' wird auch als Komplementgraph von G bezeichnet.

Betrachte für die Korrektheit der Reduktion den Graphen $G_n = (V, E_n)$ mit $E_n = \{\{u,v\} : u \neq v\}$, also den vollständigen Graphen mit n Knoten. Die Korrektheit der Reduktion folgt nun unmittelbar, da sich leicht durch Induktion zeigen lässt, dass für G_n und eine beliebige Permutation τ über V immer $\sum_{\{u,v\}\in E_n} |\tau(u) - \tau(v)| = \frac{n^3-n}{6}$ gilt. Da E und E' eine Partition von E_n bilden, gilt für eine Permutation τ^* über V also $\sum_{\{u,v\}\in E} |\tau^*(u) - \tau^*(v)| \leq k$, genau dann wenn $\sum_{\{u,v\}\in E'} |\tau^*(u) - \tau^*(v)| \geq \frac{n^3-n}{6} - k$ gilt. Damit ist eine Lösung für die Instanz des Optimal-Linear-Arrangement-Problems immer auch eine Lösung für die Instanz des Maximum-Optimal-Linear-Arrangement-Problems, und umgekehrt.

Die **NP**-Vollständigkeit folgt, da sowohl die polynomielle Laufzeit der Reduktion, als auch die Zugehörigkeit des Maximum-Optimal-Linear-Arrangement Problems zur Klasse **NP** offensichtlich sind. □

Mit Hilfe dieses Resultats wird nun die **NP**-Vollständigkeit des Rangordnungsproblems für schwache Ordnungen unter der Minimalversion von Spearmans Footrule-Distanz gezeigt.

Satz 7.1. *Das Rangordnungsproblem für schwache Ordnungen unter der Minimalversion von Spearmans Footrule-Distanz ist* **NP**-*vollständig.*

Beweis. Für eine Multimenge $K = \{\kappa_1, \ldots, \kappa_r\}$ von schwachen Ordnungen über einer Domäne $\mathcal{D}$ und eine natürliche Zahl k fragt das Rangordnungsproblem unter der Minimalversion von Spearmans Footrule-Distanz, ob eine totale Ordnung τ^* existiert, so dass $\sum_{i=0}^{r} F_{Min}(\kappa_i, \tau^*) \leq k$ gilt. Die **NP**-Vollständigkeit des

7.1. Komplexität

Problems wird durch eine Reduktion vom Maximum-Optimal-Linear-Arrangement-Problem gezeigt. Sei deshalb ein Graph $G = (\mathcal{V}, E)$ und ein $k' \in \mathbb{N}$ eine Instanz des Letzteren. Im Folgenden sei $n = |\mathcal{V}|$ und $m = |E|$.

Für die Reduktion sei zunächst $k = 4nm + 4m - 2k'$. Weiterhin werden zwei Kandidaten x_1 und x_2, sowie zusätzlich ein Kandidat für jeden Knoten des Graphen eingeführt, d. h. $\mathcal{D} = \{x_1, x_2\} \cup \mathcal{V}$. Für jede Kante $\{u,v\} \in E$ werden zwei Wähler κ_{uv} und κ_{vu} erzeugt. Dabei ist κ_{uv} gegeben als

$$\{u\} \prec_{\kappa_{uv}} (\mathcal{D} \setminus \{u,v\}) \prec_{\kappa_{uv}} \{v\}$$

und κ_{vu} als

$$\{v\} \prec_{\kappa_{vu}} (\mathcal{D} \setminus \{u,v\}) \prec_{\kappa_{vu}} \{u\}.$$

Schwache Ordnungen, die auf diese Weise entstanden sind, werden in der Multimenge $K_E = \{\kappa_{uv}, \kappa_{vu} : \{u,v\} \in E\}$ zusammengefasst und werden im Folgenden als *Kantenwähler* bezeichnet. Zusätzlich zu den Kantenwählern werden $k+1$ identische Wähler κ_s eingeführt, die gegeben sind als

$$\{x_1\} \prec_{\kappa_s} \mathcal{V} \prec_{\kappa_s} \{x_2\}.$$

Diese schwachen Ordnungen werden in der Multimenge K_S zusammengefasst und als *statische Wähler* bezeichnet. Die Menge der gegebenen Ordnungen des Rangordnungsproblems sei nun $K = K_E \cup K_S$.

Vor dem Korrektheitsbeweis der Reduktion werden totale Ordnungen über $\mathcal{D}$ bezüglich der Summe ihrer Werte der Minimalversion von Spearmans Footrule-Distanz zu den schwachen Ordnungen aus K genauer analysiert und zwei Behauptungen bewiesen, die dann im Korrektheitsbeweis verwendet werden.

Behauptung 7.1. *Sei τ eine totale Ordnung über $\mathcal{D}$. Falls $\tau(x_1) = 1$ und $\tau(x_2) = |\mathcal{D}|$ gilt, dann ist $\sum_{\kappa_s \in K_S} F_{Min}(\kappa_s, \tau) = 0$. Ist dies nicht der Fall, so gilt $\sum_{\kappa_s \in K_S} F_{Min}(\kappa_s, \tau) > k$.*

Angenommen es gilt $\tau(x_1) = 1$ und $\tau(x_2) = |\mathcal{D}|$. Nach Satz 5.1 folgt daraus $F_{Min}(\kappa_s, \tau) = F(\rho * \tau * \kappa_s, \rho * \kappa_s * \tau)$, wobei ρ eine beliebige totale Ordnung über $\mathcal{D}$ ist. Da τ eine totale Ordnung ist, gilt $F_{Min}(\kappa_s, \tau) = F(\tau * \kappa_s, \tau)$. Wegen $\tau(x_1) = 1$ und $\tau(x_2) = |\mathcal{D}|$, und da alle anderen Kandidaten von κ_s in einer einzigen Klasse geordnet werden, ist nun $\tau * \kappa_s = \tau$, und damit ist $F_{Min}(\kappa_s, \tau) = F(\tau, \tau) = 0$. Da alle statischen Wähler identisch sind, folgt sofort $\sum_{\kappa_s \in K_S} F_{Min}(\kappa_s, \tau) = 0$.

Angenommen es gilt $\tau(x_1) > 1$. Der Fall für $\tau(x_2) < |\mathcal{D}|$ lässt sich analog beweisen. Offensichtlich ist $\kappa'_s(x_1) = 1$ für alle $\kappa'_s \in \text{Ext}(\kappa_s)$. Daraus folgt nun $|\kappa'_s(x_1) - \tau(x_1)| \geq 1$, und damit ist $F(\kappa'_s, \tau) \geq 1$ für alle $\kappa'_s \in \text{Ext}(\kappa_s)$. Damit ist wiederum $F_{Min}(\kappa_s, \tau) \geq 1$ für alle $\kappa_s \in K_S$. Aufgrund der Tatsache, dass $|K_S| = k+1$ ist, gilt dann $\sum_{\kappa_s \in K_S} F_{Min}(\kappa_s, \tau) > k$ und die Behauptung ist bewiesen.

Behauptung 7.2. *Sei τ eine totale Ordnung über $\mathcal{D}$. Weiterhin sei $\tau(x_1) = 1$ und $\tau(x_2) = |\mathcal{D}|$. Dann ist*

$$\sum_{\kappa_e \in K_E} F_{Min}(\tau, \kappa_e) = 4nm + 4m - 2 \cdot \sum_{\kappa_{uv}, \kappa_{vu} \in K_E} |\tau(u) - \tau(v)|$$

Betrachte zunächst ein einzelnes Paar von Kantenwählern $\kappa_{uv}, \kappa_{vu} \in K_E$. Nach Satz 5.1 gilt $F_{Min}(\tau, \kappa_{uv}) = F(\rho * \kappa_{uv} * \tau, \rho * \tau * \kappa_{uv})$, wobei ρ eine beliebige totale Ordnung über $\mathcal{D}$ ist. Da τ eine totale Ordnung ist, folgt $\rho * \kappa_{uv} * \tau = \tau$ und $\rho * \tau * \kappa_{uv} = \tau * \kappa_{uv}$. Damit ist $F_{Min}(\tau, \kappa_{uv}) = F(\tau, \tau * \kappa_{uv})$. Mit einer analogen Argumentation lässt sich $F_{Min}(\tau, \kappa_{vu}) = F(\tau, \tau * \kappa_{vu})$ zeigen. O. B. d. A. sei nun $\tau(u) < \tau(v)$ (andernfalls werden die Rollen von u und v vertauscht). Es sei nun $\mathcal{A}$ die Menge der Kandidaten aus $\mathcal{D} \setminus \{x_1, x_2\}$, die von τ vor u geordnet werden, $\mathcal{B}$ die Menge der Kandidaten aus $\mathcal{D} \setminus \{x_1, x_2\}$, die zwischen u und v geordnet werden, und $\mathcal{C}$ die Menge der Kandidaten aus $\mathcal{D} \setminus \{x_1, x_2\}$, die nach v geordnet werden, d. h. $\mathcal{A} = \{c \in \mathcal{D} : 2 \leq \tau(c) < \tau(u)\}$, $\mathcal{B} = \{c \in \mathcal{D} : \tau(u) < \tau(c) < \tau(v)\}$ und $\mathcal{C} = \{c \in \mathcal{D} : \tau(v) < \tau(c) \leq |\mathcal{D}| - 1\}$. Entsprechend wird mit $[\mathcal{A}]$ im Folgenden $\tau^{-1}(2), \ldots, \tau^{-1}(\tau(u)-1)$ bezeichnet, und $[\mathcal{B}]$ und $[\mathcal{C}]$ werden analog verwendet. Laut der Definition von κ_{uv} und κ_{vu} in obiger Reduktion ergibt sich

$$\begin{aligned} \tau * \kappa_{uv} &= u, \quad x_1, \quad [\mathcal{A}], \quad [\mathcal{B}], \quad [\mathcal{C}], \quad x_2, \quad v, \\ \tau * \kappa_{vu} &= v, \quad x_1, \quad [\mathcal{A}], \quad [\mathcal{B}], \quad [\mathcal{C}], \quad x_2, \quad u, \quad \text{und} \\ \tau &= x_1, \quad [\mathcal{A}], \quad u, \quad [\mathcal{B}], \quad v, \quad [\mathcal{C}], \quad x_2. \end{aligned}$$

Damit ergibt sich ein Beitrag von 2 zu $F(\tau, \tau * \kappa_{uv}) + F(\tau, \tau * \kappa_{vu})$ für jedes $c \in \mathcal{A} \cup \mathcal{C} \cup \{x_1, x_2\}$, ein Beitrag von 0 für jedes $c \in \mathcal{B}$ und ein Beitrag von jeweils $|\mathcal{D}| - 1$ für u und für v. Weiterhin gilt $|\mathcal{A}| = \tau(u) - 2$, $|\mathcal{B}| = \tau(v) - \tau(u) - 1$ und $|\mathcal{C}| = |\mathcal{D}| - \tau(v) - 1$. Das Aufsummieren dieser Beiträge unter Berücksichtigung, dass $\tau(u) < \tau(v)$, und dass $|\mathcal{D}| = n + 2$ ist, liefert

$$\begin{aligned} F_{Min}(\tau, \kappa_{uv}) + F_{Min}(\tau, \kappa_{vu}) &= 2|\mathcal{A}| + 2|\mathcal{C}| + (|\mathcal{D}|-1)|\{u,v\}| + 2|\{x_1,x_2\}| \\ &= 2(\tau(u)-2) + 2(|\mathcal{D}|-\tau(v)-1) \\ &\quad + 2(|\mathcal{D}|-1) + 2 \cdot 2 \\ &= 2\tau(u) - 4 + 2|\mathcal{D}| - 2\tau(v) - 2 + 2|\mathcal{D}| - 2 + 4 \\ &= 4|\mathcal{D}| - 4 + 2(\tau(u) - \tau(v)) \\ &= 4|\mathcal{D}| - 4 - 2|\tau(u) - \tau(v)| \\ &= 4n + 4 - 2|\tau(u) - \tau(v)| \,. \end{aligned}$$

7.1. Komplexität

Durch Summieren über alle m Paare $\kappa_{uv}, \kappa_{vu} \in K_E$, ergibt sich

$$\sum_{\kappa_e \in K_E} F_{Min}(\tau, \kappa_e) = 4nm + 4m - 2 \cdot \sum_{\kappa_{uv},\kappa_{vu} \in K_E} |\tau(u) - \tau(v)|$$

und die Behauptung ist bewiesen.

Die beiden eben gezeigten Behauptungen werden nun verwendet, um die Korrektheit der Reduktion zu beweisen.

Es wird zunächst angenommen, dass eine Permutation τ_1^* über $\mathcal{V}$ existiert, so dass $\sum_{\{u,v\} \in E} |\tau_1^*(u) - \tau_1^*(v)| \geq k'$ ist. Aus τ_1^* lässt sich nun die Permutation $\tau_2^* = x_1, \tau_1^{*-1}(1), \ldots, \tau_1^{*-1}(n), x_2$ über $\mathcal{D}$ konstruieren. Da $\tau_2^*(x_1) = 1$ und $\tau_2^*(x_2) = |\mathcal{D}|$ gilt, folgt aus Behauptung 7.1, dass $\sum_{\kappa_s \in K_S} F_{Min}(\tau_2^*, \kappa_s) = 0$ ist. Wegen Behauptung 7.2 gilt

$$\sum_{\kappa \in K} F_{Min}(\tau_2^*, \kappa) = \sum_{\kappa_e \in K_E} F_{Min}(\tau_2^*, \kappa_e) = 4nm + 4m - 2 \cdot \sum_{\kappa_{uv},\kappa_{vu} \in K_E} |\tau_2^*(u) - \tau_2^*(v)|.$$

Unter Berücksichtigung, dass $\tau_2^*(u) = \tau_1^*(u) + 1$ ist, dass $\tau_2^*(v) = \tau_1^*(v) + 1$ ist, und dass laut Annahme $\sum_{\{u,v\} \in E} |\tau_1^*(u) - \tau_1^*(v)| \geq k'$ ist, ergibt sich

$$\sum_{\kappa_e \in K_E} F_{Min}(\tau_2^*, \kappa_e) = 4nm + 4m - 2 \cdot \sum_{\{u,v\} \in E} |\tau_1^*(u) - \tau_1^*(v)| \leq 4nm + 4m - 2k' = k.$$

Für den zweiten Teil des Korrektheitsbeweises wird angenommen, dass eine totale Ordnung τ_2^* über $\mathcal{D}$ existiert mit $\sum_{\kappa \in K} F_{Min}(\tau_2^*, \kappa) \leq 4nm + 4m - 2k' = k$. Wegen Behauptung 7.1 muss $\tau_2^*(x_1) = 1$ und $\tau_2^*(x_2) = |\mathcal{D}|$ gelten. Damit ist $\sum_{\kappa_s \in K_S} F_{Min}(\tau_2^*, \kappa_s) = 0$ und $\sum_{\kappa \in K} F_{Min}(\tau_2^*, \kappa) = \sum_{\kappa_e \in K_E} F_{Min}(\tau_2^*, \kappa_e)$. Aus τ_2^* wird nun eine Permutation τ_1^* über $\mathcal{V}$ konstruiert, indem $\tau_1^*(u) = \tau_2^*(u) - 1$ für jedes $u \in \mathcal{V}$ gewählt wird.

Da $\tau_2^*(x_1) = 1$ und $\tau_2^*(x_2) = |\mathcal{D}|$ ist, gilt nach Behauptung 7.2

$$\sum_{\kappa_e \in K_E} F_{Min}(\tau_2^*, \kappa_e) = 4nm + 4m - 2 \cdot \sum_{\kappa_{uv},\kappa_{vu} \in K_E} |\tau_2^*(u) - \tau_2^*(v)|.$$

Aufgrund der Annahme, dass τ_2^* eine Lösung der Instanz des Rangordnungsproblems darstellt, ergibt sich

$$4nm + 4m - 2 \cdot \sum_{\kappa_{uv},\kappa_{vu} \in K_E} |\tau_2^*(u) - \tau_2^*(v)| \leq 4nm + 4m - 2k' = k$$

und damit

$$\sum_{\kappa_{uv},\kappa_{vu} \in K_E} |\tau_2^*(u) - \tau_2^*(v)| \geq k'.$$

Unter Berücksichtigung der Tatsachen, dass $\tau_2^*(u) = \tau_1^*(u) + 1$ ist, und dass $\tau_2^*(v) = \tau_1^*(v) + 1$ ist, lässt sich zusammenfassen

$$\sum_{\{u,v\} \in E} |\tau_1^*(u) - \tau_1^*(v)| \geq k',$$

und die Korrektheit der Reduktion ist bewiesen.

Die **NP**-Vollständigkeit des Rangordnungsproblems folgt nun sofort, da sowohl die polynomielle Laufzeit der Reduktion als auch die Zugehörigkeit des Problems zur Klasse **NP** offensichtlich sind. □

Da die Minimal- und die Zentralversion von Spearmans Footrule-Distanz für eine schwache Ordnung und eine totale Ordnung zusammenfallen (Lemma 3.3), kann obiges Resultat übertragen werden.

Korollar 7.1. *Das Rangordnungsproblem für schwache Ordnungen unter der Zentralversion von Spearmans Footrule-Distanz ist* **NP**-*vollständig.*

Im Folgenden wird nun die Komplexität der Rangordnungsprobleme unter der Minimalversion und der Zentralversion von Spearmans Footrule-Distanz für partielle Ordnungen untersucht. Aus der eben gezeigten **NP**-Vollständigkeit der entsprechenden Rangordnungsprobleme für schwache Ordnungen (Satz 7.1 und Korollar 7.1) folgt sofort die **NP**-Vollständigkeit auch für partielle Ordnungen. Es wird nun noch gezeigt, dass das Rangordnungsproblem für partielle Ordnungen unter der Minimalversion und der Zentralversion von Spearmans Footrule-Distanz bereits ab zwei Wählern **NP**-vollständig ist.

Satz 7.2. *Das Rangordnungsproblem für partielle Ordnungen unter der Minimalversion und der Zentralversion von Spearmans Footrule-Distanz ist* **NP**-*vollständig. Die* **NP**-*Vollständigkeit gilt sogar für eine konstante Anzahl von mindestens zwei gegebenen Ordnungen.*

Beweis. Nach Satz 5.3 ist das Distanzproblem unter der Minimalversion von Spearmans Footrule-Distanz für eine totale und eine partielle Ordnung **NP**-hart. Aufgrund von Lemma 3.15 folgt daraus die **NP**-Härte des Rangordnungsproblems unter der Minimalversion von Spearmans Footrule-Distanz für zwei Ordnungen. Entsprechendes gilt wegen Korollar 5.2 und Lemma 3.15 für das Rangordnungsproblem unter der Zentralversion von Spearmans Footrule-Distanz.

Vom Rangordnungsproblem mit zwei Wählern lässt sich auf die Rangordnungsprobleme mit jeder größeren Anzahl an Wählern reduzieren, indem eine entsprechende Anzahl von leeren Ordnungen über der Domäne $\mathcal{D}$ des Rangordnungsproblems zu dessen gegebenen Ordnungen hinzugefügt wird. Eine leere Ordnung κ besitzt keine Vorgaben, und die Menge der totalen Erweiterungen von κ enthält alle Permutationen über $\mathcal{D}$. Für jede totale Ordnung τ gilt damit $F_{Min}(\kappa, \tau) = F(\tau, \tau) = 0$. Wegen Lemma 3.3 folgt daraus auch $F_Z(\kappa, \tau) = 0$. Damit ist der Wert der Minimalversion bzw. der Zentralversion von Spearmans Footrule-Distanz der zusätzlichen Wähler zu jeder möglichen totalen Ordnung identisch, und letztere haben keinen Einfluss auf die Lösung des Rangordnungsproblems unter der Minimalversion oder der Zentralversion von Spearmans Footrule-Distanz.

Das Rangordnungsproblem für eine beliebige Anzahl an Wählern liegt innerhalb der Komplexitätsklasse **NP**. Eine Instanz des Rangordnungsproblems bestehend aus Ordnungen $\kappa_1, \ldots, \kappa_r$ und einem $k \in \mathbb{N}$ kann durch eine nichtdeterministische Turingmaschine wie folgt in polynomieller Zeit gelöst werden. Es werden eine totale Ordnung τ^* sowie weitere totale Ordnungen $\kappa'_1, \ldots, \kappa'_r$ geraten. Anschließend wird verifiziert, dass $\kappa'_1 \in \text{Ext}(\kappa_1), \ldots, \kappa'_r \in \text{Ext}(\kappa_r)$ gilt, und dass $\sum_{i=1}^r F(\kappa'_i, \tau^*) \leq k$ gilt. Aus Letzterem folgt $\sum_{i=1}^r F_{Min}(\kappa_i, \tau^*) \leq k$ bzw. aufgrund von Lemma 3.3 $\sum_{i=1}^r F_Z(\kappa_i, \tau^*) \leq k$. $\square$

7.2 Approximierbarkeit

Dieser Abschnitt befasst sich mit der Approximierbarkeit des Rangordnungsproblems unter der Minimalversion und der Zentralversion von Spearmans Footrule-Distanz für schwache Ordnungen. Die Approximierbarkeit der beiden Probleme folgt im Wesentlichen aus Ergebnissen von Ailon [Ail10a] sowie van Zuylen und Williamson [vZW09] über die Approximierbarkeit des Rangordnungsproblems unter der Minimalversion von Kendalls Tau-Distanz für schwache Ordnungen.

Satz 7.3. *Das Rangordnungsproblem für schwache Ordnungen unter der Minimalversion und der Zentralversion von Spearmans Footrule-Distanz ist $\frac{16}{5}$-approximierbar und randomisiert 3-approximierbar.*

Beweis. Das Rangordnungsproblem unter der Minimalversion von Kendalls Tau-Distanz ist als $\frac{8}{5}$-approximierbar [vZW09] und als randomisiert 1.5-approximierbar [Ail10a] bekannt. Aufgrund der Tatsache, dass für zwei partielle Ordnungen κ und μ (und damit auch für zwei schwache Ordnungen) $K_{Min}(\kappa, \mu) \leq F_{Min}(\kappa, \mu) \leq 2K_{Min}(\kappa, \mu)$ gilt (Lemma 3.14), stellt die $\frac{8}{5}$-Approximation bzw. die randomisierte 1.5-Approximation des Rangordnungsproblems unter der Minimalversion von Kendalls Tau-Distanz gleichzeitig eine $\frac{16}{5}$-Approximation bzw.

eine randomisierte 3-Approximation für das Rangordnungsproblem unter der Minimalversion von Spearmans Footrule-Distanz dar.

Das entsprechende Resultat für das Rangordnungsproblem unter der Zentralversion von Spearmans Footrule-Distanz folgt sofort aus der Tatsache, dass für eine schwache Ordnung und eine totale Ordnung die Minimalversion und die Zentralversion von Spearmans Footrule-Distanz zusammenfallen (Lemma 3.3).
□

7.3 Zusammenfassung

In diesem Kapitel wurde gezeigt, dass das Rangordnungsproblem unter der Minimalversion und der Zentralversion von Spearmans Footrule-Distanz für schwache Ordnungen **NP**-vollständig ist. Dies ist insofern überraschend, da ein Matching-Algorithmus mit dem das Rangordnungsproblem für totale Ordnungen unter Spearmans Footrule-Distanz effizient gelöst werden kann [DKNS01a], auch hier auf den ersten Blick als ein vielversprechender Lösungsansatz erscheint.

Es wurde weiterhin bewiesen, dass das Rangordnungsproblem unter der Minimalversion und der Zentralversion von Spearmans Footrule-Distanz für partielle Ordnungen bereits für zwei gegebene Ordnungen **NP**-vollständig ist. Im Gegensatz zu den Verallgemeinerungen von Kendalls Tau-Distanz konnten jedoch keine Aussagen über die Komplexität des Rangordnungsproblems unter der Maximalversion und der Hausdorff-Version von Spearmans Footrule-Distanz getroffen werden. Grund hierfür sind die fehlenden Ergebnisse über die Komplexität der Distanzprobleme für partielle Ordnungen unter diesen Distanzen. Da aber davon auszugehen ist, dass diese **coNP**-hart sind (Vermutung 5.2), ergibt sich die folgende Vermutung.

Vermutung 7.1. *Das Rangordnungsproblem unter der Maximalversion und der Hausdorff-Version von Spearmans Footrule-Distanz für partielle Ordnungen ist bereits für zwei gegebene Ordnungen* **coNP**-*hart.*

Weiterhin bleibt die Frage nach der Approximierbarkeit der Rangordnungsprobleme unter der Minimalversion und der Zentralversion von Spearmans Footrule-Distanz für partielle Ordnungen offen. Hier bieten sich im Wesentlichen zwei Lösungsmöglichkeiten an. Zunächst erscheint der „Umweg" über Rangordnungsprobleme unter der Minimalversion und der Zentralversion von Kendalls Tau-Distanz für partielle Ordnungen vielversprechend. Sollte sich für die Probleme unter Kendalls Tau-Distanzen ein Approximationsalgorithmus finden, so wäre dieser auch eine Approximation für die Rangordnungsprobleme unter Spearmans Footrule-Distanzen (wie dies bereits in Satz 7.3 genutzt wurde). Alternativ wäre auch die Frage nach einem speziell auf Spearmans Footrule-Distanz zugeschnittenen Approximationsalgorithmus interessant. Da in dieser Arbeit jedoch erstmals **NP**-vollständige Varianten von Rangordnungsproblemen unter Spearmans Footrule-Distanz betrachtet wurden, existieren bislang keinerlei Vorarbeiten in diese Richtung.

Zuletzt bietet sich bei der Frage nach der parametrisierten Komplexität der Rangordnungsprobleme unter Spearmans Footrule-Distanzen für schwache oder noch allgemeinere Ordnungen ein ähnliches Bild wie bei deren Approximierbarkeit. Es könnten sich entsprechende Resultate für die Rangordnungsprobleme unter Kendalls Tau-Distanzen finden und übertragen lassen, wie dies beispielsweise bei Distanzproblemen in dieser Arbeit gemacht wurde (Satz 4.5 und Satz 5.5), oder völlig neue Ansätze sind nötig. Es kann jedoch speziell bei Rangordnungsproblemen für partielle Ordnungen natürlich nicht ausgeschlossen werden, dass diese gar nicht approximierbar oder fixed-parameter-tractable sind.

8
Ausblick

8.1 Zukünftige Arbeiten

Die Analyse von Wahlsystemen im Allgemeinen und von Rangordnungsproblemen im Speziellen ist ein großes und sehr aktives Forschungsgebiet mit einer Vielzahl an offenen Fragestellungen und Problemen. Neben den bereits am Ende eines jeden Kapitels erwähnten offenen Problemen lassen sich die Problemstellungen dieser Arbeit auf vielerlei Weise variieren, so dass sich neue, interessante Fragestellungen ergeben. Einige davon sollen hier kurz erörtert werden.

Andere Distanzen zwischen totalen Ordnungen: Es liegt nahe auch andere Distanzen auf totalen Ordnungen zu betrachten, sie auf allgemeine Ordnungen zu erweitern und die zugehörigen Distanzprobleme und Rangordnungsprobleme zu untersuchen. Neben Kendalls Tau-Distanz und Spearmans Footrule-Distanz, die wohl am häufigsten verwendet werden, existieren weitere Distanzen zwischen totalen Ordnungen, wie Cayleys Distanz, Ulams Distanz und Hammings Distanz. Cayleys Distanz entstammt einer Anmerkung von Cayley über Permutationen [Cay49]. Ulams Distanz wurde von Ulam [Ula72] für Anwendungen in der Biologie vorgeschlagen. Dabei existieren auch leicht abgewandelte Varianten [BSSU74, WSB76]. Hammings Distanz hat ihren Ursprung in der Fehlererkennung und -korrektur bei Datenübertragungen [Ham50]. Für zwei totale Ordnungen σ und τ über einer Domäne $\mathcal{D}$ sind diese Distanzen wie folgt definiert.

Hammings Distanz ist definiert als

$$H(\sigma, \tau) = |\{c \in \mathcal{D} : \sigma(c) \neq \tau(c)\}| \, .$$

Cayleys Distanz ist definiert als

$$C(\sigma, \tau) = |\mathcal{D}| - \text{Anzahl der Zyklen in } G \, .$$

Dabei ist G ein gerichteter Graph, der für jede Position der totalen Ordnung einen Knoten besitzt, und der eine Kante von Knoten i nach Knoten j besitzt, genau dann wenn das Element der Domäne, welches von σ auf Position i geordnet wird, von τ auf Position j geordnet wird. Formal ist also $G = (V, E)$ gegeben, wobei $V = \{1, 2, \ldots, |\mathcal{D}|\}$ und $E = \{(i,j) : \sigma^{-1}(i) = \tau^{-1}(j)\}$ ist. Cayleys Distanz entspricht außerdem der minimalen Anzahl an Vertauschungen, die nötig ist, um σ in τ zu überführen.

Ulams Distanz ist definiert als

$$U(\sigma, \tau) = |\mathcal{D}| - LCS(\sigma, \tau) \, .$$

Dabei bezeichnet $LCS(\sigma, \tau)$ die längste gemeinsame Teilsequenz von σ und τ.

Die Fragestellungen dieser Arbeit lassen sich analog auf diese Distanzen übertragen. Dabei liegen folgende Vermutungen nahe.

Vermutung 8.1. *Die Distanzprobleme für zwei schwache Ordnungen unter allen Varianten von Hammings Distanz, Cayleys Distanz und Ulams Distanz sind effizient lösbar.*

Vermutung 8.2. *Das Distanzproblem für eine totale und eine Intervallordnung unter der Minimalversion von Ulams Distanz ist mittels dynamischer Programmierung effizient lösbar. Die Berechnung der längsten gemeinsamen Teilsequenz zweier Zeichenketten [WF74] kann hier übertragen werden.*

Vermutung 8.3. *Das Distanzproblem für zwei partielle Ordnungen unter der Minimalversion von Cayleys Distanz ist* **NP**-*vollständig. Dies kann durch eine Reduktion vom Vertex-Cover-Problem gezeigt werden. Die Reduktion ähnelt dabei der Reduktion vom Vertex-Cover-Problem auf das Feedback-Arc-Set-Problem [Kar72].*

Vermutung 8.4. *Das Rangordnungsproblem für totale Ordnungen unter Hammings Distanz lässt sich analog zum Rangordnungsproblem für totale Ordnungen*

8.1. Zukünftige Arbeiten

unter Spearmans Footrule-Distanz [DKNS01a] als bipartites Matching formulieren und lösen. Als Knoten im vollständigen bipartiten Graphen dienen einerseits die Kandidaten und andererseits die Positionen im Konsens. Für jeden Kandidaten c und jede Position i wird nun als Gewicht der Kante $\{c, i\}$ die Anzahl der gegebenen Ordnungen verwendet, die den Kandidaten c nicht an Position i ordnen.

Bezüglich Ulams Distanz besteht die Hoffnung, dass sich Resultate über das Problem der Berechnung der längsten gemeinsamen Teilsequenz zweier Zeichenketten nicht nur übertragen, sondern sogar verbessern lassen. Grund hierfür ist die Tatsache, dass für Ulams Distanz die Berechnung der längsten gemeinsamen Teilsequenz lediglich auf totalen Ordnungen (also auf Permutationen) durchgeführt werden muss. Ein Beispiel für eine solche Verbesserung und eine Diskussion der Unterschiede zwischen den beiden Problemen findet sich in [AN10].

Während Kendalls Tau-Distanz und Cayleys Distanz mit Hilfe von lokalen Operationen auf Paaren von Kandidaten definiert werden können, legen Anwendungen aus der Biologie, speziell aus der Genetik, globale Operationen nahe.

Zwei globale Operationen sind die Reversion und die Transposition. Sei τ' die totale Ordnung, die aus einer totalen Ordnung τ über einer Domäne $\mathcal{D}$ durch Reversion der Positionen i bis j für $1 \leq i < j \leq |\mathcal{D}|$ hervorgeht. Für $x, y \in \mathcal{D}$ gilt dann $x \prec_\tau y \Rightarrow y \prec_{\tau'} x$, falls $i \leq \tau(x) \leq j$ und $i \leq \tau(y) \leq j$ ist, und $x \prec_\tau y \Rightarrow x \prec_{\tau'} y$ ansonsten. Für die totale Ordnung τ'', die durch Transposition der Positionen i bis j (für $i \leq j$) um k Positionen nach rechts aus τ hervorgeht, gilt $\tau''(x) = \tau(x) + k$, falls $i \leq \tau(x) \leq j$ ist, $\tau''(x) = \tau(x) - (j-i+1)$, falls $j < \tau(x) \leq j+k$ ist, und $\tau''(x) = \tau(x)$ ansonsten, für alle $x \in \mathcal{D}$. Die Transposition nach links ist analog definiert. Die Reversionsdistanz bzw. Transpositionsdistanz zwischen zwei totalen Ordnungen τ und σ ist dann die minimale Anzahl an Reversionen bzw. Transpositionen, die nötig ist, um τ in σ zu überführen. Beide Probleme haben vielfältige Anwendungen in der Biologie (siehe beispielsweise [BP96, BP98] und die Referenzen darin). Das Problem der Berechnung der Reversionsdistanz wurde erstmals von Kececioglu und Sankoff [KS95] erwähnt. Es ist als **NP**-hart bekannt [Cap99], und es existieren gute Approximationen [Chr98, BHK02], jedoch kein PTAS [BK99]. Für einen in den biologischen Anwendungen häufig auftretenden Spezialfall von totalen Ordnungen ist die Berechnung der Reversionsdistanz in polynomieller Zeit möglich [HP99]. Auch die Berechnung der Transpositionsdistanz ist **NP**-hart [BFR11], es existieren aber ebenfalls gute Approximationen [BP98, EH06].

Andere Wähler: Neben totalen Ordnungen, schwachen Ordnungen, Intervallordnungen und partiellen Ordnungen lassen sich noch einige weitere Möglichkeiten finden, Wählerpräferenzen als Eingaben für Rangordnungsprobleme zu definieren. Neben den bereits gut studierten p-Ratings und Top-k-Listen [Ail10a, FKS03a] werden in vielen Arbeiten, beispielsweise bereits durch Condorcet [Con85], widersprüchliche Wähler erwähnt, deren Präferenzen Zyklen enthalten dürfen. Widersprüchliche Wähler scheinen besonders interessant, wenn sie bereits aggregierte Präferenzen widerspiegeln, beispielsweise bei der Aggregation von Turnierergebnissen, die im Jeder-gegen-Jeden-Modus gespielt wurden.

Andere Verallgemeinerungen auf partielle Ordnungen: In der vorliegenden Arbeit werden Ordnungen als Menge ihrer totalen Erweiterungen betrachtet und Kendalls Tau-Distanz bzw. Spearmans Footrule-Distanz auf diese erweitert.

Eine alternative, verbreitete Möglichkeit der Verallgemeinerung von Kendalls Tau-Distanz und Spearmans Footrule-Distanz von totalen Ordnungen auf allgemeinere Ordnungen sind Profilvektordistanzen. Fagin et al. [FKM+06] definieren Profilvektorversionen von Kendalls Tau-Distanz und Spearmans Footrule-Distanz für schwache Ordnungen und zeigen, dass diese sich von den Hausdorff-Versionen der beiden Distanzen nur um einen konstanten Faktor unterscheiden. Die Profilvektorversionen lassen sich auf mehrere naheliegende Arten auch auf partielle Ordnungen übertragen. Offen ist dabei jedoch die Frage, ob die in [FKM+06] gezeigten Äquivalenzen dann noch bestehen. Da Rangordnungsprobleme unter der Profilvektorversion von Spearmans Footrule-Distanz teilweise analog zum Rangordnungsproblem für totale Ordnungen unter Spearmans Footrule-Distanz [DKNS01a] effizient lösbar sind, würde eine positive Antwort auf diese Frage neue Approximationsalgorithmen für die hier vorgestellten Probleme liefern.

Eine alternative Variante der Einbeziehung von partiellen Ordnungen in Rangordnungsprobleme wurde von Konczak und Lang [KL05] vorgestellt. Diese untersuchen für diverse Wahlregeln das Problem einen Wahlsieger zu bestimmen. Als Wähler sind dabei partielle Ordnungen zugelassen, in einer Wahl entscheidet sich ein Wähler dann jedoch für eine totale Erweiterung seiner partiellen Ordnung. Ein Kandidat ist ein zwingender Wahlsieger, wenn er - unabhängig von der Wahl der totalen Erweiterungen durch die Wähler - die Wahl gewinnt, und ein möglicher Wahlsieger, wenn es zumindest die Möglichkeit für die Wähler gibt, sich für je eine totale Erweiterung zu entscheiden, so dass der

Kandidat die Wahl gewinnt. In [KL05, PRVW07, Wal07, XC08, BD10] wird die Komplexität dieser Probleme für verschiedene Wahlregeln untersucht. Betzler et al. [BHN09] untersuchen die parametrisierte Komplexität für einige Wahlregeln. Analog zu diesen Arbeiten lassen sich Rangordnungsprobleme definieren, die zwischen einem zwingenden Konsens und einem möglichen Konsens unterscheiden. Die Betrachtung aller Konsense eines Rangordnungsproblems erhöht dabei vermutlich dessen Komplexität. Andererseits kann die Ermittlung nur eines einzigen Konsenses auch als Nachteil der in dieser Arbeit vorgestellten Verfahren angesehen werden.

Andere Aggregatoren: Die Maximums-Variante [BBD09] und die „Popular"-Variante [vZSW11] von Rangordnungsproblemen sind bislang kaum untersucht worden. In [vZSW11] wird außerdem die Frage nach weiteren derartigen Variationsmöglichkeiten in der Definition von Rangordnungsproblemen aufgeworfen. Speziell für die Maximums-Variante von Rangordnungsproblemen könnten Algorithmen, basierend auf lokaler Suche, wie sie beispielsweise für das Feedback-Arc-Set-Problem auf Turniergraphen existieren [FLRS10], von Interesse sein.

Geometrische Interpretation: In der vorliegenden Arbeit wird nicht auf die geometrische Repräsentation von Wahlsystemen eingegangen. Diese wird in Arbeiten von Saari [Saa95, Saa00a, Saa00b, SM00] unter anderem für das Kemeny-Wahlsystem entwickelt. Ratliff [Rat01] untersucht mit Hilfe der geometrischen Repräsentation die Unterschiede zwischen dem Dodgson-Wahlsystem und dem Rangordnungsproblem für totale Ordnungen unter Kendalls Tau-Distanz und stellt fest, dass ab vier vorhandenen Kandidaten der Dodgson-Wahlsieger an jeder Stelle im Konsens des Rangordnungsproblems vorkommen kann. Zukünftige Arbeiten könnten sich mit der Frage befassen, inwieweit aus einer möglichen geometrischen Repräsentation der hier vorgestellten Problemstellungen weitere Ergebnisse bezüglich ihrer Gemeinsamkeiten und Unterschiede erzielt werden können.

Andere Approximationstechniken: Homan und Hemaspaandra [HH09] entwerfen einen effizienten Algorithmus, der für eine gegebene Menge von Wählern und einen Kandidaten c die Frage, ob c ein Dodgson-Wahlsieger ist, folgendermaßen beantworten kann: definitiv ja, definitiv nein, vielleicht ja und vielleicht nein. Die Güte des Algorithmus hängt dabei von der Anzahl der definitiven Antworten ab. Die Möglichkeit, nach einem solchen Algorithmus auch für das Kemeny-Wahlsystem bzw. für die hier vorgeschlagenen Rangordnungsprobleme zu suchen, liegt nahe, scheint aber bislang nicht betrachtet worden zu sein.

8.2 Zusammenfassung

In der vorliegenden Arbeit wurden Rangordnungsprobleme, deren Ursprung im Bereich der Wahlsysteme liegt, betrachtet. Das Interesse an der Komplexität dieser Probleme ergibt sich jedoch in erster Linie aus ihren modernen Anwendungen beispielsweise im Bereich des World Wide Web. Während in bisherigen Arbeiten zumeist totale oder schwache Ordnungen als Eingabe für Rangordnungsprobleme betrachtet wurden, ließ die vorliegende Arbeit auch Intervallordnungen und partielle Ordnungen als Eingabe zu. Zu diesem Zweck wurden Kendalls Tau-Distanz und Spearmans Footrule-Distanz von totalen Ordnungen in nahe liegender Weise durch die Minimalversion, Maximalversion, Hausdorff-Version und Zentralversion von Kendalls Tau-Distanz bzw. Spearmans Footrule-Distanz auf partielle Ordnungen verallgemeinert. Als in diesem Zusammenhang wichtige Teilprobleme ergaben sich Distanzprobleme, in welchen die Distanz zwischen zwei Ordnungen gesucht ist. In der vorliegenden Arbeit wurden Distanzprobleme und Rangordnungsprobleme im Hinblick auf ihre Komplexität untersucht.

Zunächst konnte festgestellt werden, dass alle Distanzprobleme effizient lösbar sind, solange zwei schwache Ordnungen betrachtet werden. Hierzu wurden die Distanzen mit Hilfe von Verfeinerungen charakterisiert. Sobald jedoch eine der beiden betrachteten Ordnungen eine partielle Ordnung war, ergab sich ein völlig anderes Bild. Die Distanzprobleme stellten sich in diesem Fall als **NP**-vollständig oder **coNP**-vollständig heraus. Durch erste Ergebnisse in dieser Richtung zeigte sich, dass Distanzprobleme mit Intervallordnungen wohl im Grenzbereich zwischen effizient lösbaren und **NP**- bzw. **coNP**-vollständigen Distanzproblemen liegen. Die Spezialfälle der Distanzprobleme mit partiellen Ordnungen, in denen eine der beiden Ordnungen total ist, stellten sich als gut approximierbar und fixed-parameter-tractable heraus.

In Bezug auf Rangordnungsprobleme für partielle Ordnungen stellte sich nun eine im Vergleich zu den bisher betrachteten Problemen mit totalen Ordnungen völlig neue Situation dar. Während die Distanzprobleme bisher effizient lösbar waren, war nun bereits dieses Teilproblem der Rangordnungsprobleme **NP**- bzw. **coNP**-vollständig. Es wurde gezeigt, dass sich dies nur teilweise auf deren Komplexität auswirkt. Während die Rangordnungsprobleme unter der

8.2. Zusammenfassung

Minimalversion und der Zentralversion von Kendalls Tau-Distanz nach wie vor in der Komplexitätsklasse **NP** liegen, ist dies für die Rangordnungsprobleme unter der Maximalversion und der Hausdorff-Version von Kendalls Tau-Distanz beweisbar nicht mehr der Fall, außer wenn **NP** = **coNP** gilt. Zuletzt wurde gezeigt, dass das Rangordnungsproblem unter der Minimalversion und der Zentralversion von Spearmans Footrule-Distanz bereits für schwache Ordnungen **NP**-vollständig ist. Es zeigte sich aber, dass sich zumindest eine Approximation bis auf einen konstanten Faktor von entsprechenden Rangordnungsproblemen unter Kendalls Tau-Distanzen [Ail10a, vZW09] übertragen lässt.

Während einige der Ergebnisse dieser Arbeit so zu erwarten waren, haben sich doch auch einige überraschende Sachverhalte gezeigt.

Zunächst einmal ist das Rangordnungsproblem unter der Minimalversion und der Zentralversion von Spearmans Footrule-Distanz bereits für schwache Ordnungen **NP**-vollständig. Dies stellt einen starken Kontrast zur effizienten Lösbarkeit des Rangordnungsproblems unter Spearmans Footrule-Distanz für totale Ordnungen [DKNS01a] dar. Während das Rangordnungsproblem unter Spearmans Footrule-Distanz als nahe liegende, effizient berechenbare Approximation des Rangordnungsproblems für totale Ordnungen unter Kendalls Tau-Distanz verwendet werden kann, ist dies also für allgemeinere Ordnungen nun nicht mehr möglich.

Weiterhin überraschend ist die Tatsache, dass einige der betrachteten Rangordnungsprobleme nicht mehr in der Komplexitätsklasse **NP** liegen, sondern vollständig bezüglich einer der Komplexitätsklassen aus der polynomiellen Hierarchie, vermutlich bezüglich $\mathbf{NP^{NP}}$, sind. Analog zur Tatsache, dass einige Probleme aus dem Bereich der Wahlsysteme als die natürlichsten $\mathbf{P_{\|}^{NP}}$-vollständigen Probleme gelten [HHR97a, HSV05, RSV03], könnten sich die hier betrachteten Rangordnungsprobleme als natürliche $\mathbf{NP^{NP}}$-vollständige Probleme herausstellen.

Während Probleme unter Spearmans Footrule-Distanz im Vergleich zu Problemen unter Kendalls Tau-Distanz bislang tendenziell leichter zu lösen waren, zeigt sich hier, dass sich die beiden Distanzen bzw. ihre Verallgemeinerungen von der Komplexität her meist gleich verhalten. Ebenso überraschend ist die Tatsache, dass sich Approximationen von Problemen unter Kendalls Tau-Distanzen auf Probleme unter Spearmans Footrule-Distanzen übertragen lassen, während bisher Probleme unter Spearmans Footrule-Distanz als Approximationen von Problemen unter Kendalls Tau-Distanz dienten.

Fazit: Die Analyse der in dieser Arbeit betrachteten Problemstellungen lässt sich leicht durch zahlreiche Anwendungen motivieren. Aus theoretischer Sicht ergeben sich interessante Fragestellungen wie die Suche nach natürlichen $\mathbf{NP^{NP}}$-vollständigen Problemen oder nach bislang nicht untersuchten Spezialfällen des Feedback-Arc-Set-Problems. Die praktische Verwendbarkeit der betrachteten Probleme ist im Moment aufgrund von deren Komplexität nicht gegeben. Wie erste Ergebnisse zur Approximierbarkeit und zur parametrisierten Komplexität der Probleme zeigen, ist eine solche jedoch in Zukunft keineswegs auszuschließen.

Abbildungsverzeichnis

1.1	Operationen auf Ordnungen: Vertauschung	12
1.2	Operationen auf Ordnungen: Rechtsverschiebung	12
1.3	Operationen auf Ordnungen: Ableitung	14
4.1	OSCM-4-Stern Problem im Beweis von Satz 4.2	67
4.2	Modifiziertes OSCM-4-Stern Problem im Beweis von Satz 4.2 . . .	68
4.3	Kreuzungen innerhalb eines Gadgets in Behauptung 4.5 im Beweis von Satz 4.2	70
4.4	Verschachtelung von zwei Gadgets in Behauptung 4.6 im Beweis von Satz 4.2	72
4.5	Pfadgraph in Behauptung 4.6 im Beweis von Satz 4.2	74
5.1	Fall 1 aus Behauptung 5.5 im Beweis von Satz 5.2	99
5.2	Fall 2 aus Behauptung 5.5 im Beweis von Satz 5.2	100
5.3	Reduktion in Satz 5.3	104
5.4	Fall 1 aus Behauptung 5.7 im Beweis von Satz 5.3	105
5.5	Fall 2 aus Behauptung 5.7 im Beweis von Satz 5.3	107
5.6	Korrektheitsbeweis der Reduktion in Satz 5.3	108
5.7	Fall 1 bis 3 aus Lemma 5.1	113

Definitionsverzeichnis

1.1	Distanzen auf totalen Ordnungen	15
1.2	Erweiterung einer Ordnung	15
1.3	Distanzen auf Ordnungen	16
1.4	Äquivalenz von Distanzen	18
1.5	Rangordnungsproblem	22
1.6	Distanzproblem	23

Literaturverzeichnis

[AAC+08] G. Aggarwal, N. Ailon, F. Constantin, E. Even-Dar, J. Feldman, G. Frahling, M. Rauch Henzinger, S. Muthukrishnan, N. Nisan, M. Pál, M. Sandler und A. Sidiropoulos. Theory research at Google. *SIGACT News*, 39(2):10–28, 2008. (Zitiert auf Seite 34.)

[ACN08] N. Ailon, M. Charikar und A. Newman. Aggregating inconsistent information: Ranking and clustering. *Journal of the ACM*, 55(5):Artikel 23, 2008. (Zitiert auf den Seiten 29, 33, 35, 121 und 125.)

[Ail10a] N. Ailon. Aggregation of partial rankings, p-ratings and top-m lists. *Algorithmica*, 57(2):284–300, 2010. (Zitiert auf den Seiten 6, 29, 30, 121, 125, 133, 140 und 143.)

[Ail10b] N. Ailon. Query efficient PTAS for minimum feedback arc-set in tournaments. *The Computing Research Repository*, abs/1011.0108, 2010. (Zitiert auf Seite 29.)

[Alo06] N. Alon. Ranking tournaments. *SIAM Journal on Discrete Mathematics*, 20(1):137–142, 2006. (Zitiert auf Seite 35.)

[ALS09] N. Alon, D. Lokshtanov und S. Saurabh. Fast FAST. In *Proceedings of the 36th International Colloquium on Automata, Languages and Programming (ICALP)*, Volume 5555 von *Lecture Notes in Computer Science*, Seiten 49–58. Springer, 2009. (Zitiert auf Seite 35.)

[AM01a] J. A. Aslam und M. H. Montague. Metasearch consistency. In *Proceedings of the 24th Annual International ACM SIGIR Conference on Research and Development in Information Retrieval (SIGIR)*, Seiten 386–387. ACM, 2001. (Zitiert auf Seite 32.)

[AM01b] J. A. Aslam und M. H. Montague. Models for metasearch. In *Proceedings of the 24th Annual International ACM SIGIR Conference* on *Research and Development in Information Retrieval (SIGIR)*, Seiten 275–284. ACM, 2001. (Zitiert auf Seite 32.)

[AN10] A. Andoni und H. L. Nguyen. Near-optimal sublinear time algorithms for Ulam distance. In *Proceedings of the 21st Annual ACM-SIAM Symposium on Discrete Algorithms (SODA)*, Seiten 76–86. ACM/SIAM, 2010. (Zitiert auf Seite 139.)

[AP98] A. Andersson und O. Petersson. Approximate indexed lists. *Journal of Algorithms*, 29(2):256–276, 1998. (Zitiert auf Seite 28.)

[Arr50] K. J. Arrow. A difficulty in the concept of social welfare. *Journal of Political Economy*, 58(4):328–346, 1950. (Zitiert auf den Seiten 2 und 36.)

[BBD09] T. C. Biedl, F. J. Brandenburg und X. Deng. On the complexity of crossings in permutations. *Discrete Mathematics*, 309(7):1813–1823, 2009. (Zitiert auf den Seiten 28, 31, 33, 63, 68, 70, 121, 123, 125 und 141.)

[BBN10] N. Betzler, R. Bredereck und R. Niedermeier. Partial kernelization for rank aggregation: Theory and experiments. In *Proceedings of the 5th International Symposium on Parameterized and Exact Computation (IPEC)*, Volume 6478 von *Lecture Notes in Computer Science*, Seiten 26–37. Springer, 2010. (Zitiert auf den Seiten 30 und 121.)

[BD10] N. Betzler und B. Dorn. Towards a dichotomy for the possible winner problem in elections based on scoring rules. *Journal of Computer and System Sciences*, 76(8):812–836, 2010. (Zitiert auf Seite 141.)

[BFG+09a] N. Betzler, M. R. Fellows, J. Guo, R. Niedermeier und F. A. Rosamond. Fixed-parameter algorithms for Kemeny rankings. *Theoretical Computer Science*, 410(45):4554–4570, 2009. (Zitiert auf den Seiten 30, 84, 121 und 125.)

[BFG+09b] N. Betzler, M. R. Fellows, J. Guo, R. Niedermeier und F. A. Rosamond. How similarity helps to efficiently compute Kemeny rankings. In *Proceedings of the 8th International Joint Conference on Autonomous Agents and Multiagent Systems (AAMAS)*, Seiten 657–664, 2009. (Zitiert auf den Seiten 30 und 121.)

[BFG+11] S. Bessy, F. V. Fomin, S. Gaspers, C. Paul, A. Perez, S. Saurabh und S. Thomassé. Kernels for feedback arc set in tournaments. *Journal of Computer and System Sciences*, 77(6):1071–1078, 2011. (Zitiert auf den Seiten 35 und 84.)

[BFR11] L. Bulteau, G. Fertin und I. Rusu. Sorting by transpositions is difficult. In *Proceedings of the 38th International Colloquium on Automata, Languages and Programming (ICALP)*, Seiten 654–665, 2011. (Zitiert auf Seite 139.)

[BGKN11] N. Betzler, J. Guo, C. Komusiewicz und R. Niedermeier. Average parameterization and partial kernelization for computing medians. *Journal of Computer and System Sciences*, 77(4):774–789, 2011. (Zitiert auf den Seiten 30 und 121.)

[BGN10] N. Betzler, J. Guo und R. Niedermeier. Parameterized computational complexity of Dodgson and Young elections. *Information and Computation*, 208(2):165–177, 2010. (Zitiert auf Seite 27.)

[BH91] S. R. Buss und L. Hay. On truth-table reducibility to SAT. *Information and Computation*, 91(1):86–102, 1991. (Zitiert auf den Seiten 20 und 36.)

[BHK02] P. Berman, S. Hannenhalli und M. Karpinski. 1.375-approximation algorithm for sorting by reversals. In *Proceedings of the 10th Annual European Symposium on Algorithms (ESA)*, Volume 2461 von *Lecture Notes in Computer Science*, Seiten 200–210. Springer, 2002. (Zitiert auf Seite 139.)

[BHN09] N. Betzler, S. Hemmann und R. Niedermeier. A multivariate complexity analysis of determining possible winners given incomplete votes. In *Proceedings of the 21st International Joint Conference on Artificial Intelligence (IJCAI)*, Seiten 53–58, 2009. (Zitiert auf Seite 141.)

[BJT92] J. Bang-Jensen und C. Thomassen. A polynomial algorithm for the 2-path problem for semicomplete digraphs. *SIAM Journal on Discrete Mathematics*, 5(3):366–376, 1992. (Zitiert auf Seite 35.)

[BK99] P. Berman und M. Karpinski. On some tighter inapproximability results (extended abstract). In *Proceedings of the 26th International*

Colloquium on Automata, Languages and Programming (ICALP), Volume 1644 von *Lecture Notes in Computer Science*, Seiten 200–209. Springer, 1999. (Zitiert auf Seite 139.)

[Bla71] D. Black. *The Theory of Committees and Elections*. Cambridge University Press, 1971. (Zitiert auf den Seiten 26, 27 und 156.)

[BO91] J. J. Bartholdi und J. B. Orlin. Single transferable vote resists strategic voting. *Social Choice and Welfare*, 8(4):341–354, 1991. (Zitiert auf Seite 36.)

[Bol98] B. Bollobás. *Modern Graph Theory*. Springer, 1998. (Zitiert auf Seite 8.)

[Bor81] J. C. Borda. Mémoire aux les élections au scrutin, 1781. (Zitiert auf den Seiten 25 und 36.)

[BP96] V. Bafna und P. A. Pevzner. Genome rearrangements and sorting by reversals. *SIAM Journal on Computing*, 25(2):272–289, 1996. (Zitiert auf Seite 139.)

[BP98] V. Bafna und P. A. Pevzner. Sorting by transpositions. *SIAM Journal on Discrete Mathematics*, 11(2):224–240, 1998. (Zitiert auf Seite 139.)

[BSSU74] W. A. Beyer, M. L. Stein, T. F. Smith und S. M. Ulam. A molecular sequence metric and evolutionary trees. *Mathematical Biosciences*, 19(1):9–25, 1974. (Zitiert auf Seite 137.)

[BTT89a] J. J. Bartholdi, C. A. Tovey und M. A. Trick. The computational difficulty of manipulating an election. *Social Choice and Welfare*, 6(3):227–241, 1989. (Zitiert auf Seite 36.)

[BTT89b] J. J. Bartholdi, C. A. Tovey und M. A. Trick. Voting schemes for which it can be difficult to tell who won the election. *Social Choice and Welfare*, 6(2):157–165, 1989. (Zitiert auf den Seiten 2, 28, 36, 121 und 123.)

[BTT92] J. J. Bartholdi, C. A. Tovey und M. A. Trick. How hard is it to control an election? *Mathematical and Computer Modelling*, 16(8-9):27–40, 1992. (Zitiert auf Seite 36.)

[BW92] G. Brightwell und P. Winkler. Counting linear extensions is #P-complete. *ORDER*, 8(3):225–242, 1992. (Zitiert auf Seite 16.)

[Cap99] A. Caprara. Sorting permutations by reversals and Eulerian cycle decompositions. *SIAM Journal on Discrete Mathematics*, 12(1):91–110, 1999. (Zitiert auf Seite 139.)

[Cay49] A. Cayley. Note on the theory of permutations. *Philosophical Magazine Series 3*, 34:527–529, 1849. (Zitiert auf Seite 137.)

[CCF+09] I. Caragiannis, J. A. Covey, M. Feldman, C. M. Homan, C. Kaklamanis, N. Karanikolas, A. D. Procaccia und J. S. Rosenschein. On the approximability of Dodgson and Young elections. In *Proceedings of the 20th Annual ACM-SIAM Symposium on Discrete Algorithms (SODA)*, Seiten 1058–1067. ACM/SIAM, 2009. (Zitiert auf Seite 27.)

[CDFZ04] F. Y. L. Chin, X. Deng, Q. Fang und S. Zhu. Approximate and dynamic rank aggregation. *Theoretical Computer Science*, 325(3):409–424, 2004. (Zitiert auf Seite 30.)

[CDK06] V. Conitzer, A. J. Davenport und J. Kalagnanam. Improved bounds for computing Kemeny rankings. In *Proceedings of the 21st National Conference on Artificial Intelligence and the 18th Innovative Applications of Artificial Intelligence Conference (AAAI/IAAI)*, Seiten 620–626. AAAI Press, 2006. (Zitiert auf Seite 30.)

[CFR10] D. Coppersmith, L. Fleischer und A. Rudra. Ordering by weighted number of wins gives a good ranking for weighted tournaments. *ACM Transactions on Algorithms*, 6(3):Artikel 55, 2010. (Zitiert auf Seite 35.)

[Chr98] D. A. Christie. A 3/2-approximation algorithm for sorting by reversals. In *Proceedings of the 9th Annual ACM-SIAM Symposium on Discrete Algorithms (SODA)*, Seiten 244–252. ACM/SIAM, 1998. (Zitiert auf Seite 139.)

[CKKP10] I. Caragiannis, C. Kaklamanis, N. Karanikolas und A. D. Procaccia. Socially desirable approximations for Dodgson's voting rule. In *Proceedings of the 11th ACM Conference on Electronic Commerce (EC)*, Seiten 253–262. ACM, 2010. (Zitiert auf Seite 27.)

[CLL+08] J. Chen, Y. Liu, S. Lu, B. O'Sullivan und I. Razgon. A fixed-parameter algorithm for the directed feedback vertex set problem. *Journal of the ACM*, 55(5):Artikel 21, 2008. (Zitiert auf den Seiten 34 und 91.)

[CLRS00] T. H. Cormen, C. E. Leiserson, R. L. Rivest und C. Stein. *Introduction to Algorithms*. MIT Press, 2nd edition, 2000. (Zitiert auf Seite 36.)

[CM96] J. Cheriyan und K. Mehlhorn. Algorithms for dense graphs and networks on the random access computer. *Algorithmica*, 15(6):521–549, 1996. (Zitiert auf Seite 90.)

[Com01] U.S. Federal Election Commission. 2000 official presidential general elections result, 2001. www.fec.gov/pubrec/2000presgeresults.htm. (Zitiert auf Seite 1.)

[Con85] M.-J. Condorcet. Éssai sur l'application de l'analyse à la probalité des décisions rendues à la pluralité des voix, 1785. (Zitiert auf den Seiten 25, 26, 36 und 140.)

[Con06] V. Conitzer. Computing Slater rankings using similarities among candidates. In *Proceedings of the 21st National Conference on Artificial Intelligence and the 18th Innovative Applications of Artificial Intelligence Conference (AAAI/IAAI)*, Seiten 613–619. AAAI Press, 2006. (Zitiert auf Seite 36.)

[Coo71] S. A. Cook. The complexity of theorem-proving procedures. In *Proceedings of the 3rd Annual ACM Symposium on Theory of Computing*, Seiten 151–158. ACM, 1971. (Zitiert auf Seite 20.)

[Cop51] A. H. Copeland. A 'reasonable' social welfare function. Seminar on Mathematics in Social Sciences, University of Michigan, 1951. (Zitiert auf Seite 26.)

[Cri85] D. E. Critchlow. *Metric methods for analyzing partially ranked data*. Nummer 34 in Lecture Notes in Statistics. Springer, 1985. (Zitiert auf den Seiten 6, 27 und 37.)

[CSS99] W. W. Cohen, R. E. Schapire und Y. Singer. Learning to order things. *Journal of Artificial Intelligence Research*, 10:243–270, 1999. (Zitiert auf Seite 33.)

[CTY07] P. Charbit, S. Thomassé und A. Yeo. The minimum feedback arc set problem is NP-hard for tournaments. *Combinatorics, Probability & Computing*, 16(1):1–4, 2007. (Zitiert auf Seite 35.)

[Cus33] N. Cusanus. De concordantia catholica, 1433. (Zitiert auf Seite 25.)

[Dec11] F. Decker. Brauchen wir ein neues Wahlrecht? *Aus Politik und Zeitgeschichte*, 4/2011:3–9, 2011. (Zitiert auf Seite 1.)

[DF99] R. G. Downey und M. R. Fellows. *Parameterized Complexity*. Monographs in Computer Science. Springer, 1999. (Zitiert auf den Seiten 22, 36, 90 und 118.)

[DG77] P. Diaconis und R. L. Graham. Spearman's footrule as a measure of disarray. *Journal of the Royal Statistical Society, Series B*, 39(2):262–268, 1977. (Zitiert auf den Seiten 6, 27 und 57.)

[DGH+10] M. Dom, J. Guo, F. Hüffner, R. Niedermeier und A. Truß. Fixed-parameter tractability results for feedback set problems in tournaments. *Journal of Discrete Algorithms*, 8(1):76–86, 2010. (Zitiert auf den Seiten 35 und 84.)

[Die89] P. F. Dietz. Optimal algorithms for list indexing and subset rank. In *Proceedings of the 1st Workshop on Algorithms and Data Structures (WADS)*, Volume 382 von *Lecture Notes in Computer Science*, Seiten 39–46. Springer, 1989. (Zitiert auf Seite 28.)

[Die97] R. Diestel. *Graph Theory*. Springer, 1997. (Zitiert auf Seite 8.)

[DK04] A. J. Davenport und J. Kalagnanam. A computational study of the Kemeny rule for preference aggregation. In *Proceedings of the 19th National Conference on Artificial Intelligence and the 16th Innovative Applications of Artificial Intelligence Conference (AAAI/IAAI)*, Seiten 697–702. AAAI Press / The MIT Press, 2004. (Zitiert auf Seite 30.)

[DKNS01a] C. Dwork, R. Kumar, M. Naor und D. Sivakumar. Rank aggregation methods for the web. In *Proceedings of the 10th International World Wide Web Conference (WWW)*, Seiten 613–622, 2001. (Zitiert auf den Seiten 2, 5, 6, 28, 31, 32, 33, 36, 121, 123, 127, 134, 139, 140 und 143.)

[DKNS01b] C. Dwork, R. Kumar, M. Naor und D. Sivakumar. Rank aggregation revisited, 2001. Manuskript. (Zitiert auf Seite 32.)

[Dod76] C. Dodgson. A method of taking votes on more than two issues, 1876. zunächst unveröffentlicht, abgedruckt z. B. in [Bla71]. (Zitiert auf den Seiten 26 und 36.)

[DS00] J. Duggan und T. Schwartz. Strategic manipulability without resoluteness or shared beliefs: Gibbard–Satterthwaite generalized. *Social Choice and Welfare*, 17(1):85–93, 2000. (Zitiert auf Seite 36.)

[EH06] I. Elias und T. Hartman. A 1.375-approximation algorithm for sorting by transpositions. *IEEE/ACM Transactions on Computational Biology and Bioinformatics*, 3(4):369–379, 2006. (Zitiert auf Seite 139.)

[ELS93] P. Eades, X. Lin und W. F. Smyth. A fast and effective heuristic for the feedback arc set problem. *Information Processing Letters*, 47(6):319–323, 1993. (Zitiert auf Seite 34.)

[ENSS98] G. Even, J. Naor, B. Schieber und M. Sudan. Approximating minimum feedback sets and multicuts in directed graphs. *Algorithmica*, 20(2):151–174, 1998. (Zitiert auf den Seiten 34 und 91.)

[Fag99] R. Fagin. Combining fuzzy information from multiple systems. *Journal of Computer and System Sciences*, 58(1):83–99, 1999. (Zitiert auf Seite 33.)

[Fag02] R. Fagin. Combining fuzzy information: an overview. *SIGMOD Record*, 31(2):109–118, 2002. (Zitiert auf Seite 33.)

[FG06] J. Flum und M. Grohe. *Parameterized Complexity Theory*. Texts in Theoretical Computer Science. Springer, 2006. (Zitiert auf den Seiten 22, 36, 90 und 118.)

[FHH10] P. Faliszewski, E. Hemaspaandra und L. A. Hemaspaandra. Using complexity to protect elections. *Communications of the ACM*, 53(11):74–82, 2010. (Zitiert auf Seite 36.)

[FHHR06] P. Faliszewski, E. Hemaspaandra, L. A. Hemaspaandra und J. Rothe. A richer understanding of the complexity of election systems. *The Computing Research Repository*, abs/cs/0609112, 2006. (Zitiert auf Seite 36.)

[Fis73] P. C. Fishburn. *The Theory of Social Choice*. Princeton University Press, 1973. (Zitiert auf Seite 27.)

[Fis77] P. C. Fishburn. Condorcet social choice functions. *SIAM Journal on Applied Mathematics*, 33(3):469–489, 1977. (Zitiert auf Seite 27.)

[Fis85] P. C. Fishburn. *Interval Orders and Interval Graphs: A Study of Partially Ordered Sets*. Wiley, 1985. (Zitiert auf Seite 10.)

[FKM+03] R. Fagin, R. Kumar, K. S. McCurley, J. Novak, D. Sivakumar, J. A. Tomlin und D. P. Williamson. Searching the workplace web. In *Proceedings of the 12th International World Wide Web Conference (WWW)*, Seiten 366–375, 2003. (Zitiert auf Seite 32.)

[FKM+06] R. Fagin, R. Kumar, M. Mahdian, D. Sivakumar und E. Vee. Comparing partial rankings. *SIAM Journal on Discrete Mathematics*, 20(3):628–648, 2006. (Zitiert auf den Seiten 6, 12, 27, 28, 37, 44, 45, 46, 48, 51, 54, 57, 58, 63, 64, 93, 94 und 140.)

[FKS03a] R. Fagin, R. Kumar und D. Sivakumar. Comparing top k lists. *SIAM Journal on Discrete Mathematics*, 17(1):134–160, 2003. (Zitiert auf den Seiten 30 und 140.)

[FKS03b] R. Fagin, R. Kumar und D. Sivakumar. Efficient similarity search and classification via rank aggregation. In *Proceedings of the 29th ACM SIGMOD International Conference on Management of Data (SIGMOD)*, Seiten 301–312. ACM, 2003. (Zitiert auf Seite 33.)

[FLN03] R. Fagin, A. Lotem und M. Naor. Optimal aggregation algorithms for middleware. *Journal of Computer and System Sciences*, 66(4):614–656, 2003. (Zitiert auf Seite 33.)

[FLRS10] F. V. Fomin, D. Lokshtanov, V. Raman und S. Saurabh. Fast local search algorithm for weighted feedback arc set in tournaments. In *Proceedings of the 24th AAAI Conference on Artificial Intelligence (AAAI)*, Seiten 65–70. AAAI Press, 2010. (Zitiert auf Seite 141.)

[Gib73] A. Gibbard. Manipulation of voting schemes: A general result. *Econometrica*, 41(4):587–601, 1973. (Zitiert auf den Seiten 2 und 36.)

[GJ90] M. R. Garey und D. S. Johnson. *Computers and Intractability; A Guide to the Theory of NP-Completeness*. W. H. Freeman & Co., 1990. (Zitiert auf den Seiten 19, 34, 36, 77, 102 und 128.)

[GJS76] M. R. Garey, D. S. Johnson und L. J. Stockmeyer. Some simplified NP-complete graph problems. *Theoretical Computer Science*, 1(3):237–267, 1976. (Zitiert auf Seite 128.)

[Ham50] R. W. Hamming. Error detecting and error correcting codes. *The Bell System Technical Journal*, 29(2):147–160, 1950. (Zitiert auf Seite 137.)

[Har69] F. Harary. *Graph Theory*. Addison-Wesley, 1969. (Zitiert auf Seite 8.)

[Hau78] F. Hausdorff. *Grundzüge der Mengenlehre*. Chelsea Publishing Company (Neuauflage), 1978. (Zitiert auf den Seiten 16 und 42.)

[HH00] E. Hemaspaandra und L. A. Hemaspaandra. Computational politics: Electoral systems. In *Proccedings of the 25th International Symposium on Mathematical Foundations of Computer Science (MFCS)*, Volume 1893 von *Lecture Notes in Computer Science*, Seiten 64–83. Springer, 2000. (Zitiert auf Seite 27.)

[HH09] C. M. Homan und L. A. Hemaspaandra. Guarantees for the success frequency of an algorithm for finding Dodgson-election winners. *Journal of Heuristics*, 15(4):403–423, 2009. (Zitiert auf Seite 141.)

[HHR97a] E. Hemaspaandra, L. A. Hemaspaandra und J. Rothe. Exact analysis of Dodgson elections: Lewis Carroll's 1876 voting system is complete for parallel access to NP. *Journal of the ACM*, 44(6):806–825, 1997. (Zitiert auf den Seiten 27 und 143.)

[HHR97b] E. Hemaspaandra, L. A. Hemaspaandra und J. Rothe. Raising NP lower bounds to parallel NP lower bounds. *SIGACT News*, 28(2):2–13, 1997. (Zitiert auf Seite 124.)

[Hoc97] D. S. Hochbaum, Hrsg. *Approximation algorithms for NP-hard problems*. PWS Publishing Co., 1997. (Zitiert auf den Seiten 21 und 36.)

[HP99] S. Hannenhalli und P. A. Pevzner. Transforming cabbage into turnip: Polynomial algorithm for sorting signed permutations by reversals. *Journal of the ACM*, 46(1):1–27, 1999. (Zitiert auf Seite 139.)

[HSV05] E. Hemaspaandra, H. Spakowski und J. Vogel. The complexity of Kemeny elections. *Theoretical Computer Science*, 349(3):382–391, 2005. (Zitiert auf den Seiten 27 und 143.)

[Jes85] E. Jesse. *Wahlrecht zwischen Kontinuität und Reform*. Nummer 78 in Beiträge zur Geschichte des Parlamentarismus und der politischen Parteien. Droste, 1985. (Zitiert auf Seite 5.)

[JSA08] B. G. Jackson, P. S. Schnable und S. Aluru. Consensus genetic maps as median orders from inconsistent sources. *IEEE/ACM Transactions on Computational Biology and Bioinformatics*, 5(2):161–171, 2008. (Zitiert auf Seite 34.)

[Kan92] V. Kann. *On the Approximability of NP-complete Optimization Problems*. Doktorarbeit, Royal Institute of Technology, Stockholm, 1992. (Zitiert auf Seite 34.)

[Kar72] R. M. Karp. Reducibility among combinatorial problems. In *Complexity of Computer Computations*, Seiten 85–103. Plenum Press, 1972. (Zitiert auf den Seiten 34, 102 und 138.)

[Kem59] J. Kemeny. Mathematics without numbers. *Daedalus*, 88:577–591, 1959. (Zitiert auf den Seiten 2, 26 und 36.)

[Ken38] M. G. Kendall. A new measure of rank correlation. *Biometrika*, 30(1):81–93, 1938. (Zitiert auf Seite 27.)

[Ken45] M. G. Kendall. The treatment of ties in ranking problems *Biometrika*, 33(3):239–251, 1945. (Zitiert auf Seite 26.)

[KG90] M. G. Kendall und J. D. Gibbons. *Rank Correlation Methods*. Oxford University Press, 5th edition, 1990. (Zitiert auf den Seiten 5, 6, 15, 27 und 42.)

[KL05] K. Konczak und J. Lang. Voting procedures with incomplete preferences. In *Proceedings of the 1st Multidisciplinary Workshop on Advances in Preference Handling*, Seiten 124–129, 2005. (Zitiert auf den Seiten 140 und 141.)

[KMS07] C. Kenyon-Mathieu und W. Schudy. How to rank with few errors. In *Proceedings of the 39th Annual ACM Symposium on Theory of Computing (STOC)*, Seiten 95–103. ACM, 2007. (Zitiert auf den Seiten 29 und 121.)

[Kni66] W. R. Knight. A computer method for calculating Kendall's tau with ungrouped data. *Journal of the American Statistical Association*, 61(314):436–439, 1966. (Zitiert auf den Seiten 28, 63 und 64.)

[KS95] J. D. Kececioglu und D. Sankoff. Exact and approximation algorithms for sorting by reversals, with application to genome rearrangement. *Algorithmica*, 13(1-2):180–210, 1995. (Zitiert auf Seite 139.)

[KS10] M. Karpinski und W. Schudy. Faster algorithms for feedback arc set tournament, Kemeny rank aggregation and betweenness tournament. In *Proceedings of the 21st International Symposium on Algorithms and Computation (ISAAC)*, Volume 6506 von *Lecture Notes in Computer Science*, Seiten 3–14. Springer, 2010. (Zitiert auf den Seiten 30, 35 und 121.)

[Law78] E. L. Lawler. Sequencing jobs to minimize total weighted completion time subject to precedence constraints. *Annals of Discrete Mathematics*, 2:75–90, 1978. (Zitiert auf Seite 96.)

[Lev75] A. Levenglick. Fair and reasonable election systems. *Behavioral Science*, 20(1):34–46, 1975. (Zitiert auf Seite 26.)

[Lij94] A. Lijphart. *Electoral Systems and Party Systems: A Study of Twenty-Seven Democracies 1945 - 1990*. Oxford University Press, 1994. (Zitiert auf Seite 1.)

[LL02] G. Lebanon und J. D. Lafferty. Cranking: Combining rankings using conditional probability models on permutations. In *Proceedings of the 19th International Conference on Machine Learning (ICML)*, Seiten 363–370. Morgan Kaufmann, 2002. (Zitiert auf Seite 33.)

[Lul83a] R. Lullus. Artifitium electionis personarum, 1283. (Zitiert auf Seite 25.)

[Lul83b] R. Lullus. En qual manera Natana fo eleta a abadessa, 1283. (Zitiert auf Seite 25.)

[Lul99] R. Lullus. De arte eleccionis, 1299. (Zitiert auf Seite 25.)

[MA02] M. H. Montague und J. A. Aslam. Condorcet fusion for improved retrieval. In *Proceedings of the 2002 ACM CIKM International Conference on Information and Knowledge Management (CIKM)*, Seiten 538–548. ACM, 2002. (Zitiert auf Seite 32.)

[MGP07] J. M. McPartland, M. Glass und R. G. Pertwee. Meta-analysis of cannabinoid ligand binding affinity and receptor distribution: interspecies differences. *British Journal of Pharmacology*, 152(5):583–593, 2007. (Zitiert auf Seite 34.)

[MS84] N. Megiddo und K. J. Supowit. On the complexity of some common geometric location problems. *SIAM Journal on Computing*, 13(1):182–196, 1984. (Zitiert auf Seite 7.)

[MUV02] X. Muñoz, W. Unger und I. Vrto. One sided crossing minimization is NP-hard for sparse graphs. In *Proceedings of the 9th International Symposium on Graph Drawing (GD)*, Volume 2265 von *Lecture Notes in Computer Science*, Seiten 115–123. Springer, 2002. (Zitiert auf Seite 66.)

[Nan07] E. J. Nanson. *Methods of Election*. British Government Blue Book Miscellaneous No. 3, 1907. (Zitiert auf Seite 26.)

[Nie06] R. Niedermeier. *Invitation to Fixed-Parameter Algorithms*. Oxford University Press, 2006. (Zitiert auf den Seiten 22, 36, 90 und 118.)

[Pap94] C. M. Papadimitriou. *Computational Complexity*. Addison-Wesley, 1994. (Zitiert auf den Seiten 19, 36 und 77.)

[PRVW07] M. S. Pini, F. Rossi, K. B. Venable und T. Walsh. Incompleteness and incomparability in preference aggregation. In *Proceedings of the 20th International Joint Conference on Artificial Intelligence (IJCAI)*, Seiten 1464–1469, 2007. (Zitiert auf Seite 141.)

[Rat01] T. C. Ratliff. A comparison of Dodgson's method and Kemeny's rule. *Social Choice and Welfare*, 18(1):79–89, 2001. (Zitiert auf Seite 141.)

[RS03] M. E. Renda und U. Straccia. Web metasearch: Rank vs. score based rank aggregation methods. In *Proceedings of the 18th ACM Symposium on Applied Computing (SAC)*, Seiten 841–846. ACM, 2003. (Zitiert auf Seite 32.)

[RS06] V. Raman und S. Saurabh. Parameterized algorithms for feedback set problems and their duals in tournaments. *Theoretical Computer Science*, 351(3):446–458, 2006. (Zitiert auf Seite 35.)

[RSV03] J. Rothe, H. Spakowski und J. Vogel. Exact complexity of the winner problem for Young elections. *Theory of Computing Systems*, 36(4):375–386, 2003. (Zitiert auf den Seiten 27 und 143.)

[Saa95] D. G. Saari. *Basic Geometry of Voting Theory*. Springer, 1995. (Zitiert auf Seite 141.)

[Saa00a] D. G. Saari. Mathematical structure of voting paradoxes: I. Pairwise votes. *Economic Theory*, 15(1):1–53, 2000. (Zitiert auf Seite 141.)

[Saa00b] D. G. Saari. Mathematical structure of voting paradoxes: II. Positional voting. *Economic Theory*, 15(1):55–102, 2000. (Zitiert auf Seite 141.)

[Sat75] M. Satterthwaite. Strategy-proofness and Arrow's conditions: Existence and correspondence theorems for voting procedures and social welfare functions. *Journal of Economic Theory*, 10(2):187–217, 1975. (Zitiert auf den Seiten 2 und 36.)

[Sch72] T. Schwartz. Rationality and the myth of the maximum. *Noûs*, 6(2):97–117, 1972. (Zitiert auf Seite 26.)

[Sim09] N. Simjour. Improved parameterized algorithms for the Kemeny aggregation problem. In *Proceedings of the 4th International Workshop on Parameterized and Exact Computation (IWPEC)*, Volume 5917 von *Lecture Notes in Computer Science*, Seiten 312–323. Springer, 2009. (Zitiert auf den Seiten 30 und 121.)

[SM00] D. G. Saari und V. R. Merlin. A geometric examination of Kemeny's rule. *Social Choice and Welfare*, 17(3):403–438, 2000. (Zitiert auf Seite 141.)

[SM01] J. Sese und S. Morishita. Rank aggregation method for biological databases. *Genome Informatics*, 12:506–507, 2001. (Zitiert auf Seite 33.)

[Spe04] C. Spearman. The proof and measurement of association between two things. *The American Journal of Psychology*, 15(1):72–101, 1904. (Zitiert auf Seite 27.)

[Spe06] C. Spearman. A footrule for measuring correlation. *The British Journal of Psychology*, 2(1):89–108, 1906. (Zitiert auf Seite 27.)

[Sto76] L. J. Stockmeyer. The polynomial-time hierarchy. *Theoretical Computer Science*, 3(1):1–22, 1976. (Zitiert auf den Seiten 20 und 36.)

[SU02] M. Schaefer und C. Umans. Completeness in the polynomial-time hierarchy: A compendium. *SIGACT News*, 33(3):32–49, 2002. (Zitiert auf Seite 124.)

[SvZ09] F. Schalekamp und A. van Zuylen. Rank aggregation: Together we're strong. In *Proceedings of the 11th Workshop on Algorithm Engineering and Experiments (ALENEX)*, Seiten 38–51, 2009. (Zitiert auf Seite 29.)

[Tar72] R. E. Tarjan. Depth-first search and linear graph algorithms. *SIAM Journal on Computing*, 1(2):146–160, 1972. (Zitiert auf Seite 90.)

[Ula72] S. M. Ulam. Some ideas and prospects in biomathematics. *Annual Review of Biophysics and Bioengineering*, 1(1):277–292, 1972. (Zitiert auf Seite 137.)

[Vaz04] V. V. Vazirani. *Approximation Algorithms*. Springer, 2004. (Zitiert auf den Seiten 21 und 36.)

[vES00] M. van Erp und L. Schomaker. Variants of the Borda count method for combining ranked classifier hypotheses. In *Proceedings of the 7th International Workshop on Frontiers in Handwriting Recognition*, Seiten 443–452, 2000. (Zitiert auf Seite 33.)

[vZSW11] A. van Zuylen, F. Schalekamp und D. P. Williamson. Popular ranking. In *Proceedings of the 10th Cologne-Twente Workshop on Graphs and Combinatorial Optimization (CTW)*, Seiten 267–270, 2011. (Zitiert auf den Seiten 31 und 141.)

[vZW09] A. van Zuylen und D. P. Williamson. Deterministic pivoting algorithms for constrained ranking and clustering problems. *Mathematics of Operations Research*, 34(3):594–620, 2009. (Zitiert auf den Seiten 29, 35, 78, 79, 80, 121, 125, 133 und 143.)

[Wag87] K. W. Wagner. More complicated questions about maxima and minima, and some closures of NP. *Theoretical Compututer Science*, 51:53–80, 1987. (Zitiert auf Seite 36.)

[Wag90] K. W. Wagner. Bounded query classes. *SIAM Journal on Computing*, 19(5):833–846, 1990. (Zitiert auf den Seiten 20, 21 und 36.)

[Wal07] T. Walsh. Uncertainty in preference elicitation and aggregation. In *Proceedings of the 22nd AAAI Conference on Artificial Intelligence (AAAI)*, Seiten 3–8. AAAI Press, 2007. (Zitiert auf Seite 141.)

[Weg03] I. Wegener. *Komplexitätstheorie: Grenzen der Effizienz von Algorithmen*. Springer, 2003. (Zitiert auf Seite 19.)

[WF74] R. A. Wagner und M. J. Fischer. The string-to-string correction problem. *Journal of the ACM*, 21(1):168–173, 1974. (Zitiert auf Seite 138.)

[WSB76] M. S. Waterman, T. F. Smith und W. A. Beyer. Some biological sequence metrics. *Advances in Mathematics*, 20(4):367–387, 1976. (Zitiert auf Seite 137.)

[XC08] L. Xia und V. Conitzer. Determining possible and necessary winners under common voting rules given partial orders. In *Proceedings of the 23rd AAAI Conference on Artificial Intelligence (AAAI)*, Seiten 196–201. AAAI Press, 2008. (Zitiert auf Seite 141.)

[YK99] R. R. Yager und V. Kreinovich. On how to merge sorted lists coming from different web search tools. *Soft Computing Research Journal*, 3(2):83–88, 1999. (Zitiert auf Seite 32.)

[YL78] H. P. Young und A. Levenglick. A consistent extension of Condorcet's election principle. *SIAM Journal on Applied Mathematics*, 35(2):285–300, 1978. (Zitiert auf Seite 5.)

[You77] H. P. Young. Extending Condorcet's rule. *Journal of Economic Theory*, 16(2):335–353, 1977. (Zitiert auf den Seiten 26 und 36.)

i want morebooks!

Buy your books fast and straightforward online - at one of world's fastest growing online book stores! Environmentally sound due to Print-on-Demand technologies.

Buy your books online at
www.get-morebooks.com

Kaufen Sie Ihre Bücher schnell und unkompliziert online – auf einer der am schnellsten wachsenden Buchhandelsplattformen weltweit! Dank Print-On-Demand umwelt- und ressourcenschonend produziert.

Bücher schneller online kaufen
www.morebooks.de

VDM Verlagsservicegesellschaft mbH
Heinrich-Böcking-Str. 6-8   Telefon: +49 681 3720 174   info@vdm-vsg.de
D - 66121 Saarbrücken   Telefax: +49 681 3720 1749   www.vdm-vsg.de

Printed by Books on Demand GmbH, Norderstedt / Germany